1

新 Dr.コパの 2024年 風水のバイオリズム

2

小林 祥晃

くじの見方

各ページの上・中・下にふられている数字は、特別収録「運勢がすぐわかる！最強コパみくじ」で使用します。占い方は、198ページを参照してください。

マガジンハウス

3

①

新 Dr.コパの 2024年 風水のバイオリズム

Dr.コパの 若さを保つ習慣

①

まえがき

コパ風水で 2024辰年を最高の年に!

２０２３年は「もっと自由に、もっとのびのびと！」がテーマの年でした。コパもこのテーマに沿って自由にのびのび行動するようにしていましたが、23年の夏頃からは自由にのびのび行動するだけでは足りないことに気づきました。もっと自由にチャンスをつかみ、そしてもっとのびのびとチャンスを生かす、真意はこれではないかと思い始めたのです。

この２０２３年のテーマを頭に置きながら、２０２４年の開運テーマを取り入れなければいけません。**２０２４年の開運は、２０２３年の幸運が土台となります。**令和は「健康戦争」「経済戦争」「人脈戦争」が起こる時代と風水ではいいます。健康戦争のあとは、経済戦争が待ち受けます。世界に目を移すと、経済戦争が起こりうるような出来事が２０２３年の春から起こっています。心配ですね。世界経済、大丈夫かな。本書を手にとっていただいたみなさまには、幸せな未来を目指して開運いただけるよう本書をコパは全力で執筆いたしました。

本書は２０２４年辰年をコパの風水を取り入れて、運の上限を歩み、幸せに過ごすための環境を提案する一冊です。日本に伝わる暦を、より多くの方に活用していただく目的で出版にこぎつけ、早20数年。ロングセラーになりました。長い間、本書を行動の指針にしてくださる方もいらっしゃり、うれしい限りです。

内容もさることながら表紙の色柄にも２０２４年の幸運をしっかりキャッチできる工夫を凝らしているので、置いておくだけで開運アイテムとなります。

また巻末の付録として、1年のうちでここぞという場面でめくっていただく「勝負

本命星の割り出し方

人は生まれた年により、9つのタイプ（本命星）に分かれます。次ページからの表（16歳以上は6ページ、15歳以下は7ページ）を参考に自分の本命星を知り、本書を読み進めてください。

また風水では、「1年の区切りを、立春から節分まで」と考えますから、毎年1月1日〜2月3日までに生まれた人は、その前年の生まれ年で考えます。

たとえば、1979年2月1日生まれの人は1978年生まれと考え、「四緑木星」が本命星です。

色風水の一覧

黄色	金運、変化、自己改革
ピンク	恋愛、人間関係、出会い
グリーン	健康、再生、才能
オレンジ	子宝、旅行、財運
赤	健康、仕事、勝負、やる気
ブルー	仕事、清算、無駄を省く
白	財運、感謝、人間関係
ワインレッド	自立、蓄財
ラベンダー	厄落とし、清算
茶色	不動産、独立、家庭
ベージュ	安定、周りを引き立たせる
ゴールド	金運、タイミング、決断力、勝負
黒	秘密を守る、格を上げる
シルバー	神仏の加護、安心、信頼

みくじ」をつけます。大事な勝負のときにめくって参考にしてください。

さらに、特別収録されている「最強コパみくじ」（P197〜208）も定着してきました。これは思い立ったときに日々の占いができるもの。行動の指針や参考にしていただけると迷って時間や運を無駄遣いすることがなくなります。

コパ自身のデスク上にも毎年本書があり、これをベースに1年過ごしています。自分で言うのもなんですが、その月の運気は「当たってる！」ということがよくありますよ。そして良い運はよりよく、悪い運は改善できる風水アクション（食事、インテリア、旅行……）にそって日々過ごしています。

コパ自身がこの本をしっかり読みこんでいます。それぐらい頼りにしているのです。みなさんも本書をご利用いただき、2024年を今以上に幸せにお過ごしください。

令和6年（西暦2024年）本命星表［16歳以上］

該当する年の右端に書いてあるのが、本命星です。ただし、立春が1年の始まりとなりますので、それぞれの年の1月1日から節分（2月3日）までに生まれた人は、前年の本命星とみなします。たとえば1975（昭和50）年2月1日生まれの人の本命星は、1974（昭和49）年の八白土星となります。

生年		十干	十二支	年齢	本命星
西暦	和暦				
1931	6	辛	未	93	六白金星
1932	7	壬	申	92	五黄土星
1933	8	癸	酉	91	四緑木星
1934	9	甲	戌	90	三碧木星
1935	S10	乙	亥	89	二黒土星
1936	11	丙	子	88	一白水星
1937	12	丁	丑	87	九紫火星
1938	13	戊	寅	86	八白土星
1939	14	己	卯	85	七赤金星
1940	15	庚	辰	84	六白金星
1941	16	辛	巳	83	五黄土星
1942	17	壬	午	82	四緑木星
1943	18	癸	未	81	三碧木星
1944	19	甲	申	80	二黒土星
1945	S20	乙	酉	79	一白水星
1946	21	丙	戌	78	九紫火星
1947	22	丁	亥	77	八白土星
1948	23	戊	子	76	七赤金星
1949	24	己	丑	75	六白金星
1950	25	庚	寅	74	五黄土星
1951	26	辛	卯	73	四緑木星
1952	27	壬	辰	72	三碧木星
1953	28	癸	巳	71	二黒土星
1954	29	甲	午	70	一白水星
1955	S30	乙	未	69	九紫火星
1956	31	丙	申	68	八白土星
1957	32	丁	酉	67	七赤金星
1958	33	戊	戌	66	六白金星
1959	34	己	亥	65	五黄土星
1960	35	庚	子	64	四緑木星
1961	36	辛	丑	63	三碧木星
1962	37	壬	寅	62	二黒土星
1963	38	癸	卯	61	一白水星
1964	39	甲	辰	60	九紫火星
1965	S40	乙	巳	59	八白土星
1966	41	丙	午	58	七赤金星

生年		十干	十二支	年齢	本命星
西暦	和暦				
1967	42	丁	未	57	六白金星
1968	43	戊	申	56	五黄土星
1969	44	己	酉	55	四緑木星
1970	45	庚	戌	54	三碧木星
1971	46	辛	亥	53	二黒土星
1972	47	壬	子	52	一白水星
1973	48	癸	丑	51	九紫火星
1974	49	甲	寅	50	八白土星
1975	S50	乙	卯	49	七赤金星
1976	51	丙	辰	48	六白金星
1977	52	丁	巳	47	五黄土星
1978	53	戊	午	46	四緑木星
1979	54	己	未	45	三碧木星
1980	55	庚	申	44	二黒土星
1981	56	辛	酉	43	一白水星
1982	57	壬	戌	42	九紫火星
1983	58	癸	亥	41	八白土星
1984	59	甲	子	40	七赤金星
1985	S60	乙	丑	39	六白金星
1986	61	丙	寅	38	五黄土星
1987	62	丁	卯	37	四緑木星
1988	63	戊	辰	36	三碧木星
1989	S64/H1	己	巳	35	二黒土星
1990	2	庚	午	34	一白水星
1991	3	辛	未	33	九紫火星
1992	4	壬	申	32	八白土星
1993	5	癸	酉	31	七赤金星
1994	6	甲	戌	30	六白金星
1995	7	乙	亥	29	五黄土星
1996	8	丙	子	28	四緑木星
1997	9	丁	丑	27	三碧木星
1998	H10	戊	寅	26	二黒土星
1999	11	己	卯	25	一白水星
2000	12	庚	辰	24	九紫火星
2001	13	辛	巳	23	八白土星
2002	14	壬	午	22	七赤金星

4

8

生年		十干	十二支	年齢	本命星
西暦	和暦				
2003	H15	癸	未	21	六白金星
2004	16	甲	申	20	五黄土星
2005	17	乙	酉	19	四緑木星
2006	18	丙	戌	18	三碧木星
2007	19	丁	亥	17	二黒土星
2008	20	戊	子	16	一白水星

令和6年（西暦2024年）本命星表 ［15歳以下］

年生	一白水星	二黒土星	三碧木星	四緑木星	五黄土星	六白金星	七赤金星	八白土星	九紫火星
2009年	6/5～7/6	5/5～6/4	4/5～5/4	3/5～4/4	2/4～3/4				
H21 丑				12/7～翌1/4	11/7～12/6	10/8～11/6	9/7～10/7	8/7～9/6	7/7～8/6
2010年	3/6～4/4	2/4～3/5	1/5～2/3						
H22 寅	12/7～翌1/5	11/7～12/6	10/8～11/6	9/8～10/7	8/7～9/7	7/7～8/6	6/6～7/6	5/5～6/5	4/5～5/4
2011年	9/8～10/8	8/8～9/7	7/7～8/7	6/6～7/6	5/6～6/5	4/5～5/5	3/6～4/4	2/4～3/5	1/6～2/3
H23 卯							12/7～翌1/5	11/8～12/6	10/9～11/7
2012年	6/5～7/6	5/5～6/4	4/4～5/4	3/5～4/3	2/4～3/4	1/6～2/3			
H24 辰				12/7～翌1/4	11/7～12/6	10/8～11/6	9/7～10/7	8/7～9/6	7/7～8/6
2013年	3/5～4/4	2/4～3/4	1/5～2/3						
H25 巳	12/7～翌1/4	11/7～12/6	10/8～11/6	9/7～10/7	8/7～9/6	7/7～8/6	6/5～7/6	5/5～6/4	4/5～5/4
2014年	9/8～10/7	8/7～9/7	7/7～8/6	6/6～7/6	5/5～6/5	4/5～5/4	3/6～4/4	2/4～3/5	1/5～2/3
H26 午							12/7～翌1/5	11/7～12/6	10/8～11/6
2015年	6/6～7/6	5/6～6/5	4/5～5/5	3/6～4/4	2/4～3/5	1/6～2/3			
H27 未				12/7～翌1/5	11/8～12/6	10/8～11/7	9/8～10/7	8/8～9/7	7/7～8/7
2016年	3/5～4/3	2/4～3/4	1/6～2/3						
H28 申	12/7～翌1/4	11/7～12/6	10/8～11/6	9/7～10/7	8/7～9/6	7/7～8/6	6/5～7/6	5/5～6/4	4/4～5/4
2017年	9/7～10/7	8/7～9/6	7/7～8/6	6/5～7/6	5/5～6/4	4/4～5/4	3/5～4/3	2/4～3/4	1/5～2/3
H29 酉							12/7～翌1/4	11/7～12/6	10/8～11/6
2018年	6/6～7/6	5/5～6/5	4/5～5/4	3/6～4/4	2/4～3/5	1/5～2/3			
H30 戌				12/7～翌1/5	11/7～12/6	10/8～11/6	9/8～10/7	8/7～9/7	7/7～8/6
2019年	3/6～4/4	2/4～3/5	1/6～2/3						
H31(R1)亥	12/7～翌1/5	11/8～12/6	10/8～11/7	9/8～10/7	8/8～9/7	7/7～8/7	6/6～7/6	5/6～6/5	4/5～5/5
2020年	9/7～10/7	8/7～9/6	7/7～8/6	6/5～7/6	5/5～6/4	4/4～5/4	3/5～4/3	2/4～3/4	1/6～2/3
R2 子							12/7～翌1/4	11/7～12/6	10/8～11/6
2021年	6/5～7/6	5/5～6/4	4/4～5/4	3/5～4/3	2/3～3/4	1/5～2/2			
R3 丑				12/7～翌1/4	11/7～12/6	10/8～11/6	9/7～10/7	8/7～9/6	7/7～8/6
2022年	3/5～4/4	2/4～3/4	1/5～2/3						
R4 寅	12/7～翌1/5	11/7～12/6	10/8～11/6	9/8～10/7	8/7～9/7	7/7～8/6	6/6～7/6	5/5～6/5	4/5～5/4
2023年	9/8～10/7	8/8～9/7	7/7～8/7	6/6～7/6	5/6～6/5	4/5～5/5	3/6～4/4	2/4～3/5	1/6～2/3
R5 卯							12/7～翌1/5	11/7～12/6	10/8～11/6
2024年	6/5～7/5	5/5～6/4	4/4～5/4	3/5～4/3	2/4～3/4	1/6～2/3			
R6 辰				12/7～翌1/4	11/7～12/6	10/8～11/6	9/7～10/7	8/7～9/6	7/6～8/6

※2009年1/1～2/3生まれは、2008年生まれとみなします。上の表を参照してください。

4

5

7

SPECIAL INTERVIEW

Dr.コパから
幸運のメッセージ

2024年は……
新しい自分をつくる年！

「第二の人生を考え、スタートさせる」
――これが、２０２４年
令和６年辰年のテーマです。

そのために、

〈若さを取り戻す〉
〈理想の自分を見つけて上限まで演じきる〉
〈清まった財産を作る〉
〈迷わず素早く決断し、行動する〉――。

これが、必要な考え方やアクションです。

辰年からは、いよいよ本格的に「経済戦争」に突入します。
第二の人生を楽しくスタートさせるには、経済戦争に負けないよう、
金運をつけておくことが肝心です。
令和６年に〝**金運をつけるため**〟の**風水**の秘訣をお教えします。

③

⑤

“金運をつけるため”の風水 その壱

✦新たな財産を作る

新たな人生、第二の人生に必要な財産作りを始めましょう。まずは清らかな環境、空間を手に入れる、創り出すこと。財産は清まった環境でしか育たない、作られないのです。身近な環境を清めましょう。そのひとつはあなた自身の厄落とし。そしてあなたが自分を最大に活かせる運の良い住まい、空間、場所を手に入れること。

財産は貯金、証券、不動産だけではありません。一緒に暮らす家族や仲間、
③ そして何より「自分自身が財産！」であることに気付いてください。

✦やっぱり厄落とし

「寝ている間に、住まいの厄も運も吸収する」と考えるのが、寝床学・風水です。迷わずに素早く判断して行動するには厄落としです。各スペースの持つ意味を記しておきます。ここをきれいにすることで厄が落ち、運気アップ。夜寝る前にさっと掃除しましょう。気になる空間には盛り塩をしてください。

トイレ	健康運
浴室＆洗面	愛情、家庭運
玄関	全体運
キッチン	金運、健康運
寝室	仕事、健康、全体運
リビング	才能
ダイニング	交際・家庭運

✦断捨離をする

断捨離して過去をきれいにすることで、いやな自分から脱皮できます。最大の断捨離は引っ越しですね。運のある方位、環境、間取り、時期、インテリアをクリアーできる引っ越しを計画しましょう。引っ越せないあなたは断捨離することで過去から脱皮してください。「収納の中に余裕があると幸運が入ってくる」陰宅理論はご存じですね。収納空間にある衣類やモノを見直して断捨離しましょう。

断捨離におすすめのもの

- 色褪せたマットやスリッパ、リネン
- 3年着ていない衣類
- 古い下着
- 身に着けていて縁起が良くなかった衣類や小物

※「ありがとう」と言い、粗塩を振って廃棄
※財布は捨てないほうが良いのですが、使っていた時に散財した財布などは捨てましょう

✦バスタイムで厄落とし

“日常厄”は金銭面に影響し、健康や交際にまで悪影響が広がります。経済面にマイナスの変化が出始めたら、バスタブから出たら塩を頭と両肩に乗せてシャワーで流して厄落としをします。足の裏も塩で洗いましょう。バスグッズを新しくしたり、シャンプーやリンス、入浴剤を変えます。洗面所、脱衣場に黒の開運玉や黒の出目金を置いて空間の厄を吸収してください。

“金運をつけるため”の風水 その弐

✦銭洗いをする

お金を清めることは、あなたの暮らしの厄落としをすることです。運がないと思ったら、銭洗いをして福銭を作りましょう。運の良い福銭が厄を落とし幸せを招きます。不運なお金は不幸な投資をして不運な未来を作ります。

✦口座を清める

預金、貯金口座から下ろして銭洗いした福銭をそのまま口座に入金することであなたの口座は清まります。

✦夢を書く、つぶやく

祈願書を書く、短冊を書く、決心ノートに書くことで夢が現実味を帯び、金運もアップします。毎月15日には朝、３粒の梅干しを食べて東を向いて夢を口にするのもいいでしょう。

✦数字を味方にする

お金の貯まる銀行口座番号の下二桁で広まった数字風水。数字を無視して暮らせません。自分の良さを発揮できる数字を使いましょう。万人に共通なのは「11」「58」「33」などです。今年の開運数字にも着目！

✦夕日を観る

夕日は金運と実りをもたらします。海でも、高原でも家からでも、きれいな夕日を観ることができる場所には金運がやってきます。夕日を観ながら食事やお酒、会話を楽しみましょう。

✦縁起の良い清まった財布を使う

「お金の住まい」＝「財布」が汚れていたらお金も使う人も幸せになれません。財布の金運の寿命は３年。買い替えていますか？　金運に意味のある日に購入して、意味のある日から使い始めていますね？　縁起の良い数字にした福銭を入れていますね？　キャッシュレスの時代でも、お金の家である財布を無視できません。

✦世界を目指す気持ちを持つ

「願いは大きいほど叶いやすい」と風水ではいいます。コパは七夕の短冊に「コパクラブ、三宅宮、愛馬を世界に」と書きましたが、コパの願い事の“世界”は「世界そのもの」とも、「ある特定の範囲を示す世界」ともとれます。特定の範囲とは、学年一位、クラス一位とかです。範囲内で上限を目指す目標を作ることも大事です。

✦金運アップといえば「西に、黄色」

柑橘系のフルーツ、黄色の開運玉と馬蹄型の椅子やグッズを西に置きます。「中心」「北」「鬼門（東北）」にも黄色や白、ラベンダーのグッズを置いてください。「東南方位に観葉植物と黄色い開運玉」も効きます。

✦貴金属を身に着ける

ジュエリーは厄を防御すると同時に幸運や夢、お金、人脈を引き寄せます。家にいるときでも身に着けてください。

“金運をつけるため”の風水 その参

✦床拭き、鏡磨きをする

床が汚れていると心が汚れ、愚痴、不満がたまります。床には厄と不運が落ちていますから、水拭きしましょう。鏡は毎日磨いてください。鏡は厄をはねのけ、幸運を引き寄せます。

✦中心（龍穴）に縁起物を置く

住まいの中心（龍穴）に幸運が吹き上げます。中心は心や行動をコントロールする場所。一家を守る龍神様は中心（龍穴）にいらして家を守ってくださいます。龍脈（玄関〜中心〜対角線の空間）を清めて、龍絵のグッズや龍脈の龍、龍のマットなどで強化して、龍穴（住まいの中心）に縁起物を置き、幸運を吹き上げ、金運をアップさせましょう。

✦縁起風水が「円」と「縁」を広げる

開運の縁起で人脈力をアップして難を逃れましょう。運の良い人脈がないから家庭、会社、国がゴタゴタします。縁起の良い人格は厄落としグッズと貴金属で縁起を担いで作り、守るのです。

✦神様を味方にする

幸運、金運は神様からの贈り物。しっかり神社を参拝して神様を味方につけましょう。

✦開運フードで金運アップ

食事空間も大事ですが、食器と食材、メニューで金運を上げましょう。チキン、卵、辰年にラッキーな青魚や寿司を食べてください。

✦金運を育てる「巳」「酉」「丑」方位

「巳」「酉」「丑」は、銀座三宅宮の願掛十二支石の黄色の三文字です。巳は東南方位・人脈です。酉は西方位・金運の入口です。丑は鬼門方位で財産です。人脈（縁・東南）がお金（円・酉）を運んできます。そのお金を財産にするのが丑・鬼門方位です。この方位をきれいに吉相にして金運を引き入れ、財産にしましょう。

✦卯年の開運テーマを引き継ぐ

辰年は卯年と連動しています。うまくいくことを「うだつが上がる」といいますね。卯年の「暮らしと仕事に個性を活かす」「もっと自由にもっとのびのびと」「今の幸せを守るセンス、考えて作るセンス」の考えは辰年もベースにあります。幸運は神仏からの贈り物、神仏から愛されて神運をいただけるように、お金（経済）と身体（健康）、人間関係（人脈）を育てて活かし、明るく楽しく幸せをつかみましょう。

2

2024年 開運法を大発表!!

ラッキーカラー

赤

病魔を退け、判断力を高める

仕事運や投資運、自立心や独立運を高め、病魔を蹴散らし、厄を跳ねのけ健康を守ります。経済的な自立を助け、フットワークの良さも引き出します。さらに、懸賞運やくじ運アップの作用や瞬時の判断力を高める力があります。

シルバー

④

信頼感が増し、人脈が広がる

神仏の加護をもたらし、安心と信頼を増す色。家庭や財産、貯蓄など、形ある幸せをもたらします。そして、新しい人間関係を引き寄せたり、人脈を大きく広げます。貴金属では、銀だけではなく、銀色のプラチナも指します。

ゴールド

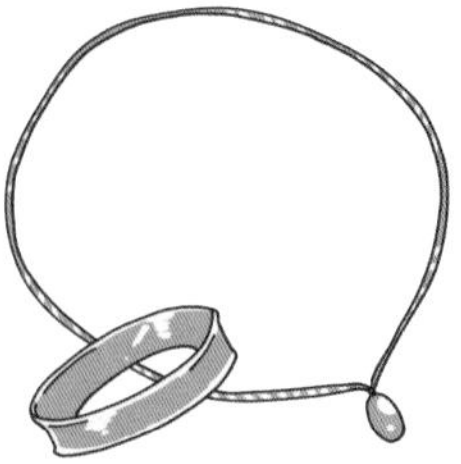

21世紀の“開運カラー”

今世紀の「開運」のカギをにぎる色です。金運や人気、才能、人脈、タイミングなど目に見えない、形のない幸せをもたらすのがゴールドです。ファッションや革小物、器やインテリア、メイクやネイル、貴金属にぜひ！

1

ラッキーフード

チキン

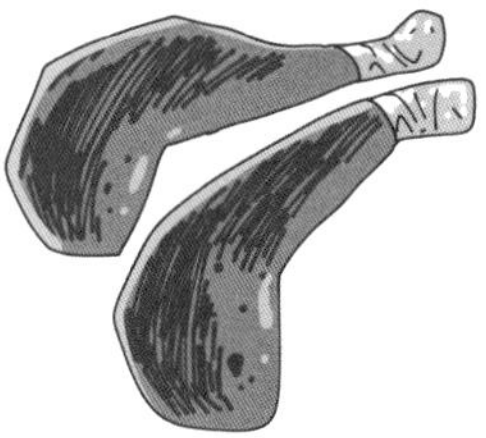

メニュー豊富な人気の食材!

唐揚げや照り焼きチキン、ローストチキン、チキン南蛮、バンバンジーなど、財運や金運アップの食材です。金運アップなら、甘めの味付けやカレー風味。厄落としなら、塩味。行動力アップなら、スパイシーやピリ辛系を！

寿司、ちらし寿司

交際運から子宝運、健康運まで

ネタの魚は交際運や出会い運、貝類は才能や人気を高め、いくらなどの魚卵は財運、子宝運に効果あり。酢には健康運を高め、よい出会いを呼ぶ力があります。人との出会いはもちろん、環境や物との出会いをもたらします。

青魚

辰年の全体運アップに最適!

イワシやサバ、サンマ、アジなどの青魚は、健康運や人間関係をはじめとして全体的な運を高めます。青魚の寿司、アジの南蛮漬けなど青魚の酢漬け、酢締めは青魚と酢のパワーで開運効果大。つみれ汁や煮物もおすすめ！

6

コパのお墨付き

最強ラッキーアイテム

※Dr.コパのオリジナルの商品です。
類似品にはご注意ください（通販にて購入可能）。

Dr.コパの開運縁起

開運の辰の置物

1

2024年のラッキーカラー「赤」と「シルバー」の宝玉を有するゴールドの辰の置物は、病魔を防ぎ、豊かな金運と安心で安全な暮らしや知恵を運んできてくれます。住まいの東南、北西、そして中心に置いてください。東南、北西の辰の置物は中心に頭を向けて、中心の辰の置物は玄関に頭を向けて置いてください。

品番：100－20240　**価格：**2,200円（税込）
サイズ：8.9×5.2×高さ10cm　**素材：**陶器

Dr.コパの開運縁起

辰の開運キーホルダー・開運ストラップ

2024年の干支「辰」のチャームがついたキーホルダー。ストラップとしてもご利用できます。

品番：100－20242　**価格：**1,980円（税込）
サイズ：（マスコット）2.2×2.0×1.2cm　（ストラップ）10×1cm
素材：（マスコット）ポリレジン　（ストラップ）PU合皮

4

辰《たつ》兵《べ》衛《え》

健康を守り、夢を叶える辰年の神様。健康を守るならトイレに、夢を叶えたいなら寝室やデスクの上に飾りましょう。

品番：OBC－0042　**価格**：4,400円（税込）
サイズ：5.8×5.2×高さ8.5cm　**素材**：陶器

少《すくな》彦《ひこ》名《な》命《のみこと》

病魔や厄からあなたと住まいを守る、健康の神様の置物。キッチンや玄関、寝室や子ども部屋に置いてください。

品番：OBC－0036　**価格**：3,300円（税込）
サイズ：7×5.2×高さ8.5cm　**素材**：陶器

大開運

吉方位日

4／11

4／20

4／29

大開運

吉方位月

4月

近くでもいいので、
吉方位に
出かけましょう！

③

おすすめの祈願日

1／3
（新年祈願祭）

2／11
（建国祈願祭）

6／30
（夏越の大祓）

7／7
（七夕祈願祭）

8／18
（銀座三宅宮例大祭、
佐瑠女様例大祭）

10／20
（巳年祈願祭）

11／24
（物部神社鎮魂祈願祭【於：物部神社】）

12／31
（年越しの大祓）

- **毎月1日、11日、15日、18日………月例祈願祭**
- **寅の日、辰の日、巳の日………………銭洗祈願祭**

開運数字

1 すべてのはじめを示す数、
基本に返る数

3 元気をもたらす数、
新しいことにチャレンジできる数

開運文字

新　動　昇　踊　陽　音

③

光　独　龍　空　清

辰年の開運文字のテーマは大きく分けると
「新」「動」の2つのタイプに分かれます。

新グループ……**新、昇、光、空、清、独**
動グループ……**動、踊、陽、音、龍、独**

新しいことを始めたいときには「新グループ」の文字を、
行動力を高めたいときには「動グループ」の文字を、
書いたり、打ち込んだり、目にしたり、イメージするとよいでしょう。
辰年は文字を書くことが開運アクションのひとつですから、
実際手を動かして書くことがもっとも効果的です。
「独」はどちらにも含まれます。独力で新しいことを始めたいとき、
一人で行動したいとき、だれが何と言おうと自分は絶対○○をする！
と強く思うときに「独」を書いたりしてください。

幸運がやってくる方位

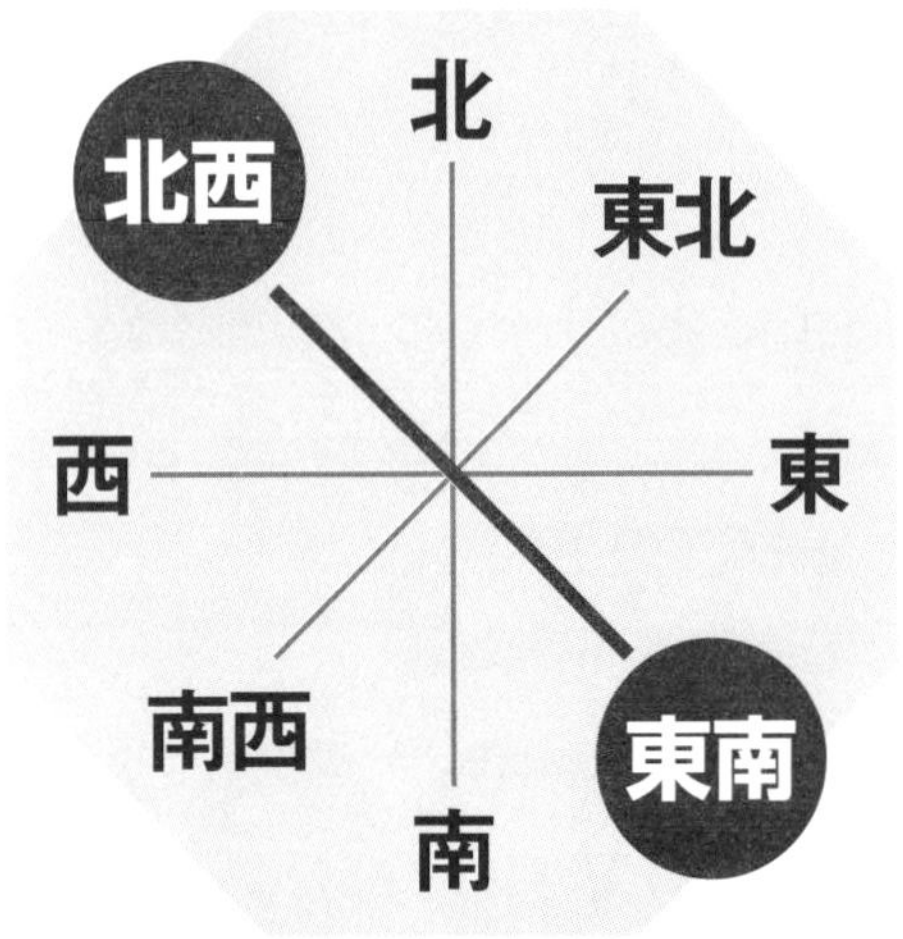

幸運は東南と北西からやってくる！

卯辰（うだつ）を上げる——そのために、「卯の置物」と「辰の置物」で開運アップ！

健康や金運、財運、交際や不動産、家庭運などあらゆる幸運が東南と北西方位からあなたの住いにやってきます。東南と北西のやじろべえの支点となる中心もポイントになりますから、東南や北西、中心をきれいにしておくこと、そして幸運を出迎えるために辰の置物を東南、北西、中心に置きましょう。

置き場所や辰の頭の向きは14ページで説明していますので参考にしてください。

２０２３年の卯年と２０２４年の辰年の連なりが「卯辰（うだつ）」を上げる年をつくり出すことから、卯の置物と辰の置物をうまく使って開運する風水があります。２０２４年節分までは東と西、中心に卯と辰の置物を置き、２月４日から東南と北西に卯の置物と辰の置物を移動させて、うだつを上げます。

第 1 章

本命星別

1年の バイオリズムと 運勢

4

風水は占いではありませんが、環境の変化さえ予想できれば、
その環境によって、あなたがどう変わるかが予見できます。
運にもバイオリズムがあります。
バイオリズムグラフを参考に週単位、月単位で
運気をチェックし、予見してください。

一白水星

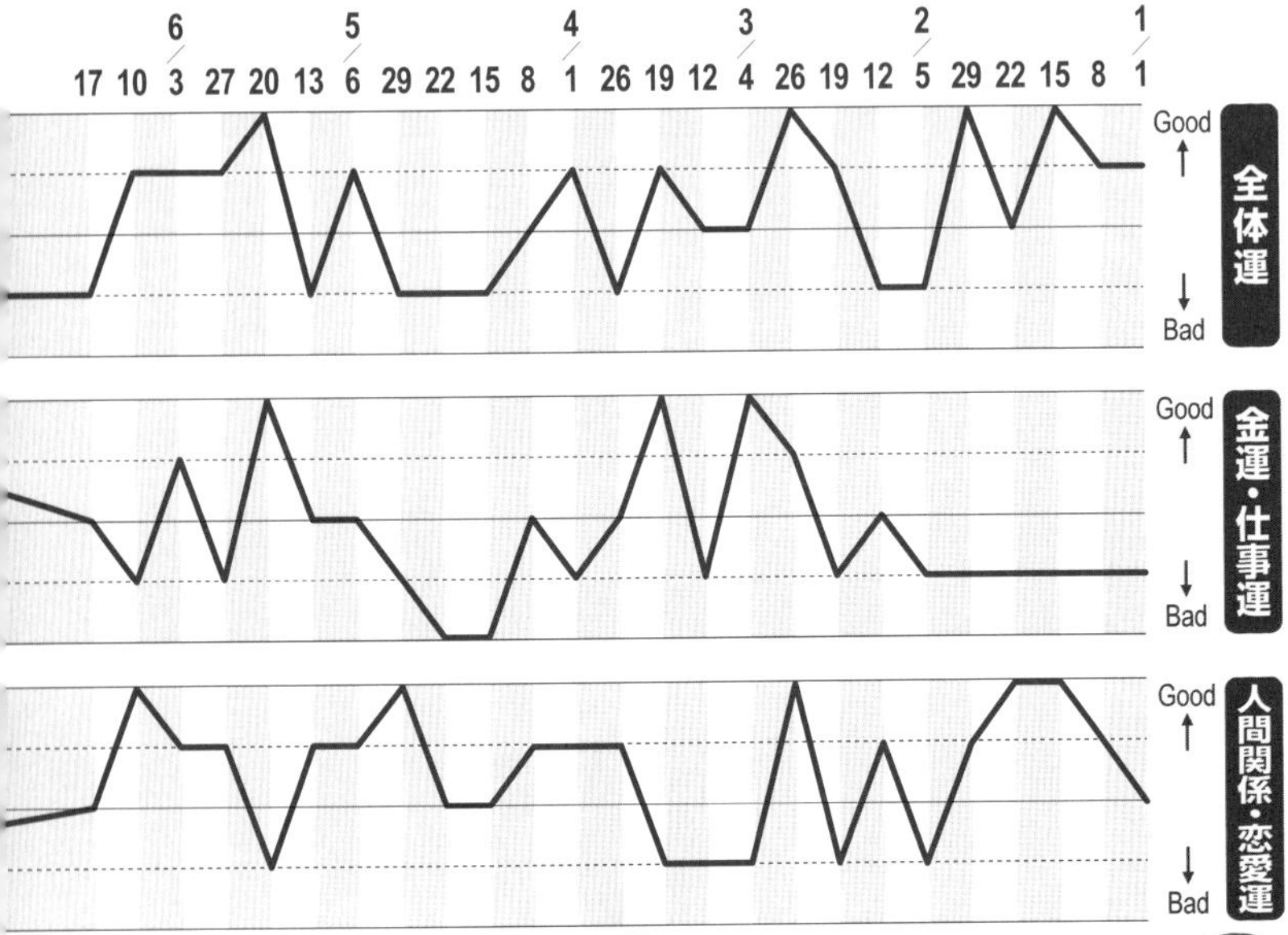

⑥

金運

目先の損得で判断しない

投資するもよし、貯めるもよし。行動したい気持ちがみなぎるため、勢いにまかせて進みがちですが、ちょっと待ってください。運用するにも、貯蓄するにも、**正しい情報を仕入れることが大事**です。やみくもに行動せず、詳しい人から話を聞いたり、セミナーなどに参加して知識をつけましょう。

仕事運

何事にも積極的に行動する

仕事の運気は好調です。**頭に浮かぶことは実現可能なこと。**イメージしていることを形にするために行動・実行を。でも、やみくもに行動するのではなく、まず人脈づくりからスタートしましょう。夢の実現に向けて必要な情報をもたらす人との縁をつけるのです。仕事の上でよいパートナーとの出会いがあります。

心身ともにやる気に満ちあふれる年。新しいことがスタートするという運気でもあり、慣れ親しんだことや得意分野以外にも挑戦してください。

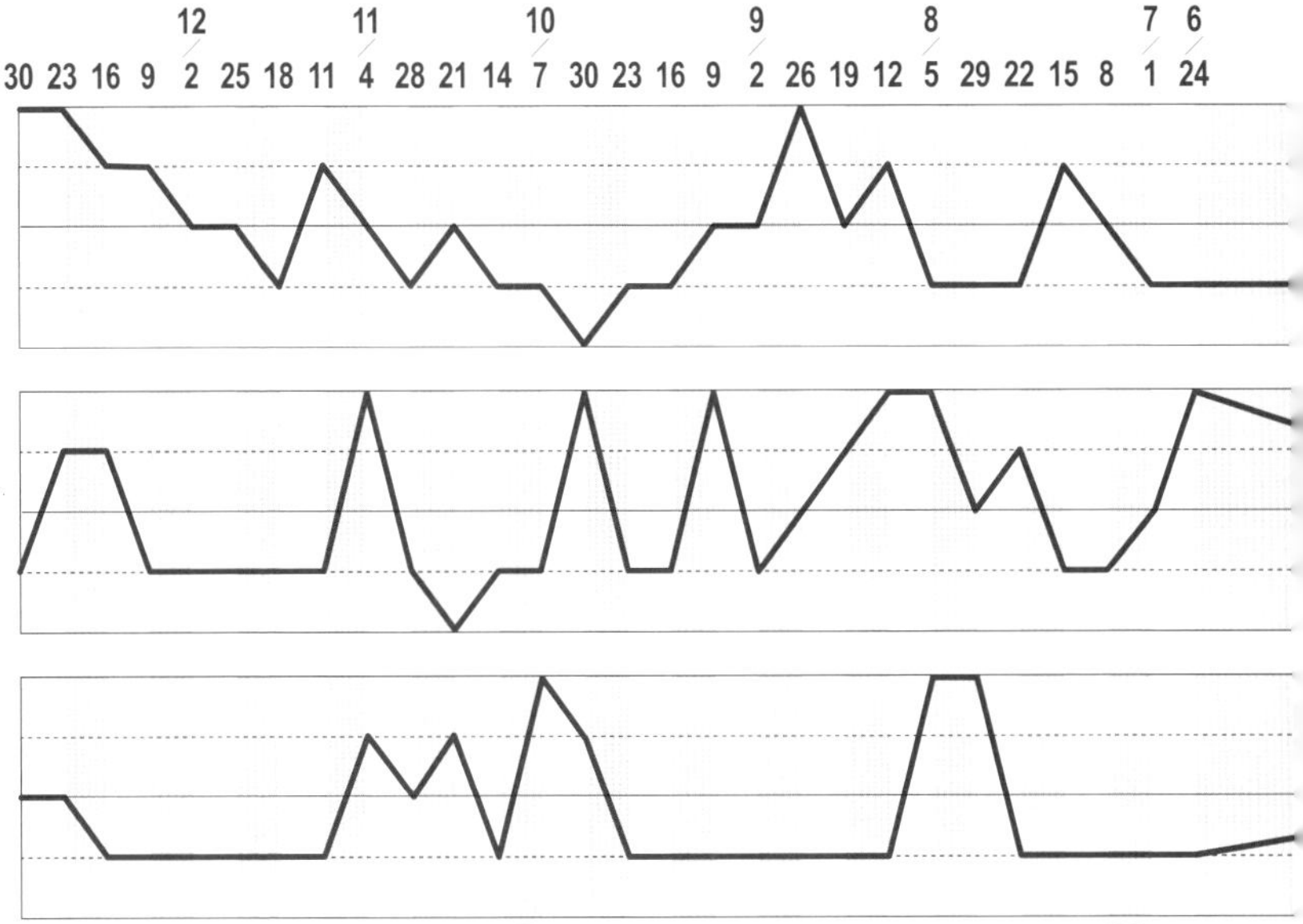

⑥

人間関係 恋愛運

自分から相手に心を開く

結婚や恋愛の相手が見つかりそう。浮かれて自分の良い面を見せようと思わず、ありのままの自分、質素な自分、地味な自分を相手に見せてください。**外見より中身重視。**好き嫌いだけで付き合うと、落とし穴にはまることがあります。華美で派手な人より、信頼がおける素朴な人、質素な人を大事にしましょう。

健康運

余計なことは考えない

行動力がみなぎり、忙しい年になりますが、それゆえに余計なことを考えず、明るく元気に生き生きと過ごせるでしょう。健康面での心配事は、早めに専門家に相談してください。**外出時は持ち塩をし、コンパクトな鏡やラベンダー色のアイテムを持参する**ことで出先でのトラブルや体調不良を防ぎます。

二黒土星

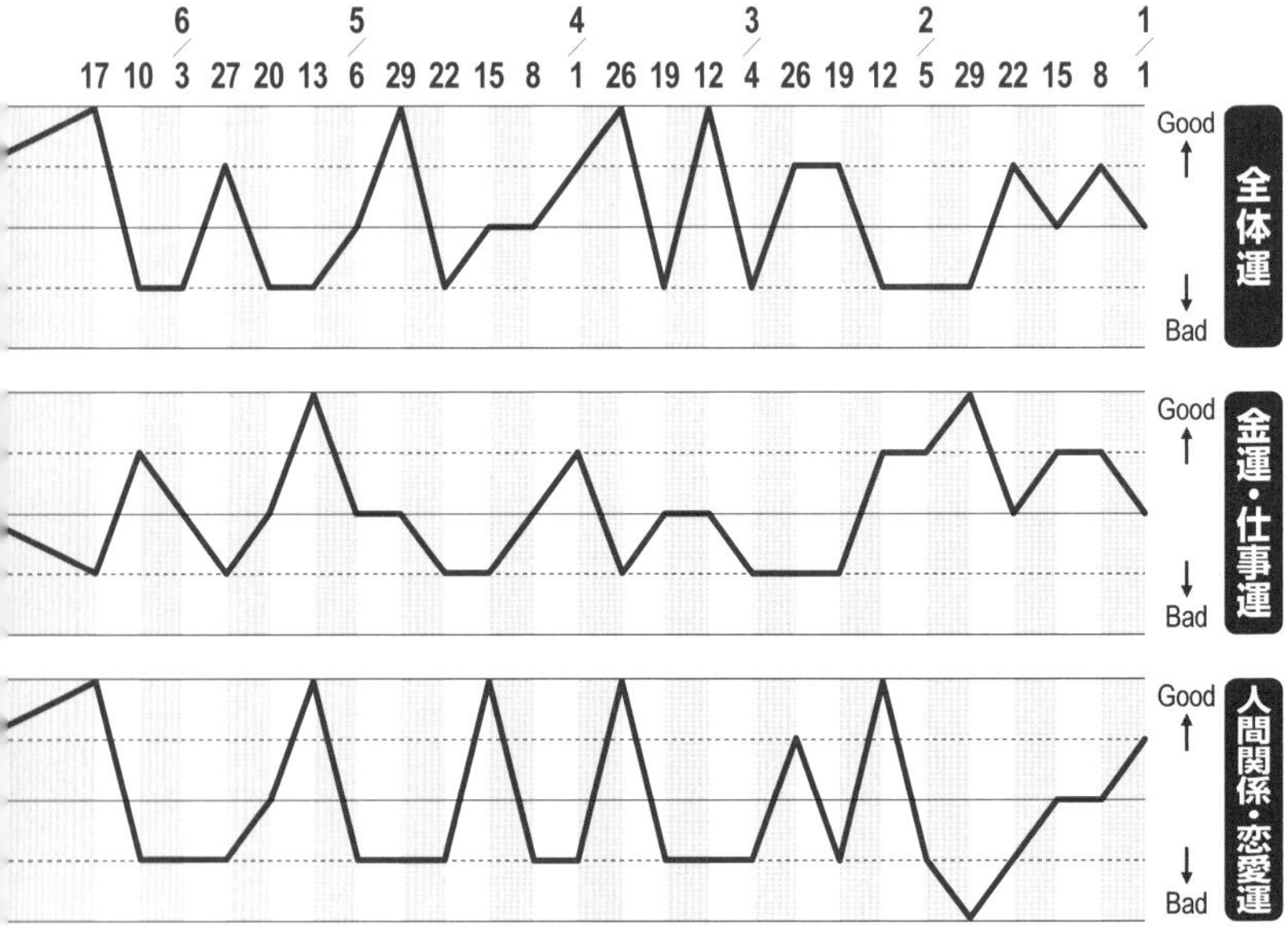

②

金運　お金の厄落としで金運アップ

お金も知らずしらずのうちに貯まり、資産運用もうまくいきそう。ただやみくもに貯めるだけではなく、流れがポイントになる今年は、銭洗いをしてお金の厄落としを。チャップリンの映画『ライムライト』に「必要なのは、夢と勇気と少しのお金」とあります。**厄のついていない、少しのお金**がキーワードです。

仕事運　流れに逆らわず、身をまかせる

人間関係に恵まれ、仕事は好調。周囲の協力もあって良い企画が立てられそう。頑固にならず、素直な気持ちが成功を呼びます。信頼関係がポイントなので、裏切ったり、途中で意見をコロコロ変えないように。運の良い人との関係性を深めるには、同じ火で調理したものを食べること。**「一緒に食事」が吉。**

さわやかな年。「仕事」や「金銭面」、「人間関係」もツキに恵まれ、すべて上々な運気です。元気で、自信にあふれたあなたがみられるでしょう。

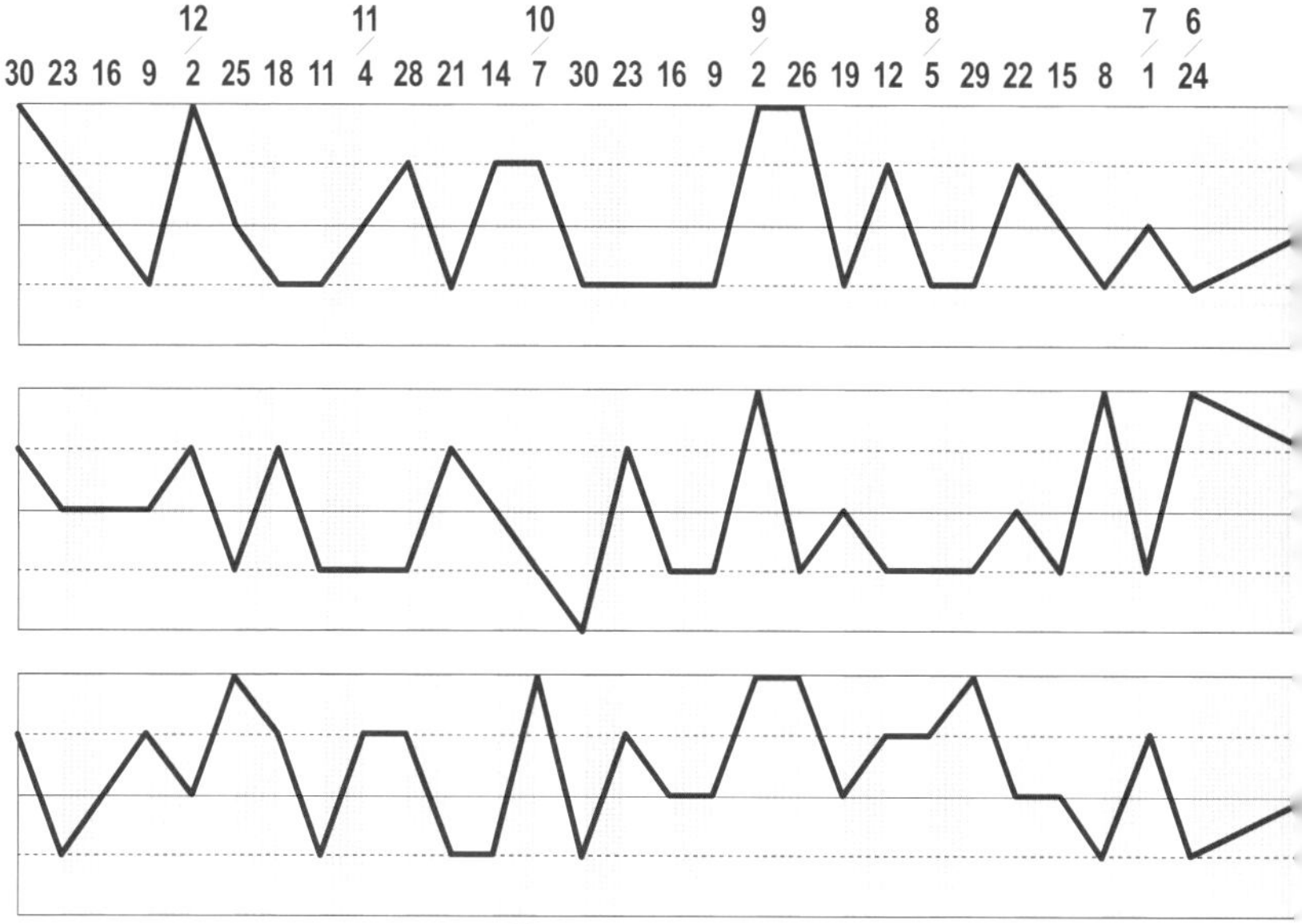

②

人間関係・恋愛運　弱気にならず、強気でOK

交際運、出会い運好調。弱気にならず、強気に出ましょう。運の良い人が協力してくれたり、良い情報をもたらしてくれます。気を付けたいのは、運の悪い人の意見に動揺したり、噂を信じて好い縁を切ってしまうこと。**悪い情報に惑わされず、幸せを逃さないように。**未婚の人はビビビときて結婚相手が見つかりそう。

健康運　「身体の声」をよくきく

大きなトラブルなく過ごせます。ただし、まわりの言葉を真に受けたり、数値に踊らされると弱気になり、健康面が不調になることも。**自分の「身体の声」をきちんとききき、自分を信じてください。**無理をして体調を崩さないように。吉方位の太陽や風、水で育った野菜や果物、肉類が元気や自信をもたらします。

三碧木星

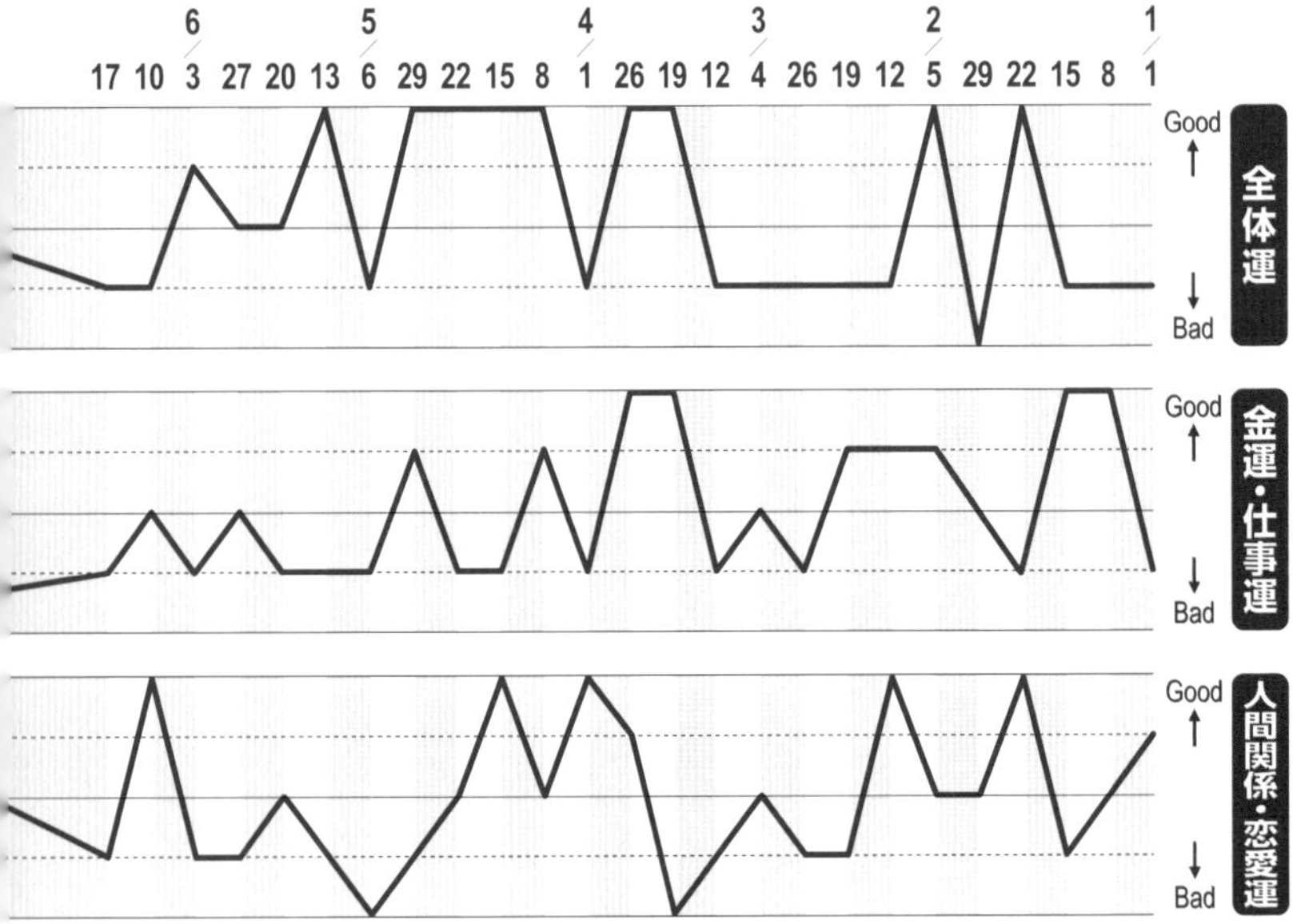

⑧

金運

「損して、得取れ」の精神で

判断ミスをして金銭面のトラブルを招くことがないように。「損して、得取れ」の気持ちが必要です。**お金を節約するがあまり、大きな運を逃してしまうことにも注意。**鬼門方位と中心は掃除をして、盛り塩、辰の置物、ラッキーカラーのものを置くと厄が落ち、トラブルを防ぐことができます。

仕事運

「持ち塩」がトラブル除けに

判断ミスをしたり、思うように進展せず、悩むことがありそう。**あなたに責任をとらせて、責任逃れをしようと思っている人がいたら要注意。**困難なことが多い年ですが、思い切って新しい分野に挑戦してみると気持ちが変わり、よい結果が出やすくなります。持ち塩がトラブル除け。判断ミスもなくなります。

責任の重い年、決断の年。思うように進まず悩むこともありますが、自分を信じてください。自信をもって決断すれば、最高の結果が出ます。

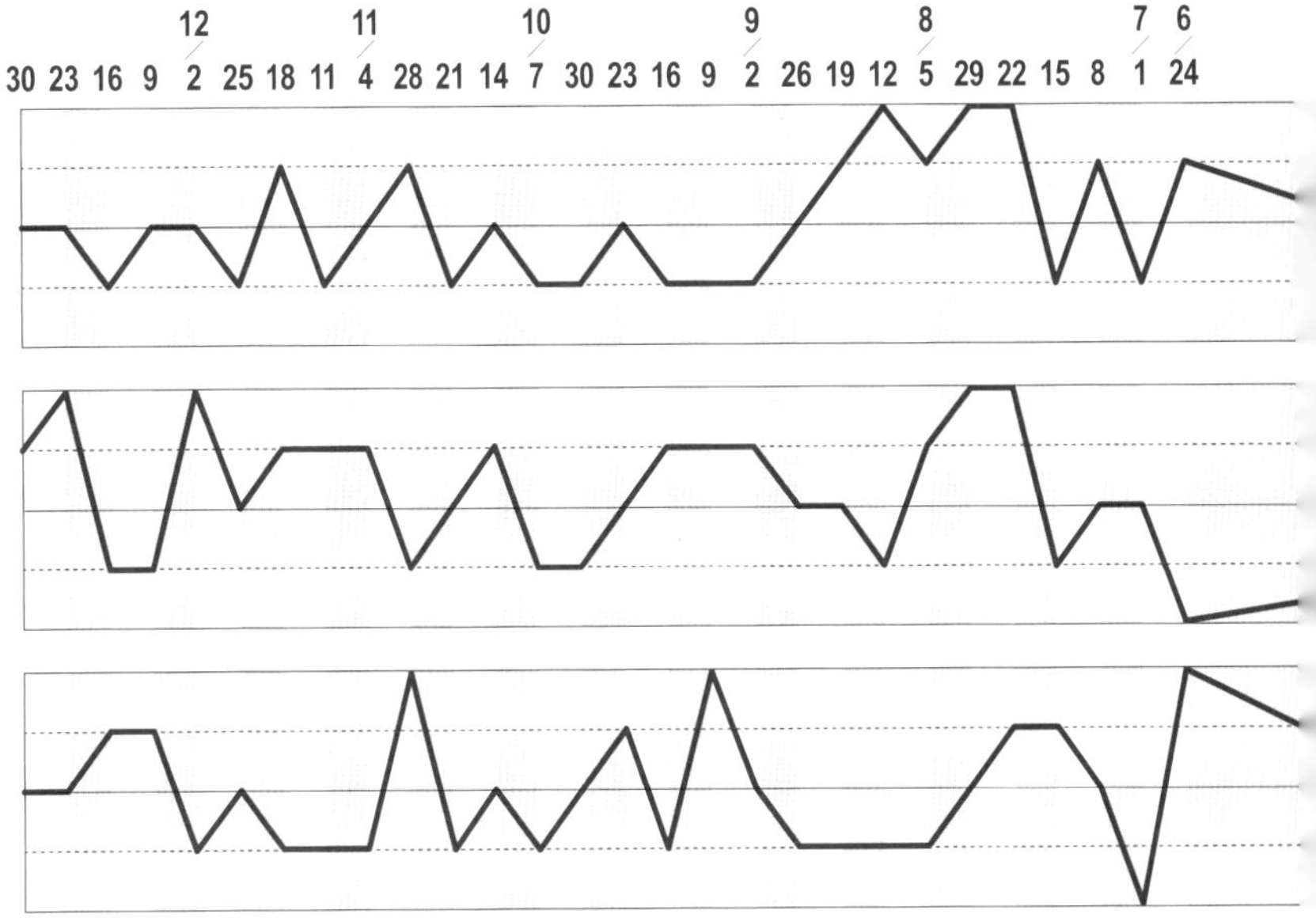

人間関係 恋愛運

「自分ファースト」を心掛ける

あなたと大事な人との仲を裂こうとする人がいるかもしれません。情をからめず、思い切った決断をしてください。**自分の気持ちに忠実に**、自分ファーストでいきましょう。人間関係のストレスで自分の心と身体を壊しては大変です。自分へのご褒美に吉方位の神社仏閣や温泉、グルメ旅行を楽しみましょう。

健康運

健康運のよい人と行動する

今年は「健康」がポイントになります。新しいことを始めるにも、健康な心と身体が必要です。心身ともに健康なら悩みや問題が大きくなることはなく、早めの解決に向かいます。健康でさわやかな良い友人や家族がいれば大事にして、一緒に行動しましょう。気持ちが若返り、世界が広がります。

四緑木星

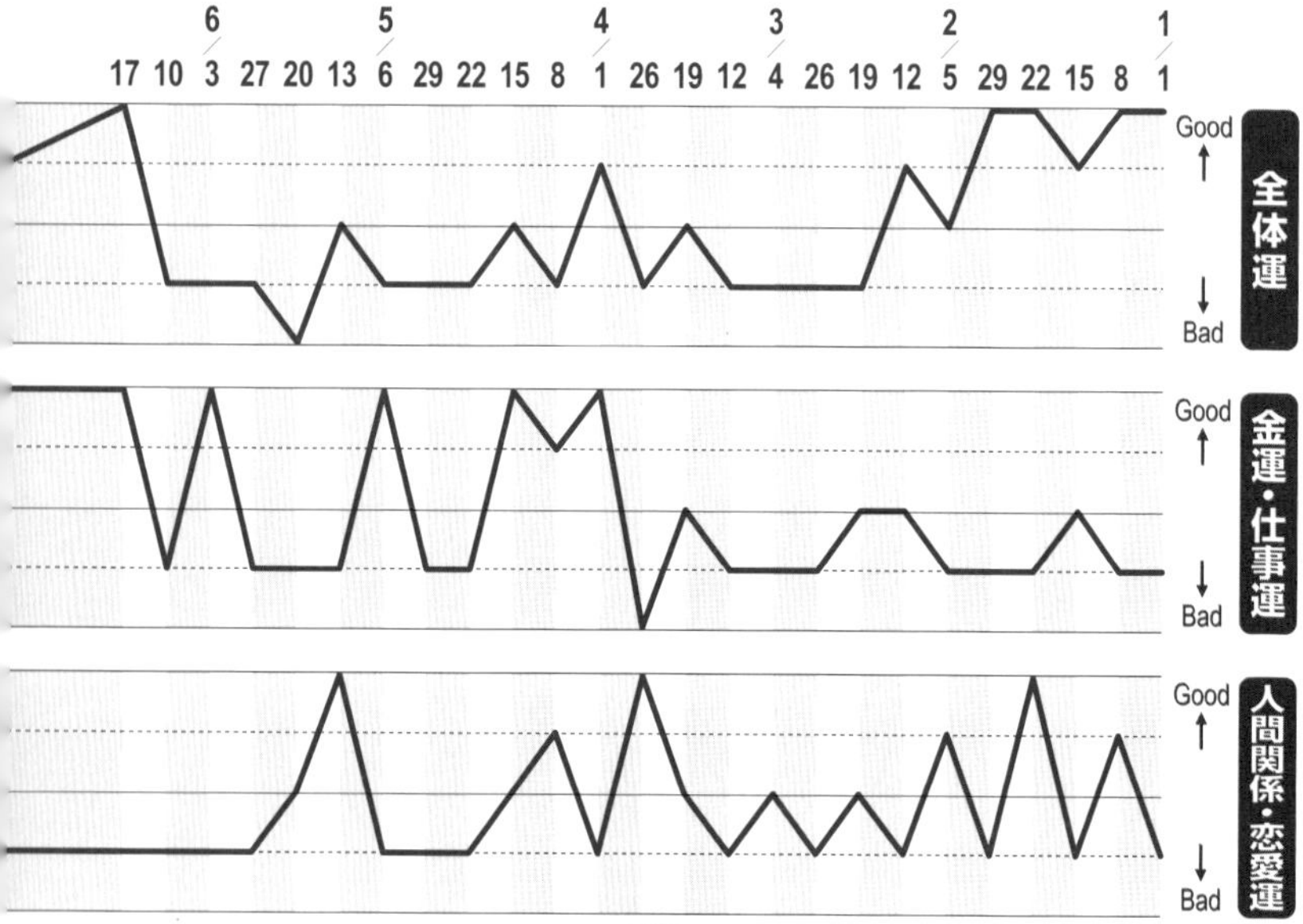

⑦

金運 神仏の加護を大切に！

神仏の加護があり、金運にも恵まれます。つい気持ちが大きくなり、思い切った勝負に出てしまいがちですが、本来のあなたの運気は平穏ですから**賭け事や投資、高い買い物や高額出費は慎重に。**「赤」は大きな勝負に勝つ運気や思い切りのよさをもたらしますが、多すぎるとテンションが上がりすぎるので注意。

仕事運 感謝の気持ちを忘れない

うまくいったら神仏やまわりのおかげと感謝をし、うまくいかなかったら自分の実力不足と思うこと。自分の実力だといい気になって調子にのるとミスをしたり、足元をすくわれます。また、損得勘定だけで動かず、地味なこと、地味な人にも目を向けること。開運フレーズは「ありがとうございます」「おかげさま」です。

②

神仏の加護があり、幸せが実感できる年。特別に強運ではありませんが、神仏の加護や風水を味方に、本来の運以上の幸運に恵まれます。

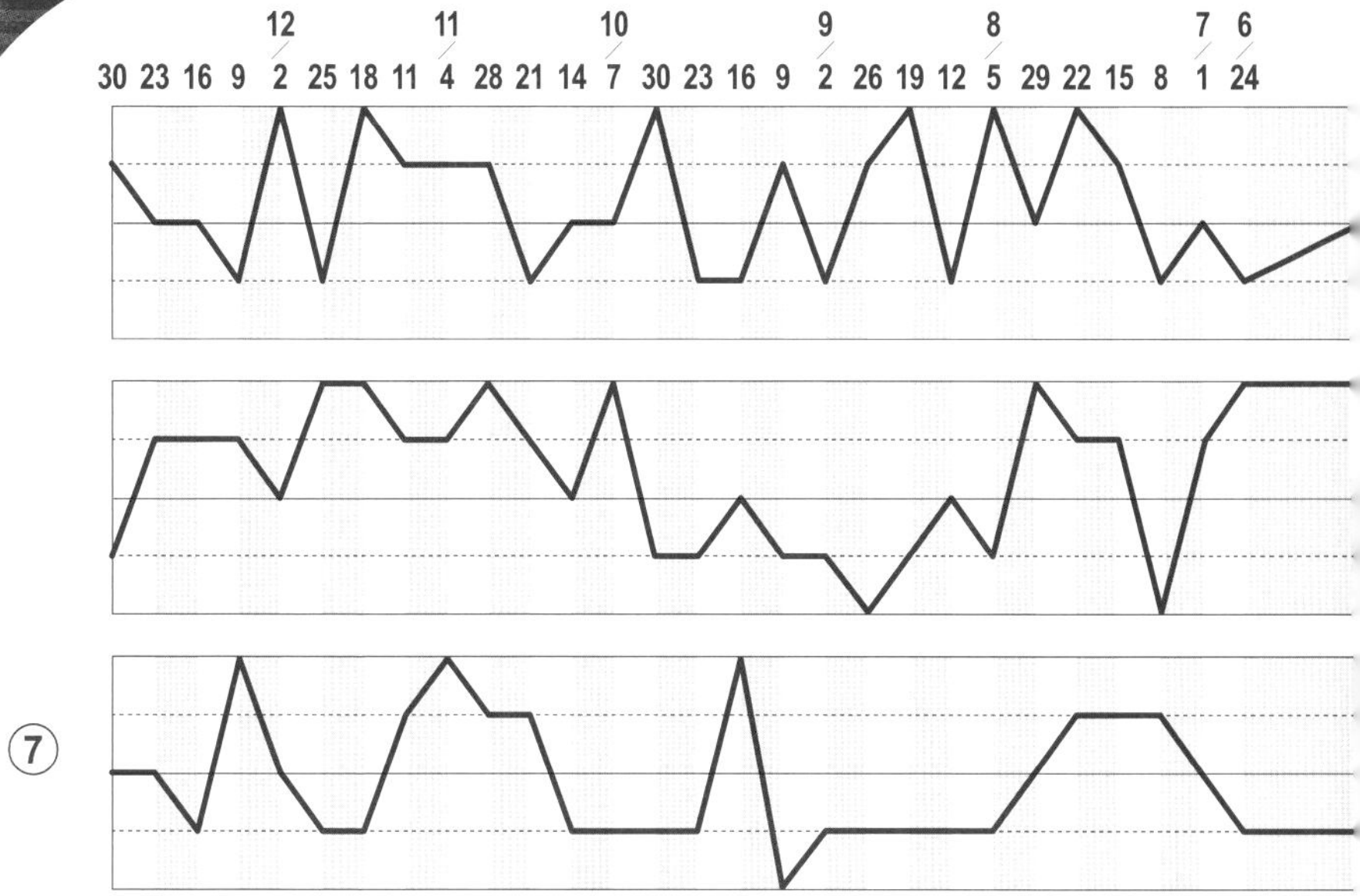

人間関係 恋愛 運

玄関に開運グッズを置く

年下の人や一見頼りがいのない人、地味な人、愚図な人に目を向けたり、面倒をみましょう。その人々があなたに幸運を呼ぶキーマンになります。北西や玄関にダメージがあると調子に乗ってミスをしがち。**玄関には、観葉植物、龍のグッズ、盛り塩、赤とゴールドの開運玉などを置きましょう。**

健康 運

日々の習慣を整える

神仏の加護に恵まれ、健康面も心配いりませんが、あなた自身が努力を怠っては健康が維持できません。できるだけ身体を動かす、朝食を食べるなど、**当たり前のことをきちんとやりましょう。**浴室、洗面所をきれいにして、窓がなければラベンダー色のタオルなどを置くと健康運が上がります。

五黄土星

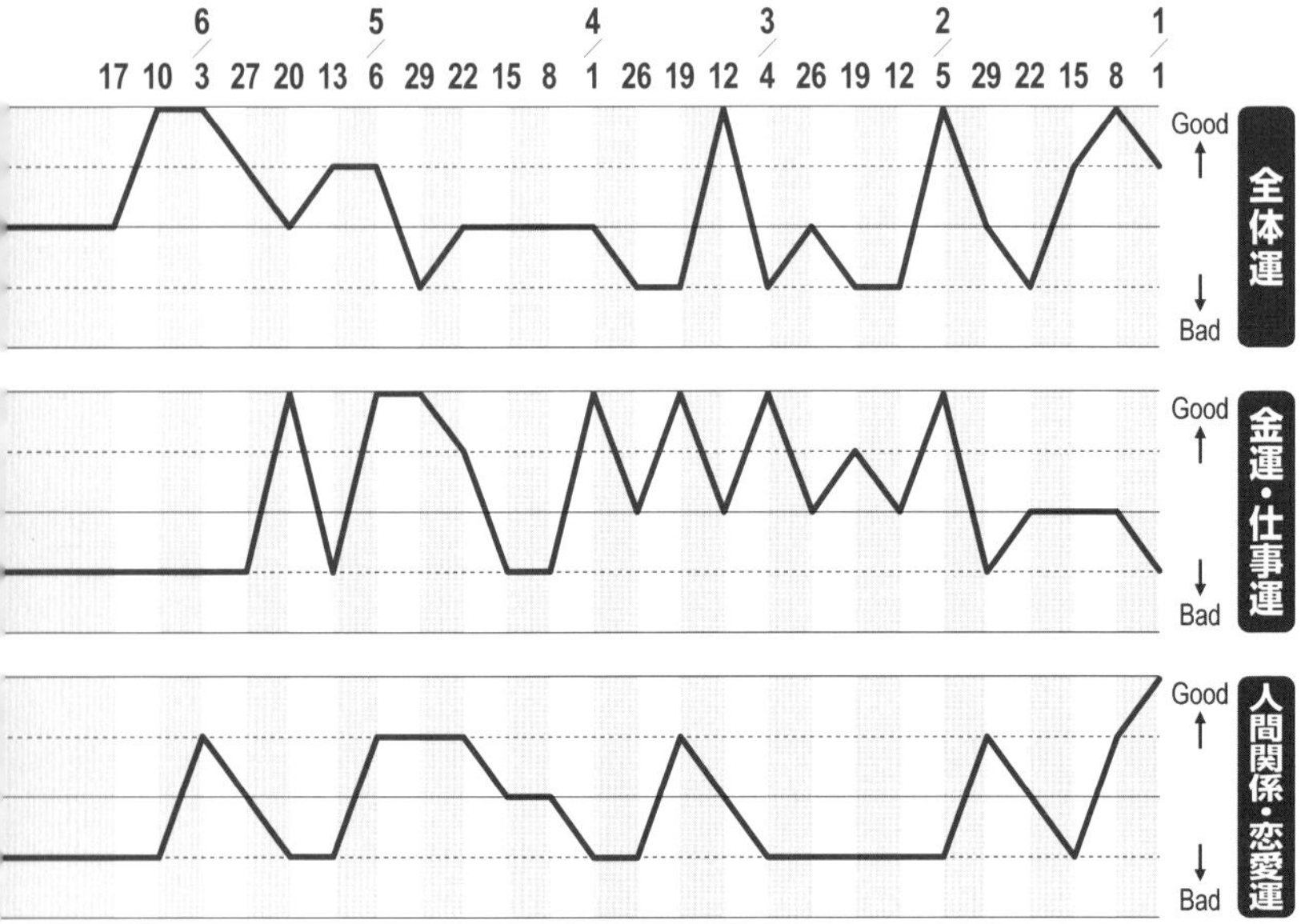

⑤

金運　騙されやすい年、詐欺に注意

様々な縁が広がる年、よい縁もあれば、好ましくない縁もあり、あなたを騙すような人が近づいてくることもあるかもしれません。人がよくて他人の計略にのりやすいあなたは用心を。貴金属は金運も強化します。**香りは、良縁を呼ぶのはもちろん、仕事運や金運アップ、トラブル除けの作用もあります。**

仕事運　肩の力を抜いて仕事を楽しむ

楽しい年。仕事よりも遊びやプライベートのほうに目がいきがちです。うまく肩の力を抜いて、楽しんで仕事をしましょう。でも言い過ぎて逆恨みされたり、あなたのことを嫉妬する人もあらわれそう。人とのトラブルを避けるために、**持ち塩とラベンダー色のハンカチなどとコンパクトミラーを持って外出すると吉。**

ワイワイ楽しみ、金運にも恵まれる年。飲んだり、食べたり、会食などを楽しめます。楽しみながらも金運体質を一層強化するようにしましょう。

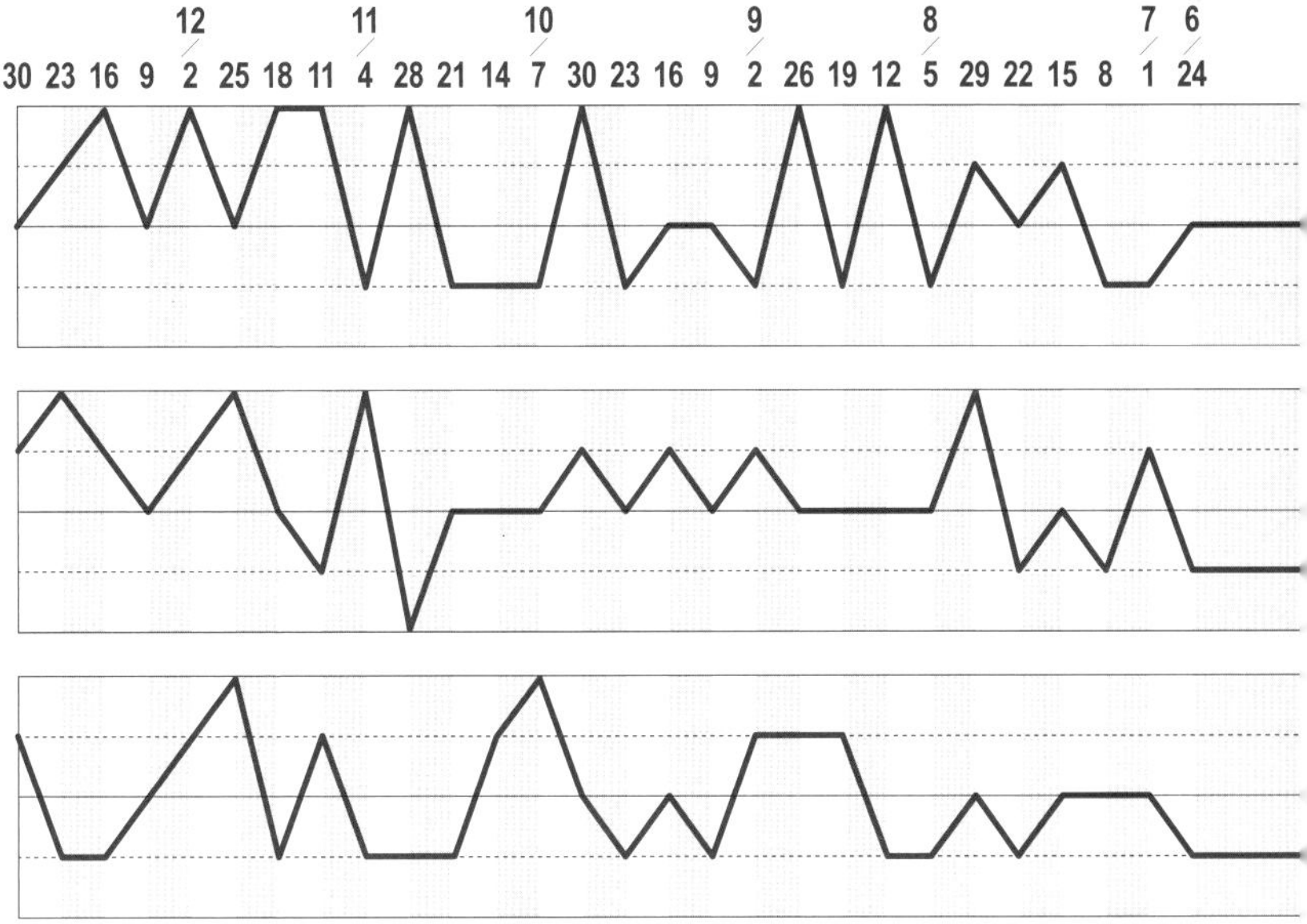

⑤

人間関係 恋愛 運 ラッキーフードで良縁を

人間関係が広がり、楽しい年です。一方で、人間関係や異性との愛憎トラブルが心配。嫉妬に注意が必要です。お酒の席など、にぎやかな場での発言と礼儀、作法にも要注意、くだけすぎないように。**美味しいものを手みやげにすることで、人間関係をよくしましょう。**おすすめは、今年のラッキーフード。

健康運 良質の睡眠で健康を保つ

飲食が活発になりますから、**食べすぎや飲みすぎ、消化器系の疾患が心配です。**歯や口内のトラブル、体重が一気に増える心配もあります。睡眠を十分にとって英気と運を補給しましょう。寝室に凶相はありませんが、モノがあふれていたり、汚れた寝室、特に床が汚れていてはいけません。水拭きをしましょう。

六白金星

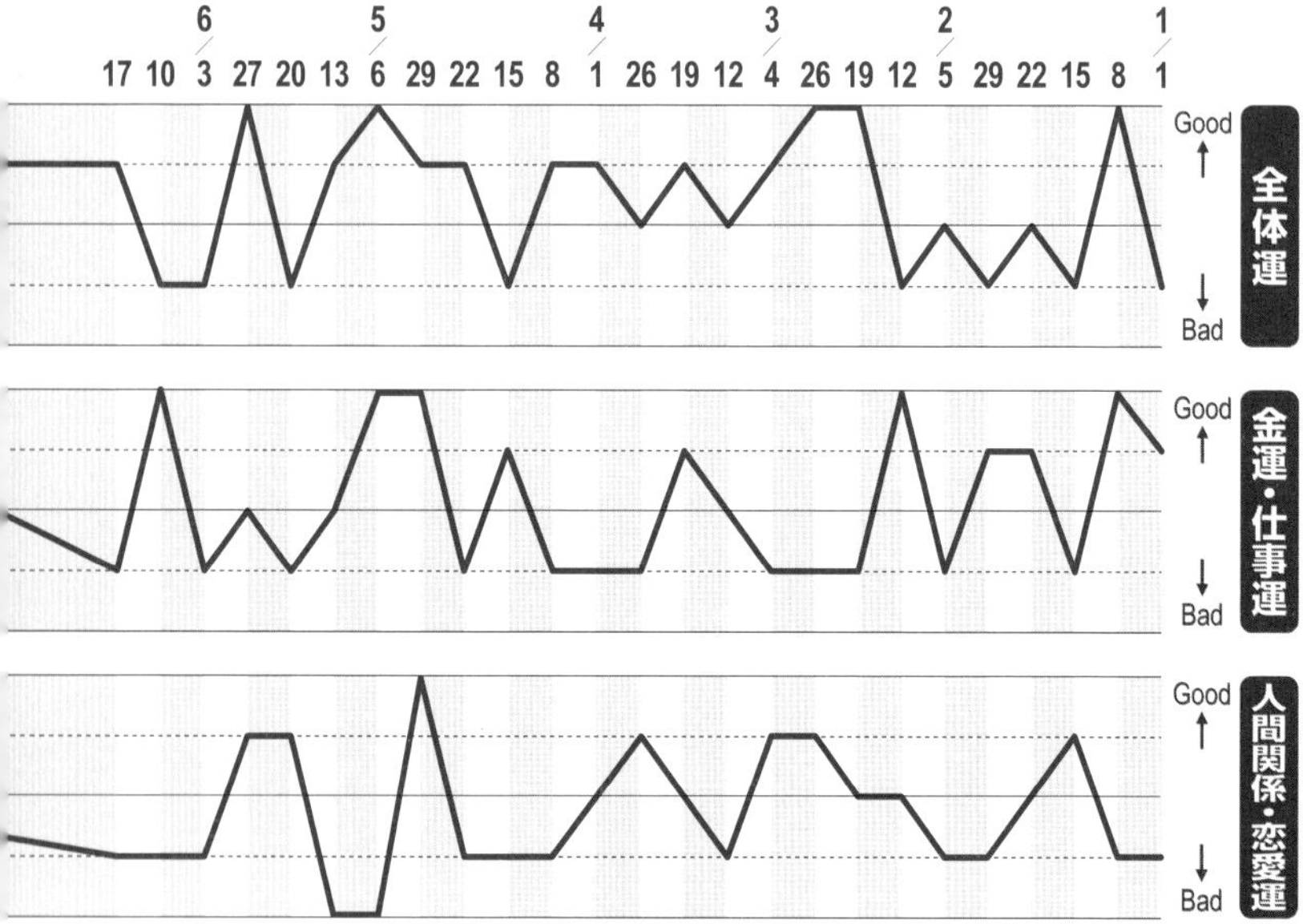

金運

家族や親族と食事会を

引っ越しや移転の運気が強く、住まいに関する出費が増えそう。吉方位に、吉相の物件を選び、出費した以上の運を吸収しましょう。身内との財産問題などトラブルが心配ですが、家族や親族が一丸となれば解決します。**同じ火で作ったものを食べることで同じ細胞ができ、家族や親族との気心が通い合います。**

仕事運

環境を変化させると吉

転職や転勤、配置換えなど予期せぬ変化が起こりやすい年。たとえ望まない変化でもそれが吉方位だったり、悪環境でなければ喜んで受け入れましょう。**今年は「逆転運」がありますから乗り気でないことでもうまくいくことがあります。**模様替えをしたり、吉方位で考えたり、アイデアを練るのもいいでしょう。

④

笑顔で健康で生き生きと元気良く暮らせば最強の金運、財運に恵まれます。心配なことは、事故やケガなどと身内との思いがけないトラブル。

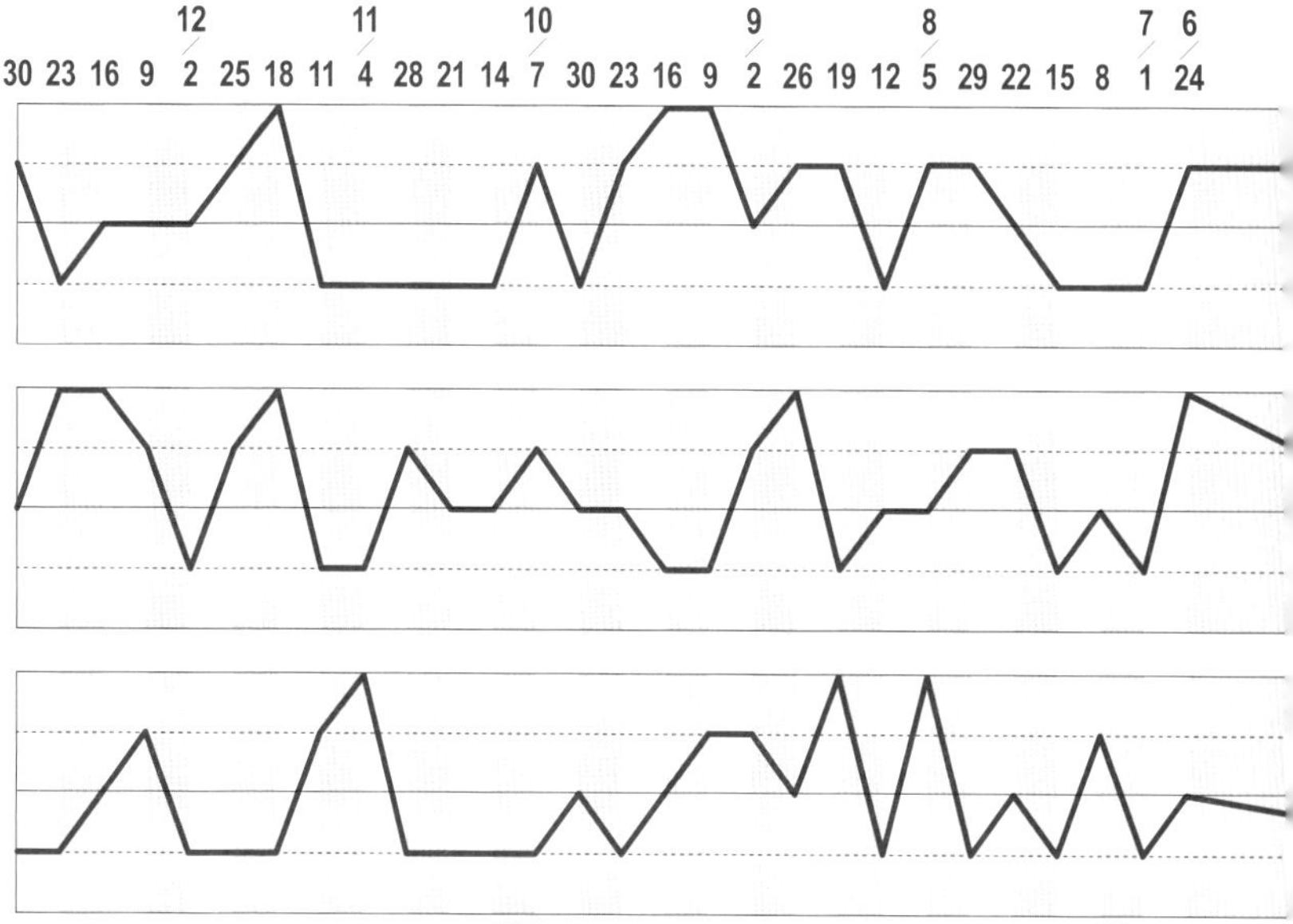

④

人間関係 恋愛 運

身内にこそ、気を使う

家族仲良く、親族とは疎遠になることなく、よい関係を維持しましょう。今までの人間関係がぐっとよくなったり、悪くなったりすることがありそう。**家族だから、親子だから分かりあえるはず、と思っていませんか。**「一番苦手な人と家族になる、と思いなさい」と風水の神様はおっしゃっています。

健康 運

ケガや事故に要注意！

今年心配なのがケガや事故。慌てて転んで骨折なんてことがないよう**盛り塩、持ち塩などでトラブル除けを**しましょう。財産がからむ身内とのいざこざなど思いがけないトラブルがありそう。塩は持ち歩くだけでなく、出先でいやな思いをしたら少し口に含んだり、パラパラと周辺に撒《ま》いたりしてください。

七赤金星

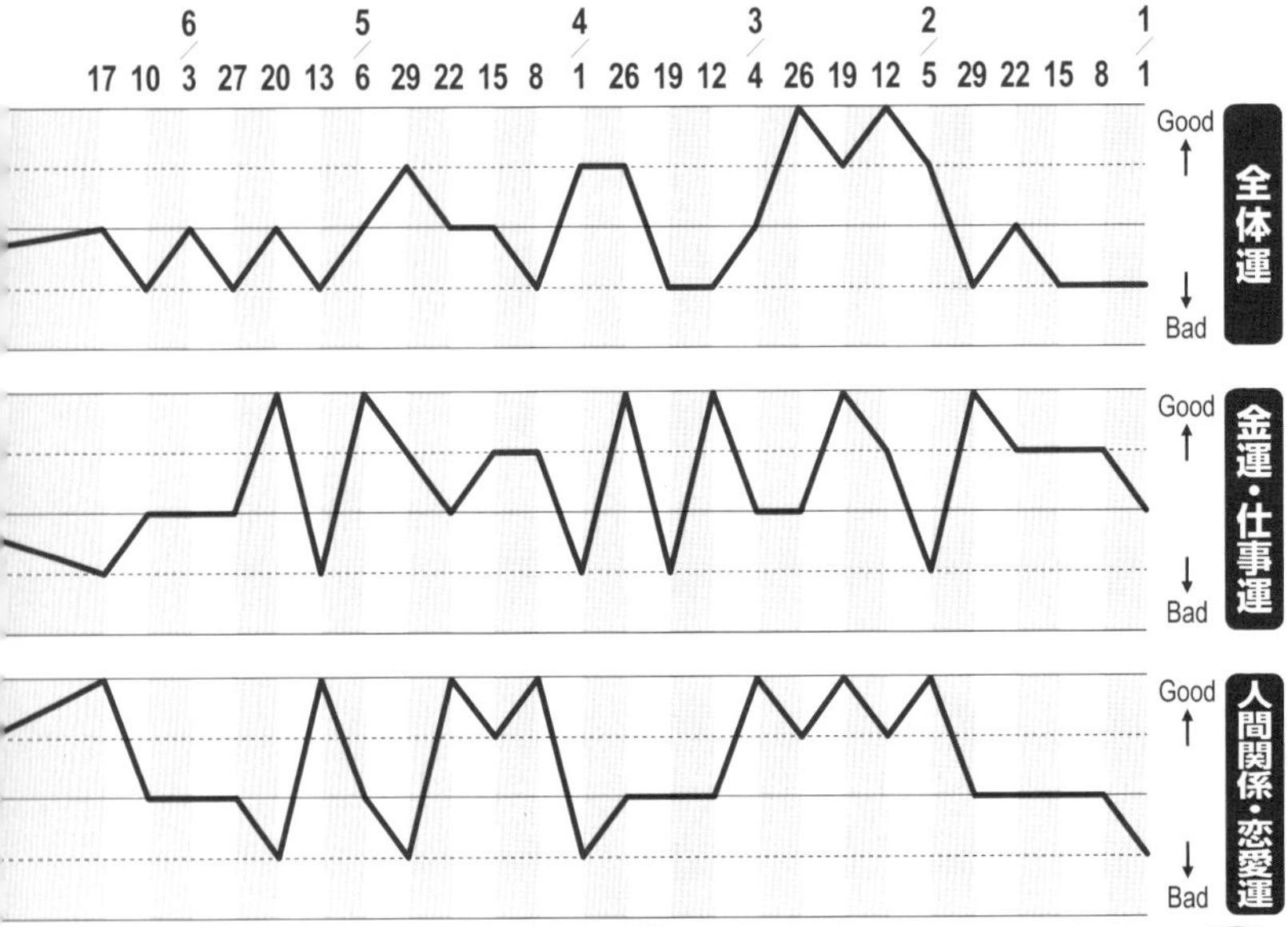

金運

投資よりお金を上手に使う

華やかな今年はお金遣いも華やかにすること。自分の未来と環境、人間関係に「投資」の年、貯めるより上手に使ってください。宝くじや懸賞とも縁があり、それへの投資は当選のチャンスを引き寄せます。**ワンポイントで「赤」が入った財布を持てば、弱気にならず、勝負に立ち向かうことができます。**

仕事運

細かいことは気にしない

華やかな舞台に引き出されたら尻込みせず、臆さず出ていきましょう。今年は過去のゴタゴタやトラブルが表面化するかもしれませんが、その場合でも気弱にならないで。今後の教訓にして、などと言っていては辰年の華やかな運気を逃します。**今年は多少自己中心的でもいいので、明るく前向きにいくことが大事。**

4

人気、才能で勝負する、華やかな年。一方で、過去のゴタゴタや秘密が表面化して仕事、出世、投資のチャンスを逃がす心配があります。

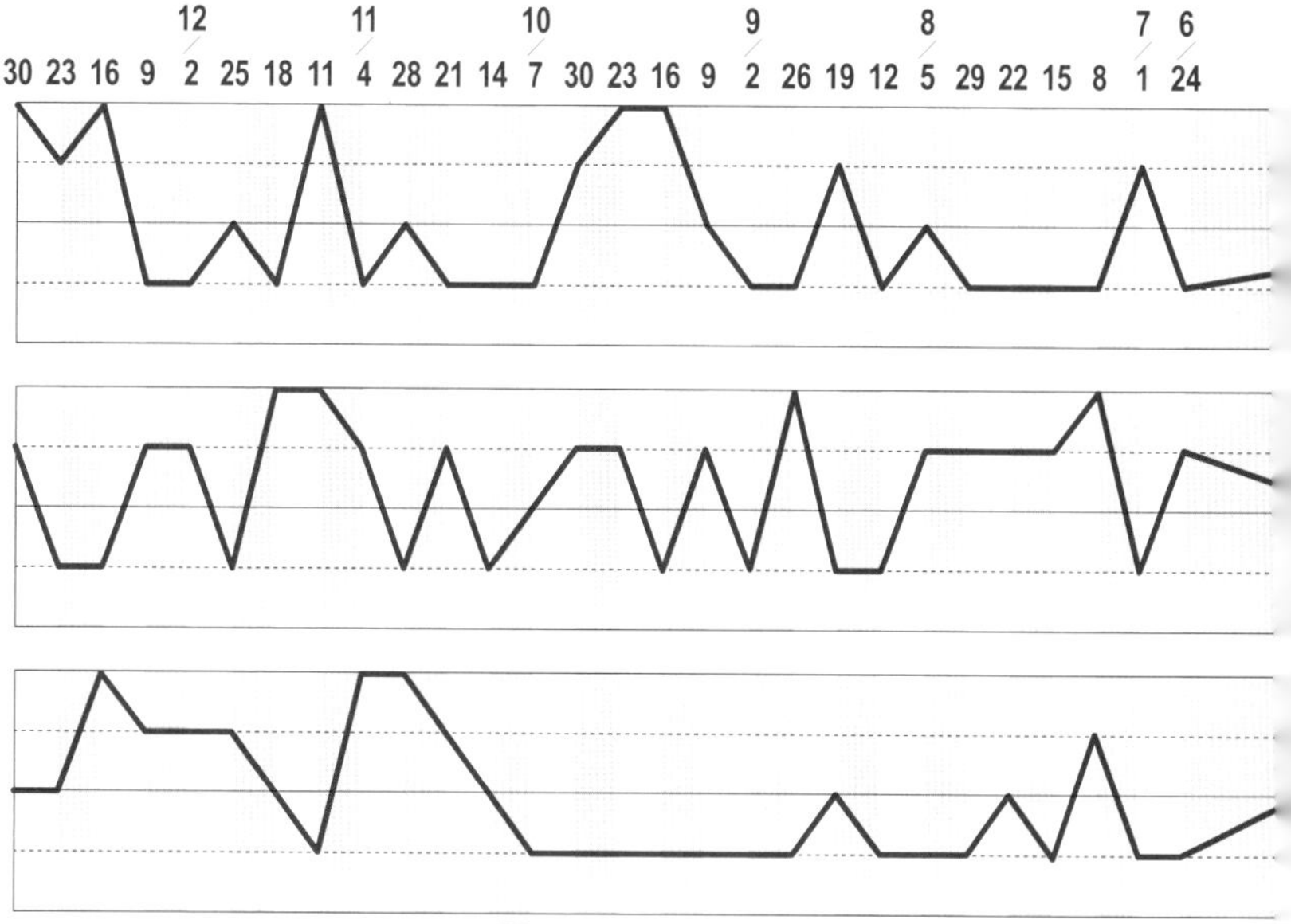

⑤

人間関係 恋愛運

イメチェンで人目を惹《ひ》く

人気や才能がある人、美形の人、芸に秀でた人など華やかな人と縁があります。固定観念を捨て、**今まであまり縁がないタイプの人とでも臆せず付き合いましょう。**交際費が増えますが、人間関係への投資も今年の開運アクションです。ネイルや香り、メガネなどで、イメチェンをして人目を引きつけましょう。

健康運

朝の海がパワースポット

身体に秘めていたことが出やすい今年は隠れていた健康面のトラブルが出ることがあります。発覚しても落ち込まず、今出てよかったと思いましょう。朝の海は、健康運と仕事運によいスポット。**海に行けないなら、過去に行った思い出の海（朝の海）をイメージしましょう。**

1 2024年のバイオリズム

八白土星

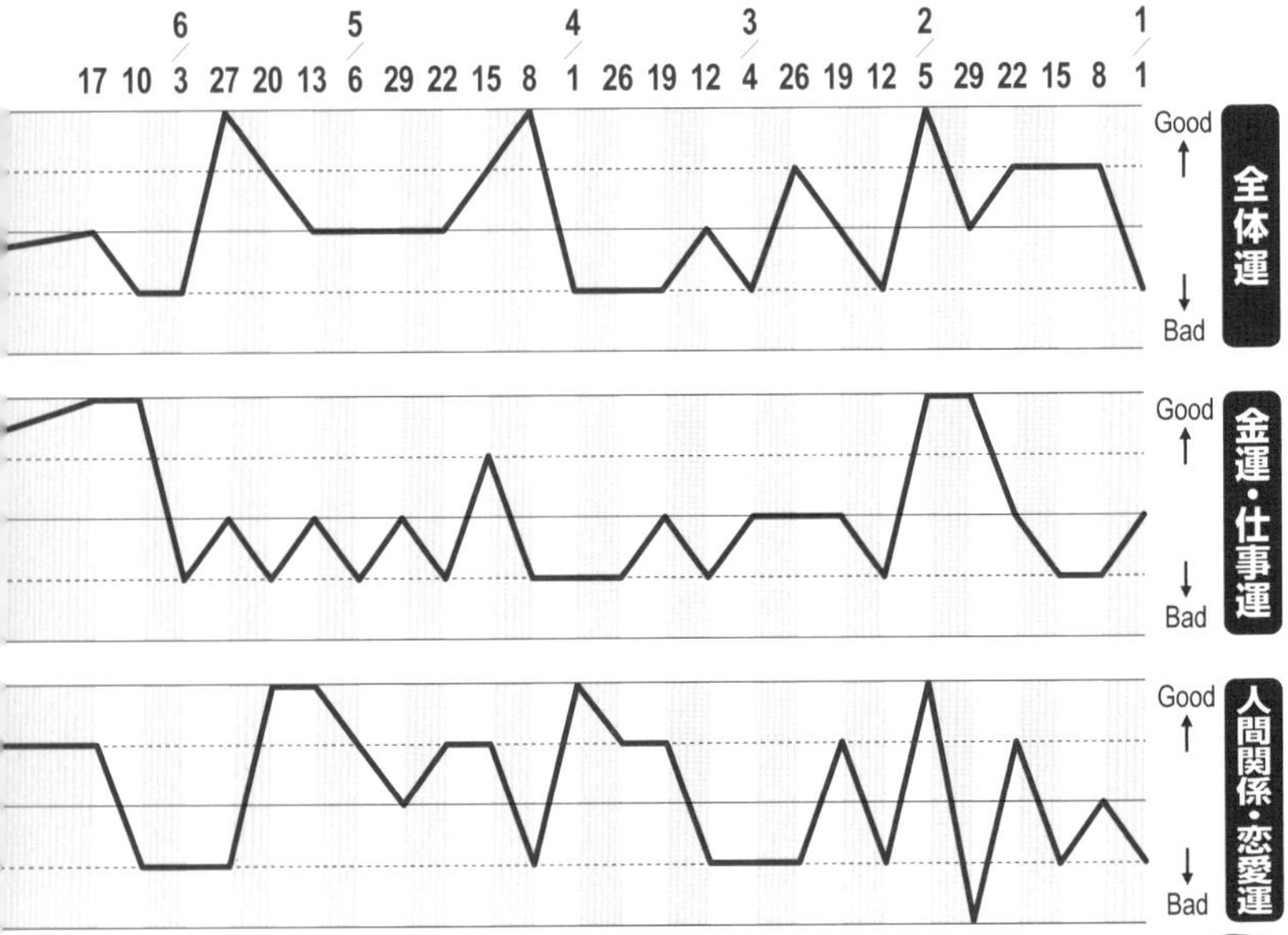

②

金運

貯金箱に夢を託す

コツコツが活きる年ですから、お金もコツコツ貯まります。冷静になれる点も今年のあなたのよいところ。衝動買いをしないので無駄な買い物が減るはず。貯金箱に夢を託して、お金を入れるたびに夢に近づくと考えましょう。**投資も一気に勝負をするより、コツコツタイプのほうが思いのほか成果が上がります。**

仕事運

内緒話はしない

ごたごたに巻き込まれたら、欲の深い利己主義の上司、仕事仲間がその原因を作っています。**秘密や内緒話はバレると考えて行動してください。**信頼や信用できる、安心して付き合える人、まじめな人をそばに置きましょう。新しい事業がスタートする運がありますが、損得計算を前面に出すとチャンスを逃します。

④

何事もコツコツやることで、いつのまにか成果が上がります。2024辰年はコツコツとした努力が報われる年です。

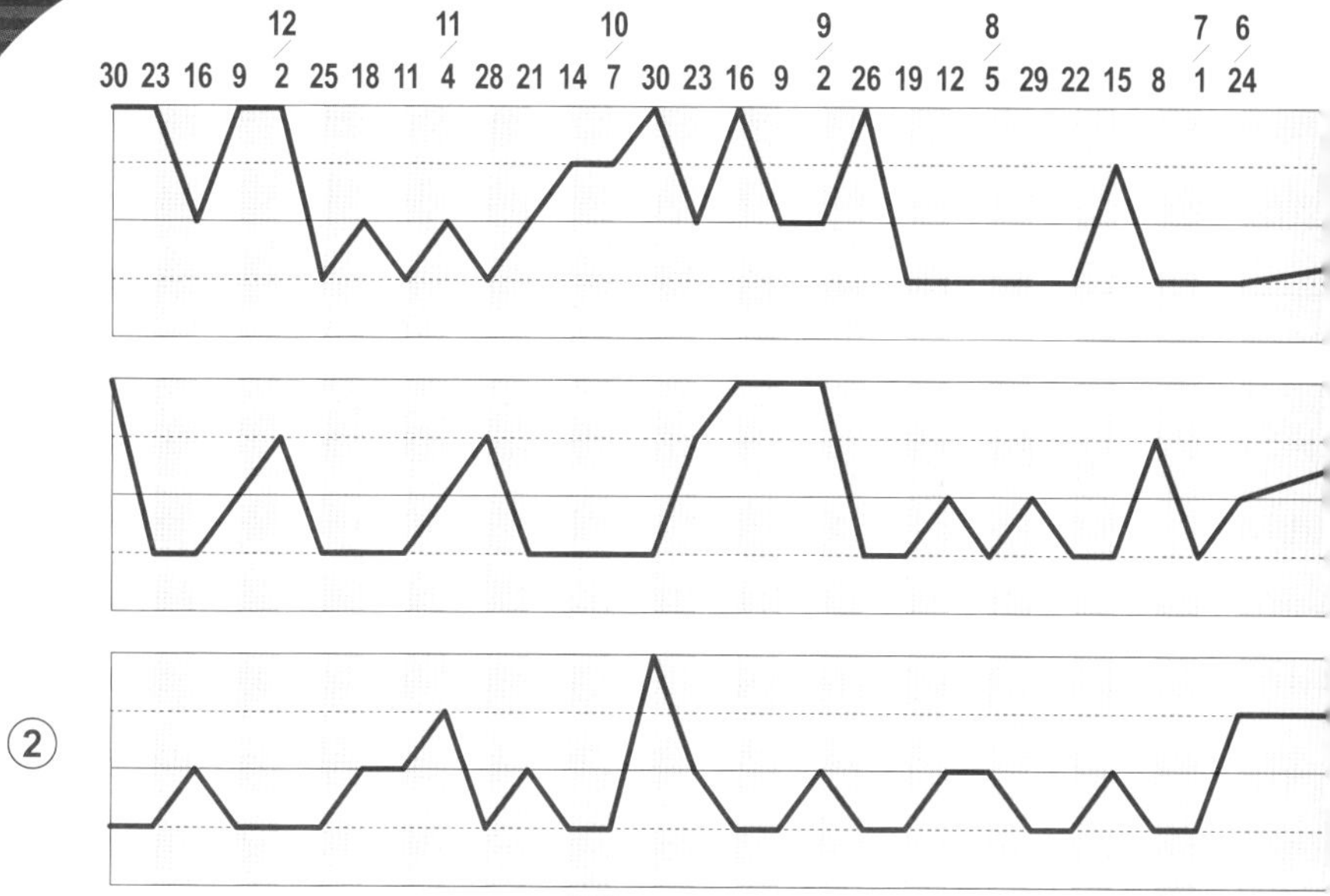

人間関係 恋愛 運

対面での会話を心掛ける

親切で信頼できる人との出会いがあり、充実した毎日を過ごすことができます。頑固にならず、柔軟な考え方をもちましょう。LINEなどSNSは便利ですが、ときには直接顔を合わせて話をすることが大事です。**話をすることで魂を交換しあい、それでこそ分かることがあります。**

健康 運

やっかいな厄は水で流す

日々厄落としをしないと厄でがんじがらめになり、悩みが尽きません。厄は水で洗い流し、ふき取ること。水洗い、水拭きを、住まいにも、あなたにも、お金にも。また、**身体の冷えすぎも運を落としますので注意しましょう。**悩んで下ばかり見ていると、目の前を通り過ぎる幸運に気づくことができませんよ。

九紫火星

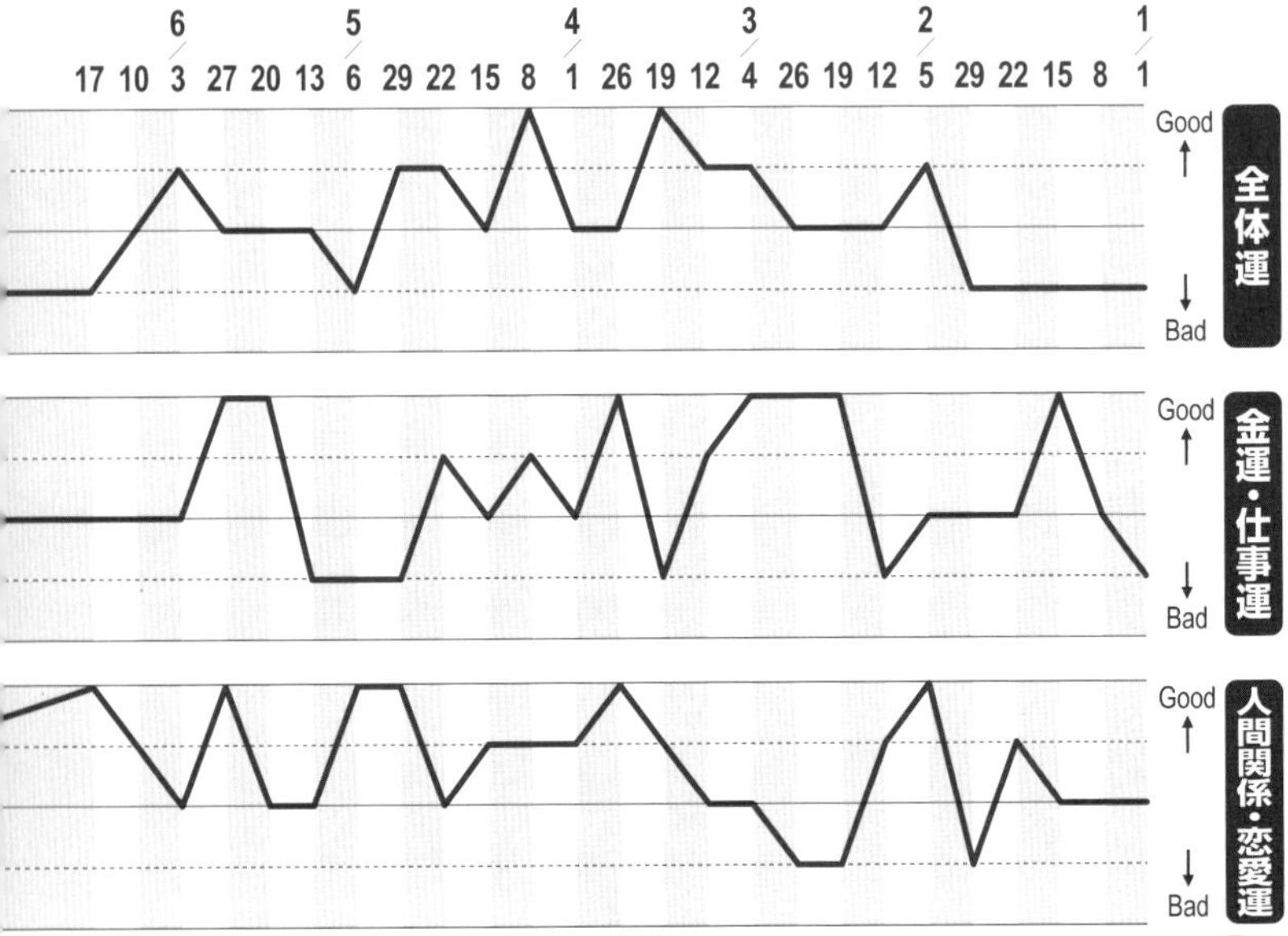

金運

金運の年をうまく形に

今年は不動産運があり、住まいに影響されますから、住まいに関する出費が吉です。**白と茶色が不動産運を高めます。**個人でツートンの財布や白と茶の2つの財布を持っていてもいいですし、夫婦でどちらかが白、もう一方が茶というようにしてもいいでしょう。勝負運もあるので、宝くじや懸賞にチャレンジを。

仕事運

女性の運気を活かすとき

あなたのまわりにいる、**日々の生活を丁寧にしている女性を信用して仕事をまかせる**といいでしょう。女性の方は、まわりの先頭に立って仕事を進めてください。行き詰まったときには、神社仏閣を参拝し、境内の土の上や吉方位の森や海、公園などで裸足になって地に足をつけ、大地のパワーを吸収しましょう。

家庭運、不動産運、財運に恵まれた年。特に女性は運気良好な一年、大きな喜びが得られます。男性は運の良い女性を味方につけること。

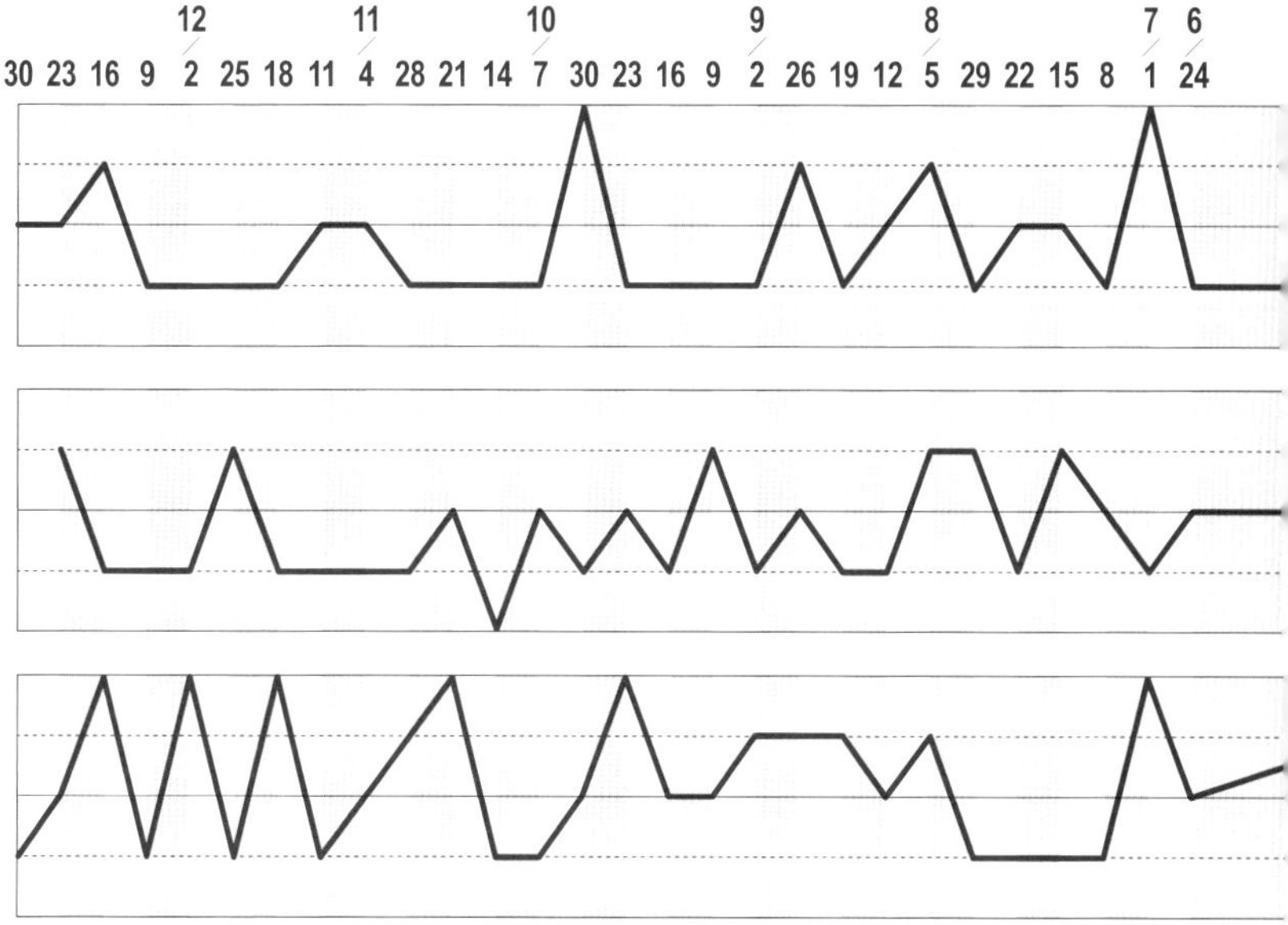

人間関係
恋愛運

家族との絆を深める

家庭運が良い今年は、夫婦仲がよくなったり、未婚の人は結婚相手が見つかりそう。女性の方はあなた主導で何事も決めたり、進めたりしてください。男性の方はまわりにいる運のよい女性に従ったほうがうまくいきます。**手をかけることがラッキーですから、衣類や小物をハンドメイドするのもおすすめです。**

健康運

掃除や家事で、運気UP!

日々の食事や睡眠、生活環境や運動、行動が健康に影響します。今年はどっしり落ち着きがちな面が長所でもあり、短所にもなります。掃除や家事、ウォーキングでしっかり体を動かすことで健康運アップ。**料理は、慣れてたものばかりではなく、はじめてのものを作ってみましょう。**脳も運気も活性化します。

6

Dr.コパの

若さを保つ習慣 1

毎朝、神事で「呼吸のストレッチ」

コパは神主ですから、毎朝８時の書斎のご神前と９時の銀座三宅宮《みやけのみや》＆コパビル内の三宅寶宮の３か所で神事をしています。

神様は目には見えません。見えない方を相手に神事で祝詞を奏上するには、粗相のないように身と心を整えて参拝します。

毎朝の声の質、乗り、リズム感、そして気分的にも朝参りで健康チェックしています。

前日の深酒がたたり、調子の出ないときも、風邪で喉の調子が悪くきれいな祝詞奏上ができない朝も、体調不良で朝参りがやっとできるような朝もあります。ストレスの具合だってご神前の祝詞奏上でわかります。

その他にも、毎月１日、11日、15日、18日は、朝10時、銭洗神事のある寅、辰、巳の日には、朝11時から神事があります。

神事の祝詞奏上は〝呼吸のストレッチ〟。何回も90度に頭を下げますから、足と腰のストレッチになっています。

③

5

第2章

本命星別

12か月の風水生活2024

2024年1月～12月の開運情報をまとめました。
最初にある、その月の万人に共通の
「アクション」や「考え方」「イベント」は必須。
さらに、本命星ごとのより詳しい開運情報を取り入れることで
幸せを逃さないようにしましょう。

1月

睦《む》月《つき》

大事な年の始まりこそ、
風水を取り入れて運気アップを

１月は神仏との縁が深い月、“神社仏閣参拝”が開運アクションです。コパ風水では「初詣は1日と3日の2度参拝せよ」が基本の教え。「今年もよろしくお願いします」とご挨拶をし、2024年の夢をお伝えしてください。

今月は、なににおいても「ワンランク上」を意識することが必要です。仕事でもふだんの生活でも、ほんの少しでもできる範囲でいいので、ランクを上げることを心がけましょう。

今月のイベント

おせち料理

今年はとくに「チキン」や「青魚」をいただきましょう。手作りがおすすめですが、そうでない場合でも重箱などに詰めてください。

仕事始め（2日）

パソコンや手帳を開いて、年間スケジュールを確認したり、メモをする程度でOK。２０２４年の仕事運上昇のきっかけをつかむことができます。

七草（7日）

七草粥《がゆ》を食べ、健康運を高めましょう。

鏡開き（11日）

お正月に神前、仏前にお供えした鏡餅を下げてお汁粉などにして食べましょう。勝負運アップの効果があります。

115記念日（15日）

「115」は天下取りを意味する数字。天下取りのパワーがある日ですから、大きすぎる夢を口にしましょう。ほらでもいいのです。

大寒（20日）

大寒の日に汲《く》んだ水で、健康運アップ。鶏が産んだたまごを食べ、金運アップ。

1月

一白水星

「長所」も「短所」も才能！

才能を活かして大きな夢に向かう年はじめ。「ないと思うな、運と才能」と風水では言います。自分には才能なんてない！　などと考えずに日々是風水でコツコツいきましょう。

初詣は1日と3日の両日に参拝です。仕事運と金運、良縁はもとより才能運アップを今年はしっかり祈願してください。115記念日の15日や大寒の20日には、貴金属と財布を新調するといいですね。

今月は最高の自分を表現するためにゴールドのペンや貴金属、バッグなどと辰の置物や龍のグッズを使うとよく、大寒の財布とたまごで夢を叶える資金力、良縁パワーをもらいましょう。

⑥

ラッキーデー	1, 2, 9, 10, 19, 20, 27, 28, 29日
アンラッキーデー	3, 7, 11, 12, 16, 18, 21, 25, 30日
ラッキーカラー	**グリーン**…人気、才能運を活かす今年のスタートはグリーンで。明るめのグリーンがポイント。 **オレンジ**…太陽の色。人気、才能運アップに欠かせない色。
ラッキーフード	**エビ、カニ、貝類**…おせちや日頃の料理もこれらをしっかり食べて、人気、直感力、才能をアップする。 **お餅**…勝負強くなる食材。鏡餅を使った11日のお汁粉はぜひ。
仕事・金運	**銭洗い**…金運アップには厄のないお金を財布に入れることが重要。銭洗いをし、新年から福銭を。 **貴金属、財布**…15日の115パワーをゴールドの貴金属とゴールドやグリーンの財布に注入する。ペンもゴールドのもの。
恋愛・交際運	**大寒のたまご**…金運アップが縁を広げる。大寒のたまごは金運だけでなく健康と良縁を運んでくる。キノコ入りのオムレツがおすすめ。 **3日の祈願祭**…銀座三宅宮の佐瑠女様に参拝して恋縁芸のお守りを手に入れよう。「銀恋」と呼ばれる恋のお守り。
開運インテリア	**辰年のインテリア**…金運あふれる辰年は西、そして東をきれいにするのがポイント。盛り塩、黄色、白、ラベンダー（または明るいブルー）を西で使って金運と健康を守ること。節分までに軽くでいいので掃除してラッキーカラーのマット類を。辰の置物を開運方位に置く。

5

二黒土星

「流行」は幸運のありかを示している

出会いに恵まれ、すべてが順調な年。初詣は1日と3日に出かけて交際運アップも祈願しましょう。

流行を取り入れて、楽しく明るく暮らすことが今年の開運の過ごし方。今月からすぐに取り入れましょう。

また、旅行で運気アップの辰年です。今年の旅行計画を今月中に立てておくのもいいですね。香り風水も効果的。香水、コロン、芳香剤やアロマなど香りで開運しましょう。

人間関係は、信頼がポイント。北方位の強化やラッキーカラーの色風水、春財布、たまご料理、マットで良縁や交際を守ってください。

中旬の15日頃、夢が叶ったり、なにかきっかけが見つかりそう。

①

ラッキーデー	1, 2, 3, 4, 7, 10, 11, 19, 20, 21, 28, 29, 30日
アンラッキーデー	8, 12, 14, 17, 22, 25, 26日
ラッキーカラー	**オレンジ**…不動産や財産を得る人、夢に向かって頑張る人の味方色。 **白**…一年のスタートは白で。すっきりした気持ちで正月を迎えられる色。
ラッキーフード	**おせち**…伊達巻、栗きんとんは金運に。貝類、エビ、カニは才能、人気、合格勝負運を高め、昆布巻き、黒豆は健康によく、数の子は財運、子宝に効果がある。 **お餅**…正月の縁起物の代表。勝負運、合格運を高めてくれる。
仕事・金運	**115記念日**…1月15日は天下を取るパワーのある日。決心の梅を食べ、大きな夢を決心ノートなどに書いたり、口にする。新しい財布や貴金属、仕事グッズを使い始めるのもよい。 **春財布**…寒の入りからの寒の内に購入すると縁起の良い春財布になる。1月15, 20日、立春、初午から使い始める。
恋愛・交際運	**貴金属**…1月の寒の内に購入する貴金属は金運の円と交際の縁を引き寄せる。金額にかかわらず貴金属を手に入れよう。 **縁起物**…辰の置物を縁起の良い方位に置いてピンクとゴールドの布やグッズ、香りのよいグッズを一緒に置くと良縁を呼ぶ。
開運インテリア	**北方位**…心の落ち着きと金運、財運、恋の運気を蓄える北。ピンク、オレンジ、ワインレッドと相性良し。ミント系やフローラル系の香りを使うのもよい。バスやトイレ、キッチンが北の空間なら盛り塩してラベンダーを色風水に加える。

②

1月

三碧木星

「出た答え」が一番良い答え

大きな答えが出る年。どんな結果が出ようと出た答えが一番良いと思って暮らすことを念頭に置いておくといいでしょう。辰の置物を使うことで逆転の発想を受け入れられる「逆転風水」を実践できます。

今月は１１５記念日と大寒の風水をしっかり実践。家庭、家族の力が今月は必要ですから、初詣は１日と３日にも出かけて、家庭運アップも祈願してください。住まいの中心に辰の置物と色風水で家庭がまとまり、家自体の運気がアップします。

月末は、不動産の縁が好調。たまご料理と春財布で人脈を活かすことができます。

①

ラッキーデー	2, 3, 10, 11, 12, 20, 21, 25, 30日
アンラッキーデー	4, 7, 9, 13, 15, 18, 22, 27, 28, 29, 31日
ラッキーカラー	**グリーン**…何があっても落ち込まず気持ちを盛り上げてくれる色。 **黄色**…金運と喜びの色。変化を望まれる一年のスタートの色。
ラッキーフード	**ポテト**…根気と元気をもたらす食材。風邪予防にも効果的。 **おせち**…昆布巻きは財運と健康運アップ。金時豆は金運によく、エビ、カニ、貝類、黒豆は人気と才能、試験運を高める。根菜のお煮しめは根気とやる気をもたらす。
仕事・金運	**春財布**…寒の内から春のお彼岸までに購入する財布が春財布。寒の内に購入したら、今月15日、大寒、立春に使い始める。 **寒の内**…15日の115記念、20日の大寒のたまごとアクションが寒の内の金運、仕事運アップの開運日。
恋愛・交際運	**貴金属**…寒の内は財布だけでなく、貴金属を購入すると恋や金運のパワーあふれる。貴金属は2月11日の祈願祭から使い始めると最強の貴金属になる。 **恋縁芸守**…風水の銀座三宅宮で毎月18日に配布されるお守り。財布や名刺入れなどに入れておくと出会いや交際運が上がる。
開運インテリア	**辰の置物**…今年は大きな答えが出る年。望まない答えが出ても幸せになる逆転風水を。仕事・健康の運気アップは東・鬼門・玄関に、金運アップは西、北、中心に、人間関係アップは東南、北、南西に、才能や人気、美貌のアップは南、北西、東北に辰の置物を置く。

8

四緑木星

「紅白」で行動を素早く、丁寧に

大きなことに挑戦する年、自分の度胸を確かめる年です。大きな財産を手にするチャンスがあります。

初詣は1日と3日にも出かけて、勝負運アップを祈願すること。勝負運を上げるグッズを11日の鏡開き、新月に用意をしましょう。

資金は1月15日の115記念と大寒で作ることができます。この日の開運アクションをしっかり行うことです。115記念日に購入するアイテムと大寒の財布やたまごで夢を叶えましょう。後半、少し疲れが出て、金運や仕事運がダウンしそう。それを止めるのが大寒のたまごや財布。また周りの人が運気ダウンを防いでくれます。

②

ラッキーデー	3, 4, 5, 12, 13, 14, 21, 22, 31日
アンラッキーデー	1, 9, 10, 18, 19, 23, 27, 28, 30日
ラッキーカラー	**白**…親切と丁寧、財産を表す、スタートにふさわしい色。 **赤**…少しだけ使うことで他の色の力をより強力にさせる効かせ色。行動に活を入れる。今月は赤で行動を素早く。
ラッキーフード	**ちらし寿司**…酢飯の上に載った色とりどりの魚や貝類で様々な運気を吸収できる。 **たまご**…大寒のたまごが代表。金運アップと健康を守る。
仕事・金運	**おせち**…最高の開運縁起料理。しっかり食べて新年早々から勝負運をつけるとよい。金運にも仕事にも効果がある。 **温泉**…東北方位、北方位に雪景色が楽しめる露天風呂を探してみよう。美味しい料理と温泉で仕事運、金運が上がる。
恋愛・交際運	**115記念日**…天下をとる数、115が並ぶ1月15日は勝負の1日。出会いや交際運アップには縁起の良い財布や革小物、貴金属を持参して神社参拝。 **鏡餅**…11日の鏡開きに鏡餅の入ったお汁粉を食べて頼りになる人、仕事ができる人との縁を引き寄せよう。
開運インテリア	**辰の置物**…辰と巳の方位は東南方位。縁と金運をよみがえらせる方位。今年の開運方位でもある東南方位に辰の置物、ピンク・白・黄色の花、コロンなど香りのよいものを置く。財運がある勝負の今年は縁と円を育てよう。

⑥

五黄土星

縁が円を呼ぶ、円が縁を呼ぶ

　金運に恵まれる辰年。円が縁を、また縁が円を呼ぶ年ですから、交際の幅、金運の輪を広げることを考えて過ごしてください。楽しく過ごせる運気が充満していますが、それだけに気合いが入らず、スタートダッシュが遅れてしまうことも。

　はじめが肝心。初詣は1日と3日に出かけて金運アップを祈願しましょう。１１５記念日の15日、そして大寒の風水をしっかりやり、金運を強化します。

　金運アップのためにはキッチンの掃除。汚れやすいスペースですから汚れたらすぐにきれいにすることで汚れも厄も残しません。もちろん、風水アイテムも置いてください。

②

ラッキーデー	4, 5, 6, 8, 13, 14, 15, 16, 19, 22, 23, 31日
アンラッキーデー	1, 2, 11, 20, 24, 26, 29日
ラッキーカラー	**白**…新年のスタートはやはり白。財運パワーが強い色。 **ピンク**…縁が円を呼ぶ。ピンクで交際を広げよう。
ラッキーフード	**おせち**…おせち料理から様々な運気を吸収。貝類、エビで人気、才能を上げておく。 **たまご**…大寒のたまごで金運を一気に上げる。大寒以外でも今月はたまごは毎日。
仕事・金運	**出世と金運**…出世できるお守り、金運アップのお守りを手に入れて神様を味方にダッシュの月。銭洗いも効果的。 **春財布**…寒の入りから手に入れる財布を15日、20日、寅、辰、巳の日から使う。またはこれらの日に購入して立春から使う。
恋愛・交際運	**115記念日**…15日、18日に春財布を購入して、18日三宅宮で配布の恋縁芸守りを入れて使う。 **香り風水**…シャンプー、リンス、ソープ、芳香剤を変えてみる。アロマスプラッシュで空間を清めて運気を変えるのも効果がある。
開運インテリア	**少彦名命**…キッチンは金運と健康を守る空間。特にレンジや床の汚れは病気と無駄遣いを呼ぶ。キッチンを掃除して黒の出目金の置物、黒の開運玉で空間を清め、マットを新しく。ラベンダー、黄色、グリーンがおすすめ。そして、少彦名命の置物をお祀りしよう。

六白金星

他人も自分も、枠にはめてはいけない

変化を恐れずに行動する年。不動産、財運に恵まれています。住まいのことや財産について考え、形にするための行動を起こしてください。移転や移動運がありますから、望む望まないにかかわらず、移転移動がありそうです。ならば自分の望むように変えてみるのがいいですね。

1月は大きな答えを求められます。まわりに気遣うことなく、左右されずに、自分で答えを出しましょう。そのためには勇気が必要です。勇気を支える友人と資金、人間関係と金運を高める過ごし方を。よい変化を呼ぶには健康的な日常を過ごすこと。初詣に1日と3日に出かけて健康運アップを祈願しましょう。

ラッキーデー	6, 7, 9, 14, 15, 16, 22, 23, 24, 25日
アンラッキーデー	1, 3, 4, 5, 10, 12, 19, 21, 27, 28, 30日
ラッキーカラー	**白**…一年の始めは偏見を持たず、素直な気持ちが大事。白で素直になれる。 **ラベンダー**…紫色に近いラベンダー。迷いをなくす色。
ラッキーフード	**たまご料理**…金運があり、健康なら何でもできる。大寒のたまごで金運をつける。 **おせち**…エビや貝類を食べてカンと才能をアップ。
仕事・金運	**春財布**…寒の入りから春のお彼岸までに購入する財布。115記念日、大寒の日に購入が特に良い。立春、初午、2月11日の祈願祭などから使う。 **115記念日、大寒**…1月の運気吸収の重要日。15日は大きな夢を考え、大寒はその夢を叶える資金と健康を吸収する日。
恋愛・交際運	**3日**…銀座三宅宮は風水ファンの聖地。正月に参拝。小さな神社に夢を叶える素晴らしい神様と祈願が叶う龍穴力がある。 **財布と貴金属**…寒の内に人間関係、恋愛、交際運アップのために、白、ピンク、ゴールドの財布、ゴールドの貴金属を購入。
開運インテリア	**辰の置物と龍脈**…今月は大きな答えを出す月。住まいの中心の力を上げて判断ミスをなくす。玄関からの龍脈に辰の置物を。玄関、中心、対角線の部屋に置いた辰の置物の下にラッキーカラーの布を敷く。枕元にも同じ敷物と辰の置物を置いて好判断を。

1月

七赤金星

人の「内面」は「外見」にあらわれる

人気、才能、美貌、芸能運で勝負する年です。初詣では才能アップや美、センスなどを祈願しましょう。

1月は神仏のパワーを味方にすることでタイミングがよくなります。初詣だけでなく、日頃から神様仏様とは密接にしておきましょう。もちろん1月15日の115パワーや20日の大寒のパワーも最大限に利用することです。

美貌、外見で勝負ですから、身だしなみを整えて、いつもきれいでいることを心掛けましょう。足元もきれいにしておきたいところ、靴に着目。住まいでも「床をきれいに」を心掛けてください。マットやスリッパの新調も吉です。

③

ラッキーデー	7, 8, 15, 16, 17, 24, 25, 26日
アンラッキーデー	4, 6, 13, 22, 31日
ラッキーカラー	**ゴールド**…ゴールドが好きな神様と仲良くして一年を過ごす。 **グリーン**…新年から運気をよみがえらせるグリーンを。
ラッキーフード	**たまご料理**…大寒のたまごで金運アップ。飽きるほど食べる。 **おせち**…カニ、エビ、貝類でカンを高め、練り物とお餅で勝負運アップ。
仕事・金運	**大寒**…大寒のたまご、大寒の財布(春財布)、大寒の貴金属など金運のパワー最強の大寒パワーを使う。 **115記念日**…15日は大きな夢を仕込む一日。寒の内は夢を叶える種を仕込む時。この日に使い始める財布、この日に購入する財布は「天下取り財布」。115という数字を財布に書きこむ。
恋愛・交際運	**交際の春財布**…恋の運気も寒の内に手に入れる。15日、20日に購入して立春、2月11日の祈願祭から使い始める。 **人気、美貌**…今年は人気と才能と美貌で勝負の年。正月は神仏にこの点を祈願する。三宅宮の願掛十二支石の緑の三文字に塩を触れて神塩を作るとよい。
開運インテリア	**辰の置物**…新年にもう一度置き方を確認。今年の辰の置物は北西と東南にラッキーカラーの敷物を敷いて置く。東南方位には香り風水グッズを一緒に置くと、交際、出会いに効果的。

1

八白土星

人間関係のトラブルに要注意！

今年は信頼がテーマになる年。人間関係でも信頼を大事に。信頼するにはまず相手に偏見をもっていてはいけません。白は偏見をもたない色。年始めから使ってください。

今月は人間関係に振り回され、信頼していた相手の態度が急に変化してとまどいそう。悪口や陰口などマイナス言葉が信頼を落とします。巡り巡って相手にどう伝わるか分かりません。

キッチンは金運と健康運に影響するスペース。黄色やラベンダー、ピンクのキッチングッズやマット、タオルなどを使いましょう。火難除けの御札や少彦名命《すくなひこなのみこと》の置物など縁起物を置くといいでしょう。

②

ラッキーデー	7, 8, 9, 16, 17, 18, 25, 26, 27, 28, 31日
アンラッキーデー	2, 5, 10, 11, 13, 14, 20, 23, 29日
ラッキーカラー	**黄色**…金運と新しい年にふさわしく変化を求める。 **白**…一年のスタートは偏見のない考え方で。人に対する偏見はダメ。
ラッキーフード	**焼き鳥**…「気さくに、焼き鳥で一杯」が今年の人間関係の基本。金運も上がる。 **親子丼**…大寒のたまごで作る親子丼は抜群の金運どんぶり。
仕事・金運	**会食と財布**…寒の内に購入する春財布は一年で一番金運を吸収する財布。寒の内の会食は仕事や投資の計画に良いデータをくれる。 **15日**…115記念日。大きな夢を叶えるきっかけをくれる一日。この日に手にするグッズは夢を叶える友達になる。
恋愛・交際運	**厄祓い**…交際が思いのほか進展しない、急に相手の態度が変わるなどの原因は嫉妬や悪口。三宅宮の厄祓い守りに入っているラベンダー色の手ぬぐいを龍神水に浸し首筋をふいて厄祓い。恋縁芸守を18日に授かり財布の中に。あなた本来の交際ができる。
開運インテリア	**キッチン**…キッチンでは黄色とラベンダー、ピンクのグッズやマット、タオル類を使う。キッチンは金運を作る場所、少彦名命を祀って一家の健康を守る場所。今年は金運が大事な一年。無駄を省き、積極的に投資する年。キッチン風水は重要。

⑤

1月

九紫火星

頭で考えるより「行動」あるのみ

　大きな答えを出す年。不動産との相性のよい年です。

　今月は準備の月、今年のうちによい決断を下せるよう様々な方面からアプローチする計画を今月のうちに立てるといいでしょう。準備に勝る必勝法はありません。金運も必要ですから、15日や20日の風水開運日を利用して金運をアップさせ、資金面の準備もしておきましょう。

　また、今月は不動産との相性がよい月。不動産運アップの風水が今年の運気に弾みをつけてくれます。月末少しイライラしがちですが、好きな香りやラッキーカラーを取り入れてイライラの時季をうまく乗り切りましょう。

②

ラッキーデー	1, 8, 9, 10, 13, 18, 19, 21, 26, 27, 28日
アンラッキーデー	3, 6, 7, 15, 16, 17, 24, 25, 31日
ラッキーカラー	**白**…一年のスタートは偏見や汚れのない白を使う。 **茶色**…革小物やファッションに。白と合わせて不動産運向上。
ラッキーフード	**おせち**…様々な運気を吸収できる正月の縁起料理。 **すき焼き**…すき焼きの鍋を囲むことで様々な運気が吸収できる。
仕事・金運	**吉日の財布**…「資金と準備に勝る必勝法なし」。15日は大きな夢を口にして夢を叶える115記念日財布&グッズ、20日は金運の大きな種を吸収できる大寒財布と大寒のたまご。この吉日は資金を作ってくれる大事な日。
恋愛・交際運	**春財布**…吉日の財布は素晴らしい春財布。恋や人間関係に効果のあるピンクや白、ゴールドやラッキーカラーの春財布を手に入れ、銭洗いした福銭、18日に銀座三宅宮で配布される「恋縁芸守」を入れて立春や2月の吉日から使い始めよう。
開運インテリア	**不動産運**…今月は不動産、財産と運気の相性が良い月。あなたの不動産運をアップする空間は鬼門ライン＝東北～中心～南西の空間。特に東北の空間には白い四角い家具やグッズを。観葉植物に白と黄色のリボンを結び、盛り塩と鬼門札風水で不動産運は向上する。

2

2月

如月《きさらぎ》

開運行事をしっかりこなし、「財布」の買い替えも吉

今月は重要な開運行事がたくさんあります。2月の開運行事をしっかりこなし、2024年の本格スタートを切りましょう。昨年の10月、11月に祈願したことを、立春からは具体的に行動として起こしはじめてみることです。先月の15日頃から春財布の時季になります。財布の買い替えにおすすめの春、買い替えを検討しているなら今月の立春や11日の建国祈願祭、17日などいくつかおすすめの日があります。

今月のイベント

3

節分（3日）
東北方位から時計まわりに豆をまき、稲荷寿司を食べます。豆まきの枡《ます》にラッキーカラーの布を敷き、貴金属等を入れて枕元に置く「枡風水」を。

立春（4日）
仕事に関する新しいものや、恋愛運を高めるものを使い始めましょう。

建国祈願祭／建国記念の日（11日）
祈願書を持参し、ラッキーカラーのものを身に着け神社を参拝します。

初午《はつうま》（12日）
稲荷神社のお祭りが行われる日。節分に続き、稲荷寿司を食べると吉。

バレンタインデー（14日）
チョコレートに何か1品添えておくります。開運ワインや財布、ベルトなど。

伊勢神宮祈年祭（17日）
新しい貯金箱を用意して、お金を貯める貯金箱風水を。

天皇誕生日（23日）
皇居の方角を向いて「おめでとうございます」とお祝いし、あなたの夢をつぶやいて豊かな気持ちになりましょう。

4

2月

一白水星

優しくすれば、優しくしてもらえる

人間関係がポイントとなる2月。誰にでも優しく接し、信頼感を高めて味方を増やすことが大事です。

2月は年中行事、風水行事がたくさんある月。実行することで開運のベースづくりをしましょう。まず、節分は枡を使った枡風水。豆まきをし、稲荷寿司を食べます。新しい財布を使い始める立春。11日の建国祈願祭には、祈願書や新調した財布、貴金属持参で心を清め、金運、健康を祈願しましょう。初午は稲荷寿司&お財布風水。17日は貯金箱風水で金運、夢を叶える運気を蓄え始めてください。そして23日の天皇誕生日には夢を心に皇居に顔を向けお祝いとお願いをしましょう。

③

ラッキーデー	5, 6, 7, 14, 15, 24, 25日
アンラッキーデー	3, 8, 12, 16, 17, 21, 23, 26日
ラッキーカラー	**ピンク**…人間関係と信頼が今月のポイント。優しい心はピンクが作り出す。男性もピンクのシャツやネクタイ、チーフ等を。 **シルバー**…信頼やお金を蓄える月。神様との信頼もシルバー色で。
ラッキーフード	**稲荷寿司**…2月前半は稲荷寿司が活躍。節分、初午以外にも食べて金運と信頼アップに結び付ける。 **トマトジュース**…トマト味のパスタやトマトを使ったシチュー、トマトジュースで人気と躍動感を作りあげよう。
仕事・金運	**祈願祭**…11日の祈願祭、17日の貯蓄の日など銀座三宅宮で銭洗いや十二支祈願をするとよい。新しい財布や貴金属を持参して。 **春財布**…寒の内に手に入れた新しい財布を立春、初午、11日の建国祈願祭、17日、23日から使い始めると金運、財運アップとなる。お金はラベンダー色の袋などで清まった福銭を財布に入れること。
恋愛・交際運	**バレンタイン**…恋の成就にも運が必要。銀座三宅宮の「恋縁芸守」をバッグに入れたり、手帳に挟んで備えよう。 **ゴールドとピンクとシルバー**…性格と人間性の良い素敵な人を引き寄せる3色。
開運インテリア	**北方位をきれいに**…北方位は心の安定と良質な睡眠、財産を蓄える力や子宝のパワーにあふれた方位。ピンク、オレンジ、ワインレッドなどのインテリアで運気を上げて盤石な気を呼び込もう。

二黒土星

結果が出なくても、あきらめてはダメ！

今月は「コツコツ取り組む」ことが開運に結び付きます。風水開運日が多い2月ですから、開運日にはしっかり縁起を良くするアクションを。結果が伴わなくても、途中であきらめることなく、根気強く取り組むこと。花と香り風水、南西の裏鬼門方位の風水でやる気、根気が高まり、家庭運もアップします。

節分は枡風水を実行、稲荷寿司を食べます。財布など新しいものを使い始める立春。11日の建国祈願祭は祈願書、財布、貴金属持参で金運、交際運上昇。初午には稲荷寿司を食べ、17日は貯金箱風水で金運上昇。天皇誕生日は夢を心に皇居に顔を向け、お祝いとお願いをしましょう。

ラッキーデー	1, 6, 7, 8, 9, 12, 15, 16, 24, 25, 26日
アンラッキーデー	4, 13, 17, 19, 22, 27日
ラッキーカラー	**グリーン**…健康、家庭、結婚、美容の運気アップカラー。 **茶色**…グリーンと同じ運気を持つ。グリーンと合わせるとさらに財運、不動産の運気が強くなる。
ラッキーフード	**鍋料理**…鶏肉がはいった鍋料理は金運アップ。〆の雑炊で勝負運、そばやうどんを締めで食べると縁と円を呼んでくる。 **シチュー**…野菜や魚介類のクリームシチューは家庭運や恋愛運アップになる。
仕事・金運	**貯金箱風水**…17日の祈年祭から始める貯金箱風水はお金を貯めるだけでなく運を蓄える。辰の置物を貯金箱と一緒に置く。 **開運日の開運アクション**…節分の豆まきと稲荷寿司、立春の新しいグッズや新しい財布、初午の財布と稲荷寿司、11日の建国祈願祭の新しい財布と貴金属、17日の貯金箱、23日の大きな願い。
恋愛・交際運	**花の香りと家庭運**…家庭運アップが恋愛運アップにつながる。南西の裏鬼門が家庭運には大切。南西にフリージアなど春の花と菜の花や水仙などの黄色い花を飾るとよい。月桃の香りのアロマスプラッシュを東南や南西方位で使い、恋愛運、家庭運を上げる。
開運インテリア	**南西方位**…南西の裏鬼門は家庭運、女性の健康運や不動産運、心の落ち着きに影響する方位。掃除、換気して観葉植物を置き、黄色、赤、ラベンダーのリボンと盛り塩を。

④

2月

三碧木星

下を向けていては「チャンス」に気づけない

明るく元気に過ごす月。下を向いていては、チャンスにも幸運にも気づくことができません。映画と音楽で住まいとあなたを活気づけましょう。また、海の青と太陽の赤を意識して暮らすことも活気をつける よい方法です。

開運アクションの多い2月。節分は枡風水をし、稲荷寿司を食べてください。立春は財布など新しいものを使い始めるとよく、11日の祈願祭は祈願書、財布、貴金属持参で神社で金運、財運祈願をしましょう。

初午にも稲荷寿司&財布。17日に貯金をしはじめると金運、財運上昇。天皇誕生日は夢を心に皇居に顔を向け、お祝いとお願いをします。

④

ラッキーデー	2, 7, 8, 15, 16, 17, 25, 26日
アンラッキーデー	5, 9, 12, 14, 18, 20, 23, 27日
ラッキーカラー	**ワインレッド**…自立と独立運を表す色。金銭面の自立と仕事運の向上、発展パワーもある。 **濃紺**…団結を表す色。大きな答えが出る年は家族の団結が必要。
ラッキーフード	**梅干し**…梅干しを使った料理や梅味のメニューで元気とやる気をもらい、風水行事の多い2月を無駄にせず、乗り切る。 **稲荷寿司**…2月の節分、初午に稲荷寿司を食べることは風水ファンには常識。金運アップの運気吸収の開運メニュー。
仕事・金運	**祈願祭**…11日の祈願祭に新調した財布や貴金属、祈願書持参で神社参拝。銀座三宅宮は銭洗いで福銭にして金運アップができる。 **夢があれば**…偉人など人生の成功者、夢を叶えた人物をとりあげた映画や映画音楽でその運気を吸収。自宅の東に辰の置物を置いて東を向いてテレビを観たり、音楽を聴く。
恋愛・交際運	**雪景色の露天風呂**…雪が降る(残る)吉方位の温泉に出かけて露天風呂に。昼も夜もよい雰囲気で、心と身体が温泉と雪景色により清められる。 **梅の香り**…梅林に出かけて、紅白の梅の花とほのかに香る梅花の香りを楽しむときれいな恋のスタートをきることができる。
開運インテリア	**赤と青**…赤系の色、青系の色と相性の良い2月。海をイメージしたインテリアでやる気と元気をもらう。

4

四緑木星

「センス」より「運」を大切に

良縁に恵まれる月。恋愛、交際の運気が充満しています。ピンクや花柄など交際運アップの色柄をとことん使ってください。ピンクが似合わないからと身に着けないでいるのはもったいない。節分、立春、初午は稲荷寿司を食べ、11日の祈願祭には出会いと良縁を願いましょう。バレンタインデーにはお守りをチョコと一緒に渡すのもおすすめです。

大きなことに挑戦する年、大きな財産を手にする運気の年です。11日、17日、23日は大きな財産を得るパワーがある日ですから、大きな野望を思い浮かべ、そして神社を参拝して祈願しましょう。大きければ大きいほど、神様は喜びますよ。

5

ラッキーデー	1, 8, 9, 10, 17, 18, 19, 26, 27日
アンラッキーデー	5, 6, 14, 15, 23, 24, 28日
ラッキーカラー	**ピンク**…交際や恋愛運を上げるカラー。肌をきれいに見せる色。 **花柄**…人間関係によい柄。男性もシャツやネクタイ、下着などにぜひ。
ラッキーフード	**稲荷寿司**…節分、初午には欠かせない。金運や出会いに効果的。 **ウナギ、アナゴ**…人間関係、交際運アップのメニュー。
仕事・金運	**祈願祭**…11日の祈願祭に新調した貴金属、時計、財布、名刺入れなどを持参して祈願する。銀座三宅宮の出世、仕事運アップのお守りも効果的。 **財布**…春の縁起財布を立春、初午、祈願祭、17日、23日から使い始める。またはこれらの日に購入する。
恋愛・交際運	**チョコと革小物**…バレンタインデーに革小物やワインを一緒にプレゼントする。相手の夢を叶える三宅宮のお守りなどもおすすめ。 **温泉旅行**…南方位の温泉は素敵な人との出会いのチャンスをもたらす。ゴールドのグッズや人気のブランド品をお土産にしよう。
開運インテリア	**東南方位**…今年は東南方位を表す辰年。東南方位は交際や恋愛、旅行や発展パワーがあり、年齢に関係なく様々なチャンスをもたらしてくれる。この方位は花柄、ストライプ柄、ピンク、オレンジ、ペパーミントグリーンなどと好相性。

1

2月

五黄土星

一番大事にしなければいけないのは「自分」

今年前半のポイントになる月。勝負の月です。「まず自分」と考え、まわりより自分を第一に優先すること。人任せにせず、まずは自分が突き抜ける、そしてそのあとまわりを引っ張るぐらいの強い気持ちをもって今月は過ごしてください。悪縁が近寄らないように縁切り祈願をするのもよいですね。

ふだんリーダーシップをとるタイプでないあなたでも、今月のラッキーカラーやラッキーフード、11日の建国祈願祭の祈願や節分、立春、初午、天皇誕生日の開運行事があなたを立派に、一人前にさせます。

今月は神前では大きな夢、目標を祈願しましょう。

⑤

ラッキーデー	1, 2, 9, 10, 11, 13, 18, 19, 20, 21, 24, 27, 28日
アンラッキーデー	3, 6, 7, 16, 25, 29日
ラッキーカラー	**黄色**…金運と自己改革の色。自分が中心になる力が来る。 **ラベンダー**…厄除け、厄祓い、不運や不幸を防いであなたに必要なものや人を連れてくる。
ラッキーフード	**おでん**…多種の具からいろいろな運気を取り込める。 **稲荷寿司**…節分、初午に欠かせないメニュー。その他の日でも2月はたくさん食べるとよい。
仕事・金運	**祈願祭**…11日の銀座三宅宮の祈願祭はあなたに今年必要な縁と資金を与えてくれる。祈願書、春財布、貴金属を持参して。 **銭洗龍神**…寅、辰、巳の日には銀座三宅宮の銭洗龍神の龍神水で銭洗いする。清まったお金（福銭）は幸運なお金を引き入れる。
恋愛・交際運	**厄祓龍神**…悪縁があなたに来るはずの良縁を妨げている。縁切り、厄祓い守りを使って龍神石から出てくる龍神水で祓い清めよう。 **恋縁芸守**…18日に三宅宮の月次祭のあとに配られるお守り。財布に入れておくと縁の強いお金になって、円が縁を呼ぶ。
開運インテリア	**辰の置物**…開運方位、玄関に置いた辰の置物は幸運をあなたの家に引き入れる。さらに効果的にするには、空間を黒の出目金の置物や黒の開運玉で清めておく。玄関からの龍脈の強化ポイントは、家の中心にラベンダーとゴールドの開運玉や龍の陶板をかけること。

六白金星

「日々、勝負！」のつもりで全力疾走

神様を味方に強気で過ごす2月。大きな勝負に勝つには、目の前の小さな勝負から逃げず、強気に真剣に取り組むことです。「日々、勝負！」と考え、心を落ち着け、力を抜くことなく過ごしましょう。健康と資金、知恵、神様の後押しがあればなにも怖くありません。健康も金運も知恵も風水で簡単に引き寄せられます。

節分には枡風水、稲荷寿司を食べて金運アップ。新しい財布などを立春から使い始め、気合いを入れましょう。11日の祈願祭には祈願書を持参して神社を参拝し、金運、不動産祈願を。初午には稲荷寿司を食べ、さらに金運を高め、17日には貯金箱風水で金運、財運を上昇させます。

6

ラッキーデー	1, 2, 3, 11, 12, 14, 19, 20, 21, 27, 28, 29日
アンラッキーデー	6, 8, 9, 10, 15, 17, 24, 26日
ラッキーカラー	**ゴールド**…タイミングはゴールドの輝きと神様からいただく。 **オレンジ**…オレンジは明るい空に輝く太陽の色。知恵の象徴。
ラッキーフード	**魚料理**…心を落ち着けるには魚料理を食べるとよい。 **稲荷寿司**…節分、初午は稲荷寿司を食べて金運アップ。2月はそれ以外の日にも稲荷寿司を食べるとよい。
仕事・金運	**立春と初午**…購入済みの春財布を使い始める日。銭洗いした福銭と三宅宮の財布用のお札を入れるとよい。この日に購入してもよい。 **11日**…金運、財運始めあなたの今年の夢を叶えるアクションを一緒にする財布や貴金属、祈願書を持参して祈願祭に行くこと。
恋愛・交際運	**バレンタイン**…開運ワインと革小物、チョコを11日の祈願祭までに用意して神様に力をいただき14日に渡す。 **17日、23日**…伊勢で大きなお祭りのある17日の貯金箱祈願日、23日の天皇誕生日には恋愛や交際、結婚のことを祈願する。
開運インテリア	**戌亥《いぬい》方位と辰巳《たつみ》方位**…戌亥は北西、辰巳は東南方位のこと。北西は神様の方位と言われ、大きな夢、事業運、勝負運をもたらす。東南は交際の方位で恋愛、出会い、交際の運気がある。きれいにしてゴールド、ピンク、白の開運玉と今年の辰の置物を置く。

2月

七赤金星

少しの刺激が気持ちと運気を引き締める

楽しく愉快に過ごす月。なにごとも楽しむことを今月のモットーにしてください。そのためには刺激と金運アップの風水です。たとえば、食事では香辛料が効いたピリ辛味のものを食べる、食後にデザートを食べるなど。ファッションではいつも同じものではなく、様々なものを楽しむ、香りであなたにも空間にも刺激を与えるなど。日頃と少し違った暮らしぶりを今月は心掛けるように。

金運があれば気持ちにゆとりができ、楽しむことができます。金運アップの風水がすべての運気アップにつながります。節分、立春、祈願祭などの行事も楽しんで、金運アップのために積極的に行ってください。

⑥

ラッキーデー	2, 3, 12, 13, 20, 21, 22, 29日
アンラッキーデー	4, 9, 11, 18, 27日
ラッキーカラー	**黄色**…金運が大事な2月は黄色をインテリアやファッションに。 **山吹色**…金運に一番パワーを感じる色。
ラッキーフード	**チキンカレー**…香辛料は運気に刺激を与える。チキンカレーは金運に刺激を与える。 **稲荷寿司**…節分、初午は金運アップのこのメニュー。2月はこれ。
仕事・金運	**風水開運日**…節分、初午の稲荷寿司、立春、祈願祭、貯蓄の日、天皇誕生日は風水開運財布の開運日。春財布を使い始める、購入するなどに効果的な日。銭洗いした福銭を入れて使い始める。 **吉方位で会食**…会食で運気の上がる2月はメニューと方位を考慮。
恋愛・交際運	**ファッション**…冬のおしゃれを楽しむ2月。祈願祭やバレンタインや天皇誕生日にラッキーカラーでおしゃれをして運気アップ。 **お菓子風水**…食事の時には甘いデザートを食べる。金運だけでなく恋や出会い運アップにもなる。イチゴやベリー系、アイスクリームを。
開運インテリア	**香り風水**…龍脈を香りで強化。金運は柑橘系の香り、交際運は花の香り、不運除けや厄防止にはヒノキの香り。アロマスプラッシュのこの3種類の香りをシュッと玄関、中心、対角線上の空間に吹きつける。

八白土星

「第2の人生」について考えてみる

健康でトラブルなく過ごせれば大きく前進する月。11日の祈願祭の日には神社を参拝して大きな夢を祈願してください。新しい自分を作り出す気持ちで自分の殻を打ち破ることです。

その際に注意したいが人間関係のトラブル。幸せに向かって変身するあなたの足を引っ張る人がいそう。鬼門の風水と人間関係アップの風水で防ぎましょう。トラブルは鬼門（東北）をきれいにすることで防ぐことができます。

鬼門に赤は健康運アップの色風水。ファッションにも赤を取り入れて。さらに、鬼門には盛り塩、ピンク、花の香りのルームコロンなどを。

ラッキーデー	3, 4, 12, 13, 14, 21, 22, 23日
アンラッキーデー	1, 5, 7, 10, 15, 16, 18, 19, 25, 28日
ラッキーカラー	**ブルー**…2月のブルーは厄を落とし心と身体を清めてくれる色。 **赤**…鬼門方位に赤は健康風水。ファッションに赤を少し使って健康と運気アップを。
ラッキーフード	**すき焼き**…牛肉は財運、不動産運、仕事運アップの食材。すき焼きの豆腐、白滝は人間関係が上がる。 **稲荷寿司**…節分、立春の金運アップの開運メニュー。
仕事・金運	**11日**…大きな答えを出して道を拓き未来に進む勇気と運気を授かる日。銀座三宅宮に財布や開運グッズ持参で参拝して願掛十二支石で神塩を作る。 **新しい財布**…立春、初午、11日、17日、23日に購入や使い始めて仕事や投資、金運を上げる。
恋愛・交際運	**祈願祭**…11日の祈願祭で恋・人間関係などの運気アップのお守りの塩を願掛十二支石のピンクの文字に触れて神塩を作る。 **バレンタイン**…チョコとベルト、名刺入れ、小銭入れ、開運ワインのセットを高いフロアーで気になる人に渡す。
開運インテリア	**鬼門にピンク**…人間関係にトラブルが多いなら、鬼門の空間をきれいにして願掛十二支石のピンクの3文字に触れて作った神塩の盛り塩を置く。枕元にはピンクの開運玉、神塩の盛り塩を。

2月

九紫火星

もっともっと、自分を好きになろう

本領発揮できるとき。テンポよく仕事も交際もでき、活き活き過ごせるでしょう。でも、そんなあなたを妬む人があらわれそう。まわりに足を引っ張られて頂上に行けないようでは残念。今月は何事も自分本位にうまく進めてください。

タイミングが悪いと出会い頭にトラブルに遭いそうです。タイミングをよくするゴールドのアイテムを取り入れたり、太陽からタイミングをよくする運をもらいましょう。南から太陽が室内に入るなら、南側の窓やベランダをきれいにしてオレンジや赤の花などアイテムを。くじ運も上昇。南に窓がないなら、南側に一対の観葉植物を。

⑦

ラッキーデー	4, 5, 6, 13, 14, 15, 18, 23, 24, 26日
アンラッキーデー	2, 3, 8, 11, 12, 20, 21, 22, 29日
ラッキーカラー	**ゴールド**…タイミングと金運、才能をアップする色。 **オレンジ**…太陽の色。人気や才能、旅行運、財運を高める。
ラッキーフード	**稲荷寿司**…節分、初午の定番。それ以外でも2月はしっかり食べること。 **エビ**…天ぷら、フライ、海鮮鍋などで食べる。受験生は特に。
仕事・金運	**風水行事**…2月は金運や仕事運アップの風水行事が多い。節分の豆まき&稲荷寿司、立春は新しい財布&グッズを使い、初午は稲荷寿司&財布、祈願祭は財布&貴金属&仕事グッズ&祈願書、17日は貯金箱&財布、23日は天皇誕生日の祈願。銭洗いもぜひ。
恋愛・交際運	**祈願祭**…11日に神様に祈願書&貴金属などの恋愛、人間関係アップのグッズ持参で参拝する。厄祓、厄落龍神の龍神水をラベンダー色の手ぬぐいに浸して首筋を拭き、悪縁を縁切りしておく。銀座三宅宮の願掛十二支石のピンクの3文字に塩を触れて神塩を作る。
開運インテリア	**観葉植物**…南の太陽が当たる家に暮らしているあなたは、南の空間の窓やベランダ、テラスをきれいにして、オレンジや赤い花を咲かせよう。くじ運が上がる。南の太陽が入らないなら観葉植物を一対置き、願掛十二支石のグリーンの3文字で作った神塩で一対の盛り塩を。

7

3月
弥生《やよい》

春は「温泉」と「花見」で人間関係を良好に！

3月のポイントは温泉、花見、人間関係、黄色、ピンク、桜色、桜餅、桜の香り。そして行事では雛祭りやお彼岸があります。

「弥生3月吉方湯につかると財産に困らない」という風水格言があります。スーパー銭湯的など近くてもいいので吉方位の温泉に出かけたり、家での入浴タイムを楽しみましょう。香りのよい入浴剤を使うと人間関係も上がります。

花見も中旬、下旬から楽しめます。「咲き始めの桜には夢を語れ」という風水格言があります。桜の香りを楽しむのもいいでしょう。

人間関係をよくする贈り物のおすすめは、マグカップやタオル、ハンカチ、花柄やフルーツ柄、龍モチーフのものです。 ⑧

今月のイベント

雛祭り（3日）

女性がいるいないに関わらず、雛人形を飾り、ちらし寿司やハマグリの吸い物を口にすることはぜひ実践してください。ちなみに雛人形は3日が過ぎてもすぐにしまう必要はありません。雛人形がなければ家の東南にピンクの花、西に黄色い花等を飾りましょう。人間関係アップには雛祭りの日からピンクの財布を使い始めたり、今お使いの財布を雛人形の近くに置くことです。

春のお彼岸（17〜23日）

墓前にラッキーカラーの花を飾り、現況をご先祖様に報告します。ご先祖様に幸せな姿を見せるというのが一番の供養になります。お墓参りに行けないなら先祖のお墓がある方角に向かって手を合わせましょう。

花見

花見はどこでするかも大事です。川沿いの桜や桜並木は人間関係や恋愛運。公園の桜は家庭運や結婚運。山の桜、小高い丘に咲く桜は不動産運や財運。池の近くの桜は金運。

②

3月

一白水星

良いことも悪いことも芽吹く春

仕事に邁進《まいしん》する春。春から一気に仕事運をアップさせましょう。機会があれば、銀座三宅宮で仕事の十二支祈願をしませんか。「勝負出世仕事健康守」を購入して、中に入っているお守りは財布に入れ、神塩を願掛十二支石の赤の文字に触れてください。パワーを吸収した神塩を作ることができます。

心身ともに健やかで人間関係も好調な月初め。お雛様財布で良縁、金運、仕事運アップを図りましょう。啓蟄《けいちつ》からは寅の日、辰の日、巳の日に銭洗いや金運アップの風水を。

お彼岸の行事とぼた餅、春財布、仏縁で投資や企画力、金運、交際運が上がります。

⑧

ラッキーデー	3, 4, 5, 12, 13, 14, 21, 22, 31日
アンラッキーデー	1, 6, 10, 15, 19, 23, 24, 28, 30日
ラッキーカラー	**ラベンダー**…春めいてきて隠れていたごたごたの種が芽を吹かないようにラベンダー色でブロックしよう。 **茶色**…革小物や財布、ファッションに茶色を使うと独立運や不動産運、財運がアップする。
ラッキーフード	**春野菜**…元気とウキウキ感が体内からわいてくる。 **ポテト料理**…パン、パン生地とポテトの相性はよく、根気、やる気、家庭運、勝負運がアップする。サンドイットやピザで食べるとよい。
仕事・金運	**辰年のストラップ**…龍のデザインの財布や革小物、チャームで仕事運や人間関係に恵まれる。 **お彼岸の風水**…今年は人気や才能をアップするお彼岸。おはぎなど小豆のお菓子や小豆料理をこの時期食べて人気、才能アップ。
恋愛・交際運	**お雛様**…ピンクと黄色はお雛様カラー。ゴールドをプラスして恋やお金のタイミングを高めておこう。ラベンダー色を加えると嫌な出会いや無駄な出費を防ぐ。花の名所に近い温泉に出かけるのも金運、恋愛運に加え、仕事運にも恵まれるおすすめの開運法。
開運インテリア	**香りとそよ風、春の香り**…部屋に春風、春の香りを入れよう。恋と人間関係の運気を運んでくる。アロマスプラッシュの檜・月桃・橘の香りを使うと窓を閉めた状態でも空間の厄落としや交際運、出会い運、金運を運び込める。花粉症の人にはありがたい風水術。

6

二黒土星

空元気でも、心と体は元気になれる

フットワークよく元気に行動する月。そうすることで新しい出会いや仕事に恵まれます。前半は運気が今ひとつで、元気や行動力にブレーキがかかりがちですが、空元気でもいいので元気に行動すること。掃除をすることで健康運が上がり、やる気がわき、元気に過ごせます。金運アップの風水でもダウン気味の運気を上げることができます。雛祭りの玉の輿財布、春のお彼岸財布で、金運強化しましょう。

また、今月はスケジュール管理をしっかりとおこなうこと。さらに、花風水で交際運が高まり、すてきな出会いの予感。花見と温泉旅行で運気を吸収してください。

ラッキーデー	4, 5, 6, 8, 13, 14, 15, 16, 19, 22, 23, 31日
アンラッキーデー	1, 2, 11, 20, 24, 26, 29日
ラッキーカラー	**白**…年度末、桜が咲きはじめる時季。この時期、やる気を高めるためには白。3月は白が似合う。 **ブルー**…気分一新の春。年度終わりは明るいブルーで、今年度のゴタゴタを解消しよう。
ラッキーフード	**酢の物**…ダラダラしがちな3月。酢の物で健康を維持すると、睡眠が十分にとれ、やる気がわいてくる。 **梅味の料理**…梅で煮込んだ魚料理や豚肉料理などを。15日の決心の梅や梅をトッピングしたうどんで元気がもらえる。
仕事・金運	**温泉風水**…3月は吉方湯で運気を吸収して財産を築く月。人間関係と健康、家族が最高の財産。東北、南、北、南西の温泉に行こう。 **お彼岸**…陰と陽の運気のバランスがとれた時期。素の自分、素の運気が出やすい。自分やまわりの運気をチェック。もちろんお彼岸の行事もしっかりと。
恋愛・交際運	**玉の輿財布**…お雛様財布の別名。縁と円を引き寄せる財布。女性はピンク、白、オレンジ、ゴールドなど。男性は黒、茶、白を中心に。
開運インテリア	**黄色とピンク**…お雛様カラーのピンクと黄色は春の色。白とグリーンを加えてインテリアに。黄色は金運、ピンクは交際運、白は新しい物事、グリーンは健康を連れてくる。ファブリックや花風水のカラーに使い、さらに香り風水をプラスして春の幸運を引き入れる。

⑦

3

三碧木星

「春財布」と「銭洗い」で金運&財運アップ

運気は少し低調ですが、旅と外出で運気に変化をつけることができます。また、縁起物や色風水でも運気改革がはかれます。健康面の不調が運気を全般的にダウンさせているので体調不良には注意してください。資金計画など金銭面の見直しをはかるのもいいでしょう。

交際面は変化が大きく、良し悪しが極端。吉方湯で運気アップをはかり、交際運を安定させましょう。

花と相性の良い3月。花の香りや花柄をファッションやインテリアに取り入れること。桜が咲いたら花見へ。花見をしながら満開の桜に向かって夢を語ってください。桜を観ながら温泉でくつろげたら最高です。

⑦

ラッキーデー	1, 6, 9, 14, 15, 22, 23, 24日
アンラッキーデー	3, 4, 5, 7, 12, 16, 19, 21, 25, 27, 30日
ラッキーカラー	**黄色**…「西に黄色」は金運風水の鉄則。雛壇の西(左手側)には、黄色の橘を。 **ピンク**…雛祭りの雛壇の東(右手側)は、ピンクの桃の花。人間関係が向上する。
ラッキーフード	**ハマグリ**…二枚貝を食べて良縁に恵まれる雛祭り。混ぜご飯と一緒にハマグリのお吸い物をいただく。 **麺類**…縁を引き寄せる麺類は3月のあなたに良縁を引き寄せる。
仕事・金運	**花見**…3月は吉方位の温泉で運気アップ。桜が咲いたら温泉と花見で仕事運と金運を上げる。 **春財布と銭洗い**…寒の内から始まる春財布は春のお彼岸までに購入して、銭洗いした福銭を財布に入れて使う。
恋愛・交際運	**お雛様の会食**…お雛様財布を持ち、ジュエリーをつけて会食をする。料理は混ぜご飯やちらし寿司とハマグリのお吸い物。縁を引き寄せる。 **花風水、香り風水**…春の花は黄色やピンクが多く、甘い香りがする。フリージアや梅、桜の咲いている場所で写真を撮るとよい。
開運インテリア	**色風水**…3月はピンク、黄色、白、グリーンのお雛様カラーで運気が上がる。玄関からの龍脈上の空間やリビング、寝室にこの色風水の花やインテリアグッズと辰の置物、花柄のファブリックを置く。

5

四緑木星

「雛祭り」「桜」「春色」「春風」で開運の月

今年前半のうち、最高のパワーがある月、勝負の月です。月始め、思うようにいかなくても啓蟄《けいちつ》を過ぎたあたりから運気が変わります。焦らず、やるべきことをやってチャンスの訪れを待ちましょう。

仕事や人間関係は、足元を確かめながら慎重に対処すること。派手な言動ではチャンスをつかみ損ねます。自覚や責任感を持ってしっかり取り組みましょう。困ったら力のある人に相談し、意見を聞いてください。

お彼岸にはラッキーカラーの花をもってお墓参りに行き、ぼた餅を食べて勝負運や才能運アップ。仕事や宝くじ、勝負には和食がおすすめです。

⑥

ラッキーデー	7, 8, 15, 16, 17, 24, 25, 26日
アンラッキーデー	3, 4, 6, 12, 13, 21, 22, 30, 31日
ラッキーカラー	**黄色**…橘の黄色は金運カラー、財産や変化の運気もある。 **ピンク**…桃の花のピンクは良縁や子宝、素直な明るい心を作る。
ラッキーフード	**貝類**…人気、美しさを引き寄せる貝類をお吸い物や寿司で食べよう。 **海苔巻き**…かんぴょうの海苔巻きは縁を引き寄せる力がある。花見弁当に入れてもよく、ハイキングにももってこい。
仕事・金運	**香り風水**…金運を上げる柑橘系の香りをつけてビジネスを。ネクタイやハンカチは赤をポイントで取り入れるととまどわない。 **茶色の革小物**…バッグなど革小物に茶色を使うと独立運が増し、責任と自覚が高まる。ベルト、靴など茶系で揃えよう。
恋愛・交際運	**お雛様財布**…七夕財布と同じく縁と円を引き寄せる財布。3月3日から使うのが基本だが、3日に購入するものもお雛様財布と呼ぶ。 **恋縁芸守**…銀座宮三宅宮の人気のお守り。恋愛、交際、人気、才能がアップする。毎月18日の三宅宮の月並祭で配られる。
開運インテリア	**春色のインテリア**…春の運気を先取りして幸運に恵まれるには、お雛様カラーの黄色とピンクに白、明るいグリーン、ラベンダー色をファブリックやインテリア小物に配色。そして春風を入れて暮らそう。花の香りを添えるとよい。

④

五黄土星

とことん神様と仲良くなろう

金運も仕事の運気も好調です。くじ運や勝負運も強力。不動産運もよく、物件探し、土地探しをしている人はよい不動産を見つけることができそう。今探していない人も、不動産の情報をチェックしておくことで不動産運を高めておきましょう。

今月の運気は健康に左右されやすいので、季節の変わり目に体調を崩しがちな人や花粉症でこの時期、つらいという人はあらかじめ対策を練って、体調不良に陥ることがないようにしましょう。

神様と仲良しになる3月です。お出かけ先、旅先に神社を見つけ、参拝したり、境内の外からお社に向かってペコリと頭をさげましょう。

⑥

ラッキーデー	7, 8, 9, 16, 17, 18, 20, 25, 26, 27, 28, 31日
アンラッキーデー	2, 5, 10, 13, 14, 23日
ラッキーカラー	**ゴールド**…大きな夢を叶えるチャンスをくれる色。貴金属やインテリアグッズにゴールドを多用する。 **ベージュ**…神様に好かれる色で、パワーを体に留める色。
ラッキーフード	**海苔巻き**…かんぴょうの海苔巻きが一番良い。海苔巻きは縁をひきいれるメニュー。お花見弁当は海苔巻き、たまご焼きが開運の定番。 **ハマグリ**…3月はハマグリの料理やお吸い物で良縁を呼ぶ。
仕事・金運	**温泉と神社仏閣**…3月は吉方湯に入ることで縁と財産に恵まれる。温泉に行くなら神社仏閣を参拝するのが金運、財運アップのコツ。 **お雛様財布**…縁が円を運んでくる今年のあなた。お雛様にちなんだ財布はそのポイントにピッタリ。雛祭り～お彼岸の財布は強いパワーのある良い財布です。貴金属購入もこの時期がおすすめ。
恋愛・交際運	**春の花**…梅、フリージアなど春の花は甘い香りのする花が多い。円を呼ぶピンク、金運と高貴な縁を呼ぶ黄色はお雛様カラー。花、香りを使った風水を。 **お彼岸**…仏縁があなたに良縁を運んでくる。お彼岸はお墓参りを。
開運インテリア	**桜のインテリア**…桜が咲いたら、花見に行き夢を語る。インテリアにも桜の花の風景を使うとよい。開運玉のピンク、白、グリーンを使うと、桜のインテリアになる。枕元、東南、中心、北西を重点的にやろう。

六白金星

「円」を節約すると「縁」を逃す

健康で人間関係に恵まれ、とにかく楽しい3月です。今月は交際費をけちると縁を逃がします。一緒に飲んで食べて相手の心が分かります。派手に華やかに過ごすことですが、浮かれすぎたり、口が過ぎて余分な一言を言わないように。

また、今までの人間関係を大事にしつつ、新しい交際のチャンスがあればのってみること。環境や考え方を広げてくれます。交際運が良い今月は、少し不調な金運や仕事運も人間関係の良さに支えられ、うまく乗り切れそうです。人間関係を高める上で大切な行事、アクションは雛祭りやお彼岸、桜のお花見や吉方位の温泉です。

ラッキーデー	1, 8, 9, 10, 18, 19, 21, 26, 27, 28日
アンラッキーデー	3, 4, 6, 13, 15, 16, 17, 22, 24, 31日
ラッキーカラー	**黄色**…右近の橘の黄色。雛祭りカラーで金運アップの色。 **ピンク**…左近の桜のピンク。お雛様カラーで恋愛交際運アップの色。
ラッキーフード	**たまご料理**…運気を育てる、金運アップのたまご料理。オムレツの中の具で育てる運気を変える。キノコなら財運、ハムは仕事運など。 **混ぜご飯**…雛祭りにはこれ。交際運アップになる。
仕事・金運	**金運の香り**…神社や菩提寺を参拝し、金運アップのお守りを購入。柑橘系の香りは金運を呼ぶ。 **銭洗い**…銀座三宅宮には銭洗龍神が鎮座。大事な財布には銭洗いした福銭を入れて運の良いお金を呼ぶように。
恋愛・交際運	**お雛様財布、お彼岸**…お雛様財布を用意して3日に出会いや交際運アップを祈願して、お彼岸のお墓参りで仏縁効果を祈願。桜の花が咲くころは雛祭りと先祖の力、仏縁のある相手との出会いがある。懐かしい感じがする人なら仏縁のお相手。
開運インテリア	**東の空間**…東は新しい出会いの運気を呼ぶ。雛祭りの右近の桜は、東方位にピンクの花で出会い運アップ。東方位の空間に出会いのピンク、健康で仕事する赤、タイミングよく出会うゴールドの開運玉を。東南方位もきれいにして、グリーンを置いて縁を育てる。

七赤金星

「変化・改革」の計画を立てる

変化と改革の3月。変化を恐れると運気は下降します。鬼門風水でよい変化を目指しましょう。今月はひと月通して比較的よい運気です。仕事も金運も出会いも交際も好調を維持できるでしょう。

変化をすることは簡単なことではありませんが、この先を見据えて、さらに開運するための変化を運気のよいときに起こしておく必要があります。開運にも健康にも食事が重要。食事をおろそかにすると運気はダウン。ラッキーフードを取り入れた開運料理で運気を高めましょう。

会食も、出会いや人間関係円滑のために利用してください。吉方位の温泉や花見も楽しんで。

⑤

ラッキーデー	1, 2, 9, 10, 19, 20, 27, 28, 29日
アンラッキーデー	7, 11, 16, 18, 25日
ラッキーカラー	**ブルー**…淡いブルーが特に良く、人の出会いや別れに「きれいな」運気を作ってくれる。 **ピンク**…交際運、恋愛運アップの色。黄色と合わせると効果的。
ラッキーフード	**豆腐料理**…湯豆腐がまだ美味しい時期。昆布、タラ、豆腐の組み合わせは人間関係、特に男女の交際運アップに効果がある。 **牛肉**…健康、仕事運アップの食材。
仕事・金運	**お彼岸**…お彼岸に菩提寺に出向き目に見えない仏縁のある仕事先や人間関係の縁をいただこう。金運、仕事の現状を冷静に考える時期。 **吉方湯**…お花見を兼ねて桜の咲いている吉方位の温泉で仕事や投資の計画を練るとよい。
恋愛・交際運	**雛祭り**…お雛様財布や会食できっかけづくりをしよう。 **食べて開運**…牛肉がラッキーフードの3月はすき焼きで交際運を上げよう。牛丼でもOK。豆腐で男女の愛、白滝やネギで交際運、春菊で出会い運、牛肉は仕事と健康の運気を引き寄せる。
開運インテリア	**鬼門の盛り塩風水**…人の暮らしは鬼門風水で決まる。健康、財産、相続などに影響している鬼門。きれいがポイント。水場、欠け、暗い、換気できないなどがマイナスポイント。掃除、換気して白のグッズと盛り塩がマイナスを抑える風水。

八白土星

勘を高めて、最高の自分を表現せよ

勘が冴えません。よかれと思ってやったことが裏目に出たり、無駄に終わりそう。思うように進まず余計な一言を口にすると、喧嘩やトラブルに発展してしまうので注意を。

勘を高めるためにはエビやカニ、貝類のシーフードが効果的。太陽のパワーも直感力を高めます。どんな状況でも笑顔で過ごすには、色風水と香り風水。オレンジやブルー、黄色、ピンクが夢と豊かな暮らしにつながります。

お彼岸月の今月は、仏縁が活かせます。親や親戚、その前の世代から付き合いの人があなたによい影響や情報をもたらし、仕事や投資がうまくいきそう。

ラッキーデー	1, 2, 3, 4, 7, 10, 11, 19, 20, 21, 28, 29, 30日
アンラッキーデー	5, 8, 12, 14, 17, 22, 23, 25, 26日
ラッキーカラー	**オレンジ**…明るい太陽の色。夢に向かって行動する色。 **ブルー**…ブルーは明るい春の海の色。夢を抱かせてくれる。
ラッキーフード	**エビチリ**…直感を高めて、最高の自分を表現する力をくれるエビ。オレンジ色のエビチリは夢を叶える勘とセンスをくれる。 **貝柱**…かき揚げや酢の物で食べる。勘を高める食材。
仕事・金運	**菩提寺**…ラッキーカラーの花、お酒を持参して詣でる。仏縁で仕事や投資がうまくいく。 **温泉**…弥生3月は春財布持参で吉方位の神社参拝と温泉に入って運気向上。桜や春の花を愛でながらの露天風呂は開運空間。
恋愛・交際運	**黄色とピンク**…桃の節句のカラーは黄色とピンク。豊かな暮らしができる人との縁ができる組み合わせの色。ファッションに。 **香り風水**…花の香りが風に乗って東南方位から恋の運気と一緒にやってくる。部屋の東南方位に花と香りの良い一品を置く。
開運インテリア	**太陽パワー**…部屋の南方位は美貌、才能、人気などをくれる太陽のパワーが強く働く。あなたに太陽パワーをくれる南方位に観葉植物を一対、八角形の鏡、スタンドライト、オレンジ、ゴールドの開運玉&グッズやマット類を使って強化。

九紫火星

きれいな水が後悔を流してくれる

3月

金運が抜群によいとき。おかげで仕事も投資も交際も企画力もくじ運も上々です。良い運の流れを感じたときには熟考せずに一気に進めること。仕事でものっているときには、休まずやり続けることを今月はおすすめします。

きれいな水が厄や忘れたい過去を流してくれます。吉方位の温泉に出かけたり、自宅の浴室や洗面所をきれいにして春らしい色遣いのタオルやマットを用意して入浴しましょう。厄が落ち、過去の呪縛から解放されます。

北方位の大きな窓や水場はお金や知識、知恵、愛情が流れ出る原因になりそう。風水処理をしてください。

④

ラッキーデー	2, 3, 4, 11, 12, 13, 20, 21, 22, 25, 30, 31日
アンラッキーデー	1, 7, 9, 10, 15, 18, 19, 27, 28, 29日
ラッキーカラー	**黄色**…お雛様カラーの橘の実の黄色は金運、健康、変化を作る色。 **ピンク**…桃の花のピンクは出会い、交際を豊かにする色。
ラッキーフード	**豆腐**…男女の愛を進展させる豆腐。湯豆腐やすき焼きで。 **クリームシチュー**…魚を使ったクリームシチューで交際運アップ。
仕事・金運	**北の空間**…お金や知識、愛情を蓄える北の空間。水場や大きな窓があるならすべて流れ出てしまう。バスやキッチン、トイレ、洗面所は掃除＆換気＆ラベンダー＆ピンク＆黄色のグッズと柑橘系の香りを。大きな窓のカーテンは、ピンク、オレンジ、ワインレッドに。
恋愛・交際運	**花・花見**…春の花がきれいに咲く場所が吉。桜の花も最高の出会い運や交際運をもたらす。 **ピンク**…部屋の北方位は男女の信頼を引き出す方位。今一歩、進展しないあなた、出会いのないあなたはピンクの花やグッズを北に。
開運インテリア	**バスルーム**…入浴が開運に効果的な3月。バスルーム＆洗面脱衣を春色のピンク、黄色、オレンジ、白、ラベンダーのリネンやマット、グッズにして温泉気分で厄落とし＆開運気分を味わおう。桜や花の香りの入浴剤でさらに春の温泉気分。

4月

卯月《うづき》

辰年の「大開運吉方位月」旅先での開運アクションが肝

大開運吉方位月の今月のテーマは「吉方位を意識すること」。第３章を参考に吉方位での開運アクションを実行しましょう。吉方位に行くことももちろん大事ですが、行った先で何をするかが大切です。5月４日までは４月の吉方位となります。11日、20日、29日が大開運吉方位日ですから、この日はとくに吉方位を意識して過ごすこと。外食も買い物も、また購入するものも産地をまず見てください。

今月のイベント

新年度

職場や学校で新しい生活がスタートします。不安もありますが、変化はチャンスととらえ、変化に乗じてしっかり運気を高めましょう。新年度に備えて新調するものは、金運アップなら財布やカバン。健康運アップなら下着やタオル。人間関係アップなら香りのアイテム。仕事運や学業運を上げるなら、名刺入れや筆記用具などの仕事グッズや勉強道具。

出会い

良い出会いを呼ぶとともに、あとあとマイナスとなる人間関係を呼ばないことも大事。厄落としカラーのラベンダー色の布でスマホやパソコンの画面を拭くと嫌な出会いにつながる情報を防ぐことができます。

春土用（16日～5月4日）

春にも土用があります。この間は大地の運気が不安定になるので土いじりはおすすめできません。家の新築や着工なども避けたほうが無難です。

ゴールデンウィーク

GWはぜひ吉方位に旅行をしましょう。旅行先で事故などにあわないために、ビニール袋に少量の粗塩を入れて持ち歩くと厄除けになります。

一白水星

「汗」とともに「厄」が落ちる

フットワークよく行動して、仕事もプライベートも詰め込んで行うとよい4月。何事も早めに計画をしておくことです。

大開運吉方位月ですから、忙しくとも吉方位への旅行やお出かけを取り入れること。吉方位パワーを吸収して運気倍増を図りましょう。ふだんの買い物や近場のお出かけも吉方位を意識して行動してください。

スポーツをやるのも、観るのも開運アクション。吉方位にあたる地域のスポーツチームを応援するのも◯。

桜の花を飾ったり、桜の写真を待ち受けにする、桜の香りを取り入れるなどお花見や桜の雰囲気を日常に取り入れてください。

⑧

ラッキーデー	1, 8, 9, 10, 17, 18, 19, 26, 27日
アンラッキーデー	2, 6, 11, 15, 20, 24, 28, 29日
ラッキーカラー	**赤**…行動力がポイントの4月。赤でやる気とスピード感を出す。 **ブルー**…きれいな水や空の色。心も体も清らかでストレスなく仕事ができる仕事運アップの色づかい。
ラッキーフード	**花見弁当**…助六寿司がおすすめ。かんぴょうの海苔巻きと稲荷寿司、たまごの握り寿司を持って花見に行こう。桜に夢を祈願する。 **酢の物**…フットワークよく動くには健康第一。酢の物は健康になるためには欠かせない。
仕事・金運	**金運財運守**…銀座三宅宮の金運財運守を手にお社で祈願して、願掛十二支石の黄色の3文字に、お守りに入っている神塩を触れ、金運財運の神塩にして持ち帰る。お守りは財布に、黄色の手ぬぐいはカバンの中に。 **仕事グッズ**…新年度はラッキーカラーの仕事グッズをなにか1品でもいいので新調して仕事に勢いをつける。
恋愛・交際運	**吉方位で花見**…白やピンク、淡いブルーのファッションで川辺の土手の桜並木や桜が咲く並木道を歩こう。恋の運気が一気に上がる。 **温泉**…吉方位の温泉に出かけて桜を見よう。露天風呂につかりながらお花見ができたら最高。桜餅を食べるのもよい。
開運インテリア	**リビングのインテリア**…GWにインテリアの模様替え。ポイントは春色のピンク、黄色、淡いグリーン、白、淡いブルーを使うこと。

3

二黒土星

頭の中は「100%旅行」でOK

大開運吉方位月。特に、今月のあなたは誰にもまして「旅」が開運アクションですから、GWなど吉方位旅行の計画を早いうちに立てておきましょう。

　吉方位の神社、温泉、花見で運気アップをはかってください。吉方位への旅行は、計画を立てたときから吉方位パワーが効いてきますから、早めに計画を立てることが開運になります。

　生活の中に旅を取り入れるとよく、例えば旅をテーマにした映画を観たり、旅関連の本や雑誌、テレビ番組を観るのも開運です。会話も旅について触れるといいですね。楽しい旅行ができる風水は必須です。

ラッキーデー	1, 2, 9, 10, 11, 13, 18, 19, 20, 21, 24, 27, 28日
アンラッキーデー	3, 6, 7, 16, 25, 29日
ラッキーカラー	**ピンク**…出会いと恋の色。ゴールドと一緒に使うと出会いのツキがくる。 **ラベンダー**…新年度スタートでのトラブルを防御する。出会いの時期だけに良くない出会い、厄や不運をラベンダーで防ごう。
ラッキーフード	**パスタ**…人間関係と旅行、花見が今月のテーマ。出会いの運気アップはパスタ。トマトパスタは元気に仕事や行動する人に、スープパスタは出会いに、クリームパスタは交際運アップと恋人同士に。 **助六寿司**…花見弁当に最適。海苔巻きは縁を引き寄せ、稲荷寿司は金運、たまご焼きでウキウキ感と金運を引き寄せる。
仕事・金運	**映画、音楽**…恋と旅を題材にした映画や映画音楽で、仕事や投資のきっかけが得られる。 **貴金属**…リング、ペンダント、ブレスレットなどの輝きは運気を引き寄せ、厄を払いのけて仕事や投資のチャンスを増やしてくれる。
恋愛・交際運	**花風水**…花風水は部屋を花瓶に見立て、方位と色の組み合わせをアレンジする風水術。ピンクの開運玉を持って月桃の香りのアロマスプラッシュを空中に吹き付け、空間を清めて交際運アップを。
開運インテリア	**玄関**…オレンジとグリーン、ラベンダーのインテリア小物や花を玄関に施し、さらに旅行鞄にオレンジ色のリボンを結び、玄関に置くと旅行運アップ。

⑦

5

4月

三碧木星

運の良い人のもとに運の良い人が集まる

年度初めの4月は大開運吉方位月。今年前半を決める大事な月です。ポイントは無駄な人間関係を作らないこと。交際は好調で、会食などで金運、健康運を維持できますが、やみくもに付き合いをすることは運の無駄遣いになる場合があります。吉方位の神社、花見と温泉でパワーを吸収し、あなた自身の運を高めて置けば運のよい人に恵まれます。

4月は健康面に不調をきたす人が多いのですが、あなたは健康面は問題なし。家庭運も不動産運もよいので不動産物件めぐりや家具、インテリア小物を購入したり、見るのもよしです。

⑦

ラッキーデー	1, 2, 6, 11, 14, 19, 20, 27, 28, 29日
アンラッキーデー	3, 8, 9, 10, 12, 17, 21, 24, 26, 30日
ラッキーカラー	**ラベンダー**…新しい出会いのトラブルを避けるラベンダー。 **白**…新年度は白を使い、夢をもって臨みたい。
ラッキーフード	**炊き込みご飯**…旬の食材を入れた炊き込みご飯で運気を落ち着け、貝の味噌汁で健康と人気、才能をアップする。 **花見弁当**…助六寿司がおすすめ。海苔巻きで縁を、たまごの寿司と稲荷寿司で金運を引き寄せる。
仕事・金運	**白のグッズ**…仕事グッズやバッグなどに白を使って新しさや新鮮な気持ちを演出。赤を効き色に使うと仕事への情熱がわいてくる。 **縁起のカード**…財布や名刺入れなどを新調し、新年度はじめから使うとよい。銭洗いした福銭と縁起の良いお守り、カード型のお守りなど忍ばせよう。
恋愛・交際運	**桜風水**…花見をして桜に夢を語る。弁当は、海苔巻き、たまご焼きなどの助六弁当。吉方位の桜がポイント。 **吉方位**…吉方位の神社、温泉、花見（花のきれいな場所）に行き、開運アクションで運気を上げる。
開運インテリア	**模様替え**…GW前半はお出かけより自宅の模様替え。吉方位で購入したインテリアグッズや写した写真を吉方位の壁に飾り、枕元には辰の置物とラッキーグッズ。さらにマットを新調すると完璧。家具の配置を変えて模様替えしよう。

2

四緑木星

予期せぬことが起こる「土用」に注意

大開運吉方位月の今月は、吉方位を意識して行動することが大切。日頃の生活において、吉方位パワーを十分に取り入れることです。GWは吉方位へ出かけてください。

神仏と相性がいいので、神仏の加護を受ける努力をするように。吉方位の旅先でも神社があれば参拝するといいですね。神社と温泉が最高のスポットです。

今月は仕事の運気、絶好調。新しい仕事グッズを使い、気分を変えて行いましょう。まわりからの嫉妬が心配なほどです。とくに土用の間はゴタゴタが起こりやすいので土用はトラブルになるようなことは避けることです。

ラッキーデー	2, 3, 12, 13, 20, 21, 22, 29, 30日
アンラッキーデー	4, 8, 9, 11, 17, 18, 26, 27日
ラッキーカラー	**ゴールド**…神様と相性の良い今月は黄金の色、後光の色・ゴールドで神様の加護とタイミングをよくする運を得よう。 **オレンジ**…太陽カラーのオレンジ、春の日差しを表し、今月の旅行運を高める。
ラッキーフード	**助六弁当**…花見にはぴったりの助六弁当。花見以外でも吉方位へのドライブなどお出かけに持っていきたい。 **太巻き**…具だくさんの太巻きはたくさんの仲間、多くの運を引き入れる力がある。
仕事・金運	**仕事グッズ**…新年度のスタートはゴールドが入った筆記用具や仕事グッズを使うとタイミングがよくなり、勉強や仕事がはかどる。 **時計**…新年度は新しい時計でスタートしよう。仕事運アップは文字盤の四角いもの、金運や人間関係アップは丸い文字盤、すべての運気アップの欲張りはトノー（樽）型や八角形の文字盤の時計を。
恋愛・交際運	**吉方位**…神様から良い縁が強い4月は神社参拝が吉。吉方位の神社参拝&温泉へ。吉方位開運プランを独自で作ってほしい。城や博物館、歴史館をめぐることがポイント。
開運インテリア	**和風のインテリア**…桜と和風のインテリアは落ち着きと夢をくれる。吉方位旅行で手に入れたインテリアグッズや写真、絵葉書と桜モチーフの食器などのグッズや絵画を飾ろう。

6

4

五黄土星

「花」が人や幸運を引き寄せる

大開運吉方位月ですから、旅行はもちろん、花見も日々の買い物なども第3章の吉方位表を参考に吉方位に出かけてください。

年度初めは緊張して自分の才能や良さを発揮できない……ということがないように、花見をして気持ちをほぐし、才能や人を引き付ける魅力を高めましょう。

今月は時節柄、人間関係で変化がありそう。よい出会いを呼ぶには、花からパワーをもらうこと。花が咲く場所、花が飾ってある場所に出かけ、写真を撮り、スマホやPCのホーム画面に残し、日々そこから力をいただくことです。

⑥

ラッキーデー	3, 4, 12, 13, 14, 21, 22, 23, 25, 30日
アンラッキーデー	1, 5, 7, 10, 15, 18, 19, 28日
ラッキーカラー	**オレンジ**…大開運吉方位月はオレンジ色の旅行パワーが重要色。 **ピンク**…桜の色で素敵な出会いや縁を連れてくる色。
ラッキーフード	**焼き鳥**…花見の出店の焼き鳥が吉。金運を上げ、円を引き寄せる。 **カレー**…チキンカレーに今月の金運は引き寄せられる。
仕事・金運	**会食**…人間関係に変化の出る4月は会食も多い。チキン系が今月は金運のラッキーフード。お店やメニューはチキン系、飲み物はビール、白ワインの金色系が金運を上げる。仕事始めにはゴールドの新しいペンを使うと仕事運アップに効果満点。
恋愛・交際運	**花のきれいな公園**…恋や交際運は花の香りとさわやかな風が運んでくる。天気の良い日は花がきれいに咲く公園に出かけよう。 **ホテルのロビー**…待ち合わせにホテルのロビーは便利。ロビーには大きな花がきれいに飾られている。花の近くに立って、あなたと花をパチリ。
開運インテリア	**西のインテリア**…今月は西の空間が重要。金運は黄色、恋はピンクで引き入れ、白で豊かな運気をプラスする。花や置物、開運玉やインテリア小物を使う。お金や恋のごたごたはラベンダーで防ぐこと。吉方位のお土産、現地で撮った写真（写メ）はプリントアウトして額に入れて吉方位の方向に置く。

六白金星

変化を“チャンス”ととらえる

大開運吉方位月。今年を象徴するような年です。財産や不動産について考え、行動していますか？　まだという方は今月それらについて考えましょう。

移動運がある月ですから、引っ越しや移転などなんらかの打診がありそう。あなた本人だけでなく、身近な家族がその対象になることもあります。今月の変化はチャンスととらえてください。

今月の心配事は事故やケガ、トラブルです。特に土用の時期にはトラブルが起こりやすいのでお出かけ時には持ち塩を徹底。住まいの掃除や盛り塩にも気遣い、トラブルを防ぎましょう。

ラッキーデー	3, 4, 5, 6, 13, 14, 15, 23, 24, 26日
アンラッキーデー	2, 8, 9, 11, 18, 20, 21, 22, 27, 29日
ラッキーカラー	**白**…きれい好きな白は汚れを嫌う色、財産を増やす色。 **ゴールド**…忙しい時こそ、タイミングよくミスなく。タイミングをよくするゴールド。
ラッキーフード	**シチュー**…ビーフシチューが仕事運アップに、クリームシチューは人間関係が良くなる。 **しゃぶしゃぶ**…仕事運、健康運アップ。ゴマだれは人間関係、ポン酢だれは健康と仕事運。
仕事・金運	**吉方位**…花見や旅行で吉方位パワーを吸収。神社仏閣巡りや高原の温泉、高層階の部屋は運気が強い。 **スポーツ**…白のスポーツウエアー、スポーツシューズで外に出てスポーツをやろう。体を動かすことで、仕事運がアップする。
恋愛・交際運	**桜風水**…咲き始めの桜に夢を語る。満開の桜には夢を叶えた先の大きな夢を語り、感謝の言葉を伝える。桜吹雪は厄落としになる。桜のトンネル、川の土手に咲く桜は恋愛の運気が強い。公園の桜は仕事運の良い人と、池のほとりの桜は金運のある人との縁をつける。
開運インテリア	**吉方位パワー**…寝室に吉方位で購入した絵葉書や旅先から出した絵葉書を飾る。財産を増やすには鬼門方位の部屋をきれいにして、鬼門札を貼って盛り塩、白、黄色、ゴールドのグッズを置く。観葉植物に白、黄色、ゴールドのリボンを結んで置くのもよい。

七赤金星

4月

華やかなものに人気や才能が宿る

大開運吉方位月の4月。今年の開運テーマである人気、才能で勝負の月です。人気や才能はきらめくものや華やかなもの、ゴールドカラーに寄ってきますからファッションやインテリアに取り入れましょう。吉方位への旅行もお忘れなく。

旅先では神社を参拝し、温泉に入り、方位にあわせた開運アクションをすることが大事。貴金属を身に着けて行ったり、きれいな服を着ていくなど。吉方位で、この時期の旬のものを食べたり、その時やっているお祭りやイベントに参加すること、そのときに咲いている花の写真を撮るなど、そのときでしか味わえないことからパワーをいただくこと。

①

ラッキーデー	5, 6, 7, 14, 15, 24, 25日
アンラッキーデー	3, 12, 16, 21, 23, 30日
ラッキーカラー	**ゴールド**…人気才能は光沢に寄ってくる。ゴールドは最強色。 **ブルー**…南の海を表すブルー。きれいな心を表す。新年度、きれいな交際を新しくスタートさせよう。
ラッキーフード	**エビ料理**…人気や才能、美貌は甲殻類で作られ、引き出される。エビの天ぷら、エビフライ、エビチリやエビを使った料理を。 **お酒**…きれいなバカラのグラスでロックを。才能があふれ出す。
仕事・金運	**吉方位**…吉方位の神社、温泉、海、人気の街や旅館やホテルで金運と仕事運、才能運がもらえる。太陽、大地、産地の食材、お土産、写真で吉方位の運気を吸収。 **貴金属**…新年度から新しい貴金属をつけていざ勝負！
恋愛・交際運	**桜**…川辺の土手の桜、桜がトンネルになっている道には恋や出会いの運気がある。公園の桜は家庭運や財運があるので家族で観よう。 **吉方位の花**…吉方位の温泉や旅先の花がきれいに咲く場所で写真を撮る。ホテルのロビーの花もきれいでパワーがある。
開運インテリア	**南方位**…人気、才能、美しさ(美貌)は、正午の太陽がたっぷりさし込む南方位の空間で育つ。窓がない、あっても日差しがないなら観葉植物を一対、八角の鏡、グリーンのカーテン、オレンジ色の八角マット、一対のゴールド色のお皿の盛り塩を。窓は磨く。

八白土星

ツキがなければ部屋の掃除と模様替え

先月から引き続き運気は本調子ではありませんが、それでも大開運吉方位月の強力な吉方位パワーが運気の落ち込みを感じさせません。ツキがないときには環境を変えるとよく、部屋の模様替えもおすすめです。

　年度初め、仕事や人間関係では極力ミスをなくしたいもの。はじめにミスをすると第一印象が悪くなります。人としての幅＝運を広げましょう。そのためには大きな家に住むことですが、なかなか難しいですね。その場合、大きなカバンをもつことで対処できます。

　吉方位は遠くであるほど運気大。近くにしか行けないなら神社や温泉に、何度も出かけましょう。

ラッキーデー	6, 7, 8, 9, 12, 15, 16, 24, 25, 26日
アンラッキーデー	1, 4, 10, 13, 17, 19, 22, 27, 28, 30日
ラッキーカラー	**赤**…仕事のやる気や元気ときっかけをくれる赤。年度初めは赤を。 **ラベンダー**…大開運吉方位月、出先の事故災難からあなたを守る。
ラッキーフード	**魚料理**…人間関係、信頼、落ち着きをくれる白身魚を。 **シチュー**…クリームシチューは交際、出会い、信頼を増してくれる。
仕事・金運	**大きなカバン**…新年度は仕事や交際はミスなくしたい。大きなカバンは大きな幸運がやってくる。いざという時に幸せが役に立つ。 **会食**…人間関係を新しく構築するには会食。川や桜の花を眺めながらの会食は人の心が和むので交際が素直に始まる。
恋愛・交際運	**桜風水**…吉方位の桜の花が咲き始めると、運気も開き始める。5分咲きの桜に理想の交際を話しかけよう。桜吹雪のころにはきっかけが見え始める。 **吉方位**…吉方位の温泉は抜群のパワーがある。近くなら何回も行こう。恋や人間関係だけでなく運気全体が上がる。
開運インテリア	**北方位**…部屋の北方位はタイミングカラーのゴールドをベースにした色風水で運気アップ。ゴールドとピンクで出会いのチャンスを作る。ゴールドとグリーンやブルーは才能や人気をアップ。黄色、山吹色は金運、ワインレッドは自立心、ラベンダーは心のストレスを防止する。

4月

九紫火星

住まいの掃除と風水をしっかりやる

大開運吉方位月は、吉方位への旅行やお出かけをなにより優先させることが開運生活の基本。ただし、吉方位で吸収した吉方位パワーはいったん自宅に貯め込むため、幸運を貯め込むスペースがないとせっかくの吉方位パワーが半減します。特に今年は住まいに影響されやすいあなたですから、吉方位に旅行で開運できる月だからこそ自宅の掃除と風水をしっかりしておきましょう。

今月は、仕事は信頼と日々の努力で成功します。途中であきらめず、頑固に徹したほうがいいでしょう。新しい仕事のアイテムがあなたに根気と勇気を与えてくれます。

②

ラッキーデー	2, 7, 8, 9, 16, 17, 18, 25, 26, 27, 30日
アンラッキーデー	5, 6, 12, 14, 15, 20, 23, 24日
ラッキーカラー	**明るいグリーン**…人気才能を上げ、蘇りと美しさ、安全な旅行の色。 **ラベンダー**…厄除け、厄祓いカラー。旅行グッズにこの色を。
ラッキーフード	**ポテト料理**…ポテトたっぷりのシチューやコロッケ、ポテトサラダ、ポテトサンドで新年度を根気よくスタートさせる。 **おでん**…いろいろな具から運気を吸収する。
仕事・金運	**旅行**…GWもある4月は大開運吉方位月。仕事は信頼と頑固なほどの努力で成功します。北方位の高原の温泉や神社仏閣巡りの旅を。見晴らしの良い場所で写真を撮り肉料理と野菜料理を食べて、インテリア小物をお土産に。写真は寝室の北方位に飾ります。
恋愛・交際運	**旅行**…出会い、交際の運気アップには吉方位に旅しましょう。出会いと恋愛、結婚を意識するなら花のきれいな東南方位の温泉ツアー。格安な旅でOK。大地に裸足で立ちます。露天風呂ならできますね。キラキラの出会いや交際なら食事の美味しい南方位の海と温泉のちょっと豪華な旅に。海で写真を撮りファッション小物をお土産に。
開運インテリア	**裏鬼門**…家庭運や健康運を守る南西方位。窓があり明るい空間が理想。観葉植物を飾り黄色と赤、ラベンダー色のリボンをつける。茶色のインテリア小物、盛り塩、裏鬼門札で安定した家庭生活を。

8

5月

皐月《さつき》

どうしてもやる気がでない時は大地のチカラを利用しよう

「５月にダラダラ過ごす人は金運がない人」、「５月に仕事ができない人は成功しない」といいます。この時期、無気力でやる気が起きないのは厄が溜まっていることが原因。厄落としをすることで気力ややる気が満ちてくるでしょう。また、大地のパワーが不足していることもやる気や根気、気力の喪失につながります。これを改善するためには、土の上を選んで歩いたり、土が入った観葉植物を室内に置いたりしましょう。

今月のイベント

立夏（5日） ②

５月の運気がこの日からスタートします。春土用も明けますから、庭のお手入れも大いに結構。大地のパワーを吸収するために、土や草木に触れましょう。暦の上では夏を迎えます。スポーティーなファッション、夏を感じさせるスタイルが吉。もちろんラッキーカラーを意識することです。

こどもの日（5日）

ちまきや柏餅を食べたり、しょうぶ湯に入ると、勝負運アップ。良縁を願う人は、この日に理想の恋愛相手、結婚相手を思い浮かべてみよう。

母の日（12日）

日頃の感謝の気持ちを込めて、お母さんにプレゼントをします。ラッキーカラーのものや今年のテーマに合ったものがいいでしょう。

夏祭り

気力を復活させたり、満たす行事です。神社の夏祭りでは、参拝したり、お酒を奉納するといいでしょう。神輿《みこし》を担ぐことができれば最高です。

タケノコ、山菜

タケノコや山菜などこの時期の旬のものは大地のパワーが強く、根気や勝負強さがもらえます。

③

一白水星

ラッキーカラーと旅行で運気を改革

大開運月の先月に引き続き、旅で運気を高めることができる月です。吉方位への移動はあなたの人気と才能を高め、仕事運や金運アップにもつながります。

吉方位に出かけて風に当たれば、気持ちが晴れて運気アップ。心身ともに健康になれ、やる気や勇気がわいてきます。お出かけには神塩を持っていくと資金、時間、仕事と人脈を無駄にしないですみます。

不動産運が抜群に良いときですから、吉方位に不動産見学に出かけたり、計画を立てたり、ピンときたなら購入しましょう。不動産に関するアクションをすることが今月の運気を高めます。

②

ラッキーデー	6, 7, 14, 15, 16, 23, 24, 25日
アンラッキーデー	3, 5, 8, 12, 17, 21, 26, 30日
ラッキーカラー	**ストライプ柄**…交際運、恋の運気、健康な暮らしのためにさわやかな風を表すストライプ柄を使うとよい。 **オレンジ色**…明るい太陽を表すオレンジ色。少量でもパワーは強力。ファッションやインテリアの効き色に使う。
ラッキーフード	**ウナギ**…ウナギは食欲をそそるにおいも長い形状も人間関係や恋の運気、健康運に効果がある。ウナギパワーでやる気もアップ。 **パスタ**…クリームパスタで交際運、和風のパスタで財運と家庭運、トマトパスタで健康と仕事運アップ。
仕事・金運	**立夏**…才能を活かして幸運になるきっかけの日。新しいものを使い始めること。8日の58記念日は仕事運、財運アップのパワーがある日。財布や仕事グッズを新調したり、使い始める。 **散歩**…さわやかな風を感じながらの散歩で、仕事のアイデアが浮かんでくる。
恋愛・交際運	**旅行**…吉方位の海では裸足になり、大地からパワーを吸収し、仕事の人間関係や交際運を高めよう。高原の湖は金運や財運を高め、初夏の風を受けながらの露天風呂は健康と夢を与えてくれる。
開運インテリア	**新緑**…グリーン系のマットやクッション、ファブリック、スリッパなどで新緑を感じるインテリアに。観葉植物を配置してスタンドをその近くに寄せ、緑を鮮やかに映し出すとよい。

二黒土星

勝負の月こそ、石橋を丁寧にたたいて渡る

勝負の5月。あなたの今年の運気が今月にあらわれる、と言ってもいいでしょう。それだけに丁寧に過ごさなければいけません。仕事、投資は知恵のある人に相談するように。まわりに恵まれることも大切ですから、恋や縁に恵まれる風水を。交際費を出し惜しみしてはいけません。

気力や根気が不足すると金運や仕事運がダウンします。先月の大開運吉方位月に出かけた先で購入したものを部屋に置いたり、満月のパワーを財布に取り入れたりして一気に開運しましょう。健康面に少し不安があり、なんとなくダラダラ過ごしてしまうことがないよう、水と潮風、インテリアを味方に。

ラッキーデー	6, 7, 8, 15, 16, 17, 19, 24, 25, 26, 27, 30日
アンラッキーデー	1, 4, 9, 12, 13, 22, 31日
ラッキーカラー	**ラベンダー**…不運や厄、無駄を防いで目的に向かう力を作る。 **グリーン**…新緑の5月。疲れを取り、やる気と元気をくれるカラー。ダラダラしがちのときはグリーンのファッション、仕事グッズを。
ラッキーフード	**フルーツ**…フルーツが美味しい時期。イチゴ、メロン、グレープフルーツなどから元気をもらおう。 **たけのこ**…大地のパワー満載のタケノコから根気ややる気、元気、成功の運気を吸収。
仕事・金運	**銭洗い**…お金を清めて運の良い福銭を持つことで金運を上げる。小銭を洗うより、紙幣の端を水で清めて福銭にするほうが効く。 **潮風**…春の海に出かけて心と身体を潮風で清め、仕事や投資の運気アップをはかる。裸足で砂浜を歩き、海水に足をつける。
恋愛・交際運	**恋縁芸守**…恋の出会い、人間関係の良縁、人気を勝ち得る芸能の才能が必要。厄を落として最高の人間関係を築こう。 **水族館**…交際運を高めて2人の縁を清めよう。魚は人間関係に清らかな運気を運んでくる。デートにも魚のいる水族館はおすすめ。
開運インテリア	**やる気と根気の出るインテリア**…やる気が出ないのは、自然のパワー不足。グリーンは森を、ブルーは海を、オレンジは太陽を、黄色は花を表す色風水を部屋に施し、寝室は枕元に盛り塩とピンクのグッズを置こう。

三碧木星

縁起のいいものごとは幸運の前触れ

　4月の吉方位パワーを活かして事業や投資を成功させる月。根気とやる気が成功を決めます。粘り強く、やる気をもって取り組んでください。

　仕事運は人間関係を重視することがポイント。そして、準備不足ではじめよくても、最終的には乗り切ることができません。カンに頼っての企画や投資をすることは資金の無駄づかいになるので注意を。

　今月心配なのは嫉妬を被ること。嫉妬から身を護るように日々是厄落としです。森や海に行ったり、神社参拝もおすすめ。立夏や5月8日の58記念日には新しいグッズを使い始めて、運気改善をはかりましょう。

④

ラッキーデー	7, 8, 12, 17, 20, 25, 26日
アンラッキーデー	2, 5, 9, 14, 15, 16, 18, 23, 27, 30日
ラッキーカラー	**ゴールド**…タイミングが悪いとダラダラしてチャンスを逃す。ゴールドでタイミングをよくすればチャンスをものにできる。 **オレンジ**…5月の太陽でやる気をもらうためにオレンジ色。
ラッキーフード	**小豆**…赤飯、和菓子、お汁粉など小豆からおめでたいパワーをもらい、幸運を引き寄せる。 **たけのこ**…大地のパワーをたけのこからもらい、根気とやる気で元気に暮らす。
仕事・金運	**神社仏閣**…神仏と縁の深い5月。氏神様、出先や通勤時に前を通る神社に車内からでも頭を下げ、「ありがとうございます。幸せになるお金をください」とつぶやく。 **銭洗い**…開運財布にするために銭洗いしてお金を清め福銭を作る。
恋愛・交際運	**森と海**…海の潮風と足元の海水で厄と嫉妬を祓い清めよう。森に出かけて人間関係を育ててもらうのもよく、銀座三宅宮の厄落龍神水で嫉妬、厄を祓い、願掛十二支石で良縁の神塩を作ってお守りにしよう。
開運インテリア	**神様仕様のインテリア**…小さなお社や神社の神札、御朱印紙、盛り塩で神域を作る。グリーンの開運玉で鎮守の森。ブルー、ラベンダーで祓い清めの川。オレンジで太陽。ゴールド&シルバーで神様になってもらう。マットやファブリックも同じように。

四緑木星

「イエロー」は喜びや楽しみを呼ぶ色

金運に恵まれた月。楽しめる月になります。ショッピングや会食で運気がアップできるでしょう。とにかく楽しいことを優先させることです。

無理は禁物。肩ひじ張らず、余裕をもって進めること。ミスをすると信用を落としたり、余分なお金が飛んでいくことがありそう。ミスのないよう細かなことまで目を向けましょう。体調に問題があるとやる気がわいてきません。専門家に診てもらうなど早めに対処を。また、なんとなくやる気がわかないときには大地のパワー不足が原因の場合もあります。土の上を歩く、食器を新しくする、山菜や根菜類を食べるなどで大地の力を補いましょう。

ラッキーデー	1, 8, 9, 18, 19, 26, 27, 28日
アンラッキーデー	5, 6, 10, 14, 15, 17, 23, 24日
ラッキーカラー	**レモングリーン**…レモンの香りが漂うようなグリーンはさわやかさと元気をくれる。 **レモンイエロー**…レモンの黄色。金運と喜び、変化をくれる。
ラッキーフード	**チキン料理**…金運アップと交際運アップをもたらす。 **山菜**…春の野山で採れる山菜は家庭運、財運、不動産運を高める素材。吉方位の山菜であればなおさらよい。
仕事・金運	**5日、8日**…5日は立夏、8日は58記念日でともに財運や健康運アップの運気が得られる日。出世、仕事、勝負、健康のお守りを手に入れるとよい。 **銭洗い**…厄のない福銭を財布に入れて金運と仕事運をアップさせる。財布に銭洗いのお守りを入れておくこと。
恋愛・交際運	**お酒**…去年の吉方位の酒蔵で作られた日本酒を飲もう。好きな人と飲んだら話はその先に進んだり、関係が進展する。 **買い物**…ラッキーカラーの小物や革小物を58記念や開運日に買いに出かけよう。ラッキーグッズを手に入れて縁を広げること。
開運インテリア	**金運アップのインテリア**…西に黄色は金運風水の定番。西からくる金運をさらに引き入れるには東北の鬼門方位に白と黄色のグッズと盛り塩で金運を刺激し、そして疲れた金運を東南方位の観葉植物で蘇らせる。この循環が金運インテリアの基本。

五黄土星

鬼門に「ラベンダー」「ブルー」「白」で財運アップ

5月

財運にあふれた5月。金運も仕事の運気もよく、思い切った改革を図るのも吉。ただし妬みを受けやすく、嫉妬されると厄がつきます。厄落としをしっかりしておかなければいけません。厄に加えて、疲労の蓄積がトラブルを招くのでよい睡眠をとり、体調をしっかり整えておかなければいけません。

今月は山や高原など高地や森林、木々が厄を落とし、あなたに必要な運気を運んできてくれます。厄落としにはラベンダーやブルー、白がおすすめの色。特にラベンダーが厄落とし効果大。水に濡らしたラベンダー色のタオルで首筋を拭くと厄が落ち、すっきりします。

②

ラッキーデー	1, 2, 3, 6, 9, 10, 18, 19, 20, 27, 28, 29, 31日
アンラッキーデー	7, 11, 13, 16, 21, 24, 25日
ラッキーカラー	**白**…鬼門のダメージを防ぐには白。鬼門方位に白のグッズ。 **きれいなブルー**…明るい青空やきれいな水のパワー。
ラッキーフード	**バーベキュー**…さわやかな季節。外で肉や魚、野菜を使って仲間や家族とバーベキューを楽しみ、運気アップ。 **すき焼き**…肉や豆腐、野菜を使ってすき焼きで仲間を増やす。
仕事・金運	**不動産運、財運**…立夏、58記念日で財運、不動産運に活を入れる白と茶色、ゴールドの財布や革小物を手に入れる。龍神水で銭洗いした福銭と厄落としのお守りを入れて使い始める。
恋愛・交際運	**森林浴、龍神水**…健康と良縁は森林浴で厄を落としたきれいなあなたにやってくる。森林浴ができないなら龍神水にラベンダー色の手ぬぐいを浸して首筋を拭くとよい。嫉妬や厄を受けたあなたに良縁がやってきてもつかめない。
開運インテリア	**ブルーと白**…きれいな空ときれいな水を表すブルーと白の開運玉を使って鬼門空間を飾る。今月は鬼門パワーが作り出す財運や不動産運が強い月。鬼門に観葉植物を置いてブルーと白のリボンなどを結ぶ。黄色のグッズを置くと金運も強化できる。

六白金星

派手な服や小物でやる気を引き出す

才能が発揮できる今月、人の目を引く活躍ができ、金運、財運良好です。やる気と元気があれば充実した暮らしができるでしょう。やる気や元気がわくように派手なファッションに身を包んでください。

一方で、冷静になれずにお酒の席でミスをしたり、旅先、出先でのトラブルがおこるおそれがあります。人間関係のトラブルや嫉妬を避けるためには、海や森のパワーを取り入れること。海や森に出かけたり、海や森をイメージしたインテリアを作りましょう。鏡を利用することも、トラブルや嫉妬から身を守るのに効果があります。健康を過信するのもいけません。

③

ラッキーデー	1, 2, 3, 9, 10, 11, 12, 19, 20, 21, 29, 30日
アンラッキーデー	6, 8, 14, 15, 17, 24, 26, 27, 28日
ラッキーカラー	**グリーン**…仕事、健康、家庭、蘇りの力、才能発揮力がある。 **ゴールド**…グリーンとの組み合わせは人気や才能運アップに。
ラッキーフード	**貝類**…貝が美味しい季節。アサリの酒蒸し、クラムチャウダーなどで、人気や才能が高まる。 **たけのこ、山菜**…大地のパワーで根気と健康を増進する。
仕事・金運	**森林パワー**…森を歩いて投資や仕事のアイデアをもらおう。 **立夏と58記念日**…活気のある立夏と58記念日。投資、企画、才能アップに縁やパワーのあるグッズとの出会いがある。立夏や58記念日からなにか使い始めると運気が上がるのを感じることができる。
恋愛・交際運	**南の太陽**…正午の太陽を浴びて美しさの気をもらう。海辺に出かけて食事をしたり、砂浜をはだしで歩いて、出会い、交際のきっかけ運を吸収する。浜辺の夕日は恋愛運気が強い。 **鏡風水**…コンパクトミラーを持参すると嫉妬から身を守り、素敵な運気を引き寄せる。
開運インテリア	**森と海のインテリア**…森のインテリアは観葉植物、グリーンのカーテン、クッション、マットなどで表現する。海はブルーのグッズ、マットやラグなど。海の輝く太陽はオレンジ色のマットやラグ、クリスタルのグッズで表現。観葉植物にブルー、オレンジのリボンをつけることでもよい。

七赤金星

恋愛運の不調は過去に原因がある

気持ちに影響されます。気持ちが落ち込んだら、運気も落ち込みます。心をウキウキさせることが今月のテーマとなります。下を向いていては気持ちも落ち込みますから、どんな状況でも上を向くこと。会話でも電話でも下を向いてではなく、上向き加減で話をしましょう。人との会話が刺激とウキウキ感をもたらしますから、積極的に会話や会食を。妬まれたり、うらやましい思いを持たれることは厄となりますから、その点だけには気を付けてください。

仕事での成果が見えるとき。良い成果がウキウキ感をもたらします。家族や職場の人、仕事でつながりがある人には気配りを忘れずに。

③

ラッキーデー	2, 3, 4, 11, 12, 13, 20, 21, 30, 31日
アンラッキーデー	9, 18, 22, 27, 29日
ラッキーカラー	**ピンク**…ダラダラしがちな5月。ピンクで素敵な出会いがあればウキウキして元気になる。 **ワインレッド**…迷っていると気持ちも乗らない。決断の色。
ラッキーフード	**たけのこ**…大地のパワーいっぱいのたけのこを食べると根気がつく。 **魚介類**…貝の美味しい時期。貝類から人気と才能運をもらう。白身の魚で交際運と出会い運がアップする。
仕事・金運	**こどもの日、立夏**…男女とも、しょうぶ湯に入って子どものころの夢を思い出してみる。立夏にやり残した夢を叶えるグッズや財布、革小物を手に入れてスタートしよう。 **5月8日**…58は大きな夢に向かってスタートしてパワーをもらう数、5月8日。こどもの日と連動して活気のある時期。活かそう。
恋愛・交際運	**ピンク**…気持ちをウキウキさせて恋愛、交際、結婚体質になるにはファッションや小物にピンクと黄色、ストライプ柄を使ってみる。 **厄祓い**…交際がうまくいかない原因に嫉妬や厄、過去がある。銀座三宅宮で厄落としのお守り、手ぬぐいで厄祓い、願掛十二支石で人間関係の開運塩を作ってみては。
開運インテリア	**北方位の空間**…心を守る北方位。ウキウキさせて恋愛、交際体質になるには、部屋の北方位にピンクと黄色、白とストライプ柄のカーテンやグッズ、花の香りを使う。

八白土星

今月ダラダラ過ごす人は金運のない人

人間関係に恵まれているとき。よい出会いがあったり、楽しいお付き合いができます。仕事などでのミスはまわりの人がカバーしてくれます。まわりの人々、そしてそのめぐりあわせに感謝をしましょう。人だけでなく、よいものとの出会いもあります。今月は良いお買い物ができそう。

良い出会いも交際も気持ちや心のバランスが崩れていてはいけません。木々や植物、大地、風が気持ちを穏やかにします。森林や高原などに出かけてそれを感じてください。たけのこや根菜類を食べることでも大地のパワーを得られます。財運や不動産運は抜群です。不動産に関する情報収集をしてください。

ラッキーデー	3, 4, 5, 12, 13, 14, 15, 18, 21, 22, 30, 31日
アンラッキーデー	1, 7, 10, 16, 19, 23, 25, 28日
ラッキーカラー	**黄色**…金運と変化、そして喜びを運んでくる。 **茶色**…やる気と根気、家庭運や不動産運が上がる。
ラッキーフード	**たけのこ**…大地のパワーが一番必要な時。根気、財運、出世運をアップしてやる気満々で暮らすこと。 **フルーツ**…春のフルーツの代表はイチゴ。路地ものはやはりパワーがある。特に、人間関係や恋には効果的。
仕事・金運	**立夏と58記念日**…毎年この時期はGWも終わりいよいよ出世や仕事、投資にパワー全開。そのきっかけは立夏、そしてそれを後押しする8日。一緒に5月の喜びを味わう人やグッズとの出会いがある。5月にだらだらするとチャンスを逃し財産はできない。
恋愛・交際運	**木々の力**…森を歩いて気持ちと心のバランスをとることでよい出会いがあり、交際は広がる。木々の緑、草のにおい、森を渡る風が恋とロマンを運んでくる。 **ハイキング**…外に出て5月の自然から緑を広げる力を貰う。
開運インテリア	**森で暮らす**…森で暮らす気分になるよう模様替え。森の中の湖のほとりにハンモックを吊ってゆらゆら揺られて寝る。こんなインテリアを作る。木々は観葉植物、湖はブルーのマットやリネン、空の雲は白、清々しい環境はラベンダー色の花で作り出す。

九紫火星

調子が悪いときには非日常を味わう

金運も仕事運も少し低調気味。ほかの人に責任転嫁しては余計にうまくいきませんから、あなた1人で計画、実行し、すべて自分の責任とすることです。それでもうまくいかないときは、無理に動くよりはいったん気分を変えるために非日常の時間を作ったほうがいいでしょう。映画館で映画を観たり、スポーツをして汗を流したりして気分転換を。

それらをする時間がなければ、通勤や買い物に行くときに普段は乗り物を使うところを歩いてみます。身体を動かすことで体内にある腐りかけた金運や仕事運が汗とともに身体の外に出ていくでしょう。

④

ラッキーデー	5, 6, 8, 13, 14, 15, 22, 23, 24, 31日
アンラッキーデー	2, 3, 4, 11, 12, 18, 20, 21, 26, 29, 30日
ラッキーカラー	**白**…活気のある5月は気分を新鮮に白で作ることが大切。 **ブルー**…きれいな空の色。きれいな海の色。清々しい環境の色。
ラッキーフード	**柏餅**…健康と出世や元気の端午の節句。ちまきと一緒に。 **カツオ料理**…初カツオ。元気の象徴の魚料理。お酒も美味しい。
仕事・金運	**映画**…非日常な時間は映画の中にある。映画音楽とともに仕事や投資に新しい発想をくれる。映画館をはしごして観るとよい。 **スポーツ**…体を動かせば体内の腐りかけた金運や仕事運、投資運が汗とともに出てくる。同時にその運気の使い方もわかる。
恋愛・交際運	**森林**…5月は新緑がきれい。森林浴に出かけよう。大地と木々から出会いと交際の力強い運気や良い睡眠がもらえる。 **8日**…58記念日。夢を形にするグッズとの出会いときっかけが来る日。邪魔な悪縁はこの日に厄祓厄落龍神水できれいに断ち切って。
開運インテリア	**気分すっきりの部屋**…森林浴でよい睡眠がとれる運気がやってくる。寝室はグリーン、ブルー、白、茶色と盛り塩を。リビングはブルーで海、オレンジで太陽、ストライプ柄で潮風、白で空に浮かぶ雲を表現。ダイニングは新緑の明るいグリーン、きれいな湖の明るいブルー、厄落としのラベンダーでインテリアを作る。

6

6月

水無月《みなづき》

イライラする季節
ケンカをしないように注意

梅雨の時季。雨には厄を流す効果がある一方、雨の陰の気とバランスをとるように身体からは陽の気が発するためイライラしたり、怒りっぽくなりケンカをしがち。雨の日にケンカをすると取り返しがつかないことになりやすいので雨の日のケンカはさけましょう。

イライラ防止にはボディタオルやバスタオルを新しくしたり、盛り塩を頻繁にかえたり、運のいい寝具で眠る、いつも以上に玄関や水場の掃除を念入りにすること。

今月のイベント

6月6日 ③

令和6年6月6日。6が3つ続きますから、例年以上にパワーがあります。昔より「6歳の6月6日からお稽古事をすると上達が早い」といわれ、6歳のこの日から始める習わしがありました。6歳に限らず、この日からなにか習得したり、技術を高めるチャレンジをしましょう。

父の日（16日）

贈る側も贈られる側も双方に開運がもたらされるものが基本。ラッキーカラーやラッキーフード等にこだわってください。

夏至（21日）

1年のうちで一番昼の時間が長い日。この日には人気運や才能を上げる作用があります。太陽の光を浴びることで才能が開花したり、得意なことが上達したりします。夏至の日に購入したり、使い始める夏至財布は才能を引き出したり、学業運や仕事運アップに良い作用があります。

夏越《なごし》の大祓《おおはらい》（30日）

この半年で溜まった厄を祓い、健康で元気に夏を乗り切る神事。神社を参拝して茅《ち》の輪《わ》くぐりや人形をつかった厄落としをしましょう。夏越の大祓を終えたら七夕の短冊を書きます。下着や服を着替えて身が清まった状態で、新しいペンで書くといいでしょう。

②

一白水星

6月

「ゴールド」はあなたを輝かせる色

今年前半の結果が出る6月。出た結果からこの半年を振り返り、そして後半の方針を決めましょう。夏至の陽の力を借りて、人気や才能を活かす力をもらうことでギアを上げ、後半に向かうこと。

特に、くじ運、ギャンブル運、勝負運アップには夏至の力を有効利用しましょう。ゴールドカラーの貴金属も勝負運を高めてくれます。

仕事運向上は、芸事のように師匠と仲間に恵まれることがポイント。あなたを導いてくれる人、一緒に夢に向かっていける人がまわりにいるかどうかが大切です。

ラッキーデー	1, 2, 11, 12, 19, 20, 21, 28, 29日
アンラッキーデー	3, 4, 8, 10, 13, 17, 22, 26日
ラッキーカラー	**ラベンダー**…少し濃い色が6月には似合う。アジサイの紫色は厄を落として運気アップに。 **ゴールド**…ゴールドの輝きがじとじとした梅雨のダメージを吹き飛ばす。ファッションにもインテリアにも使いたい。
ラッキーフード	**冷や奴**…冷たい豆腐と大葉やみょうがの香りで、食欲不振を吹き飛ばそう。豆腐は男女の関係や家族との関係を深めてくれる。 **貝類**…梅雨の時期は貝類も美味しい。人気と才能を活かして楽しく暮らす今年にはぴったりの食材。
仕事・金運	**夏至**…陽の運気が最強の夏至。夏至から使う財布や仕事グッズ、貴金属には才能を活かし、人気と収入を上げるパワーがある。 **貴金属**…陽の運気が強い6月に購入する貴金属は才能を活かして仕事運、金運を上げるパワーが強い。くじ運アップにも効果的。
恋愛・交際運	**恋縁芸守**…銀座三宅宮は毎月18日に恋と良縁、芸能、才能の運気が上がるお守りを配布している。 **長傘**…梅雨の必需品は傘。色や柄の良い高級な傘には出会い運と恋愛運アップの力がある。ビニ傘では良縁は来ない。
開運インテリア	**梅雨のインテリア**…アジサイの花と葉のカラーのラベンダー、ブルー、白、グリーンのインテリアグッズや食器などを身近にすることで上向きに暮らすことができる。

二黒土星

不安なとき、イライラするときこそ風水

雨が多く、じとじと蒸し暑い時季ですが、あなたにとってはチャンスの月。梅雨と夏至を味方に才能と人気を上げましょう。なんとなく気持ちがのらないときや、不安なとき、身体がすっきりしないときには神社参拝や会食、ショッピングで気分や環境を変えましょう。特に夏至に使い始めたり、購入することで夏至の陽の力を活かして、才能や人気運を高めることができます。

また、今年前半思うような成果が出なかった人は7月1日から手帳やペンを使い始めることで新しい運気を引き寄せることができますので準備を。30日は夏越の大祓。神社で茅の輪くぐりなどで厄落とし。

ラッキーデー	2, 3, 11, 12, 13, 20, 21, 22, 24日
アンラッキーデー	4, 6, 9, 14, 17, 18, 27, 30日
ラッキーカラー	**シルバー**…心を落ち着ける色。財運、健康、家庭運を引き上げる。ゴールドとの組み合わせで陰陽のバランスが整い、より運気アップ。 **ゴールド**…金色の輝きは梅雨のストレスを弾き、やる気を上げる。
ラッキーフード	**ピリ辛料理**…ストレス一杯の梅雨の時期は、辛い料理で汗をかき、体内から厄を吐き出す。 **鮎**…鮎などの川魚や白身の魚は、人間関係を良好にする。
仕事・金運	**夏至財布**…夏至から使う財布や夏至に購入して7月1日から使う夏至財布は陽のパワーが強く、人気や才能を味方に仕事の企画力を高めたり、投資で高収益を上げる。この夏に最高の相手と巡り合う七夕財布も、夏至パワーを味方にする夏至の購入がおすすめ。
恋愛・交際運	**夏至ジュエリー**…夏至から使うジュエリー、夏至に購入して七夕から使うジュエリーは恋縁芸のパワーを高める。夏至や七夕に購入したジュエリーを8月18日の三宅宮祈願祭に持参して佐《さ》瑠《る》女命《めのみこと》から恋縁芸パワーをいただくのがベスト。
開運インテリア	**紫陽花カラー**…梅雨に咲く紫陽花。この花のカラーがストレスを解消し、イライラの多い梅雨の時季を快適に過ごさせてくれる。ラベンダー、ブルー、白。これにグリーンを加えた配色で梅雨の快適インテリアを作ろう。

三碧木星

太陽光も雨も天の恵み

梅雨の雨はイライラをもたらします。その一方で厄を落としてあなたが本来もっている才能を引き出す恵みの雨でもあります。また、梅雨時の太陽は人気、才能、芸能運をアップしますから、数少ない晴れている日の陽光をあなた自身にも住まいにもしっかり取り込んで、才能を引き出すようにしてください。

金運にも人間関係にも恵まれて楽しく暮らせる6月。趣味や才能を通じてよい出会いがあったり、人間関係の広がりが見られます。趣味を楽しみ、才能を高めるために、6日や夏至の日の運気を逃がさず、開運アクションをしましょう。

⑦

ラッキーデー	2, 3, 4, 12, 13, 17, 22, 25日
アンラッキーデー	1, 5, 7, 10, 14, 19, 20, 21, 23, 28, 29日
ラッキーカラー	**黄色**…金運パワーに恵まれる色。きっかけもくれる色。 **ラベンダー**…梅雨どきに咲く紫陽花の色。厄や嫉妬から守り、イライラを防止する。
ラッキーフード	**チキンカレー**…金運アップにはこれ。不快指数が高い梅雨の時期はピリ辛のカレーと香辛料が活を入れる。 **貝類**…人気と才能をもたらす。梅雨の時期は貝類が美味しい。
仕事・金運	**夏至財布**…夏至の日から使う財布や夏至の日に購入する財布で人気や才能を仕事や暮らしに活かすお金を集める。効果を増すには銭洗いした福銭をお種銭にして使い始めるとよい。寅、辰、巳の日は銀座三宅宮の銭洗龍神のお祭り日。
恋愛・交際運	**6日と18日**…6日は芸事初めの日。芸事、趣味の縁での出会いをスタートする日。18日は銀座三宅宮の「恋縁芸守」をいただく日。恋も縁も芸事芸能の才能がないと運を活かせない。 **恋と出会いの神塩**…銀座三宅宮にある願掛十二支石のピンクの三文字をチャック付ビニール袋に入れた塩で「1, 2, 3」と口にしながら抑え、神塩を作る。
開運インテリア	**梅雨のインテリア**…クリスタルやガラスの花瓶に紫陽花カラーのラベンダー、ブルー、淡いピンク、グリーンの花を活け、スタンドで室内を照らし、紫陽花カラーのマットやファブリックを使う。

四緑木星

悪縁を切ると良縁がやってくる

金運、くじ運、投資運、最強です。6月は芸に励む月、今月は仕事などでは芸が活き、才能が発揮できるでしょう。宝くじや懸賞への応募、投資、これらも芸のうち。挑戦することで利益が上がります。運気はいいのに厄が身体や住まいについていると幸運を表現できません。厄落としをしっかりと。

人間関係においては悪縁があなたの幸運を阻みそう。良縁、吉縁を呼ぶには悪縁を切ること。神社を参拝して悪縁切りを祈願しましょう。新しい出会いや新しいチャンスは高層の空間で得られます。商談やデート、会食などはできるだけ高いフロアにあるお店を利用しましょう。

ラッキーデー	4, 5, 6, 13, 14, 23, 24日
アンラッキーデー	1, 2, 10, 11, 15, 19, 20, 22, 28, 29日
ラッキーカラー	**白**…梅雨の時期の白は気持ちがさわやかになる。ストレス解消色。 **ブルー**…雨の色でもあるブルーは、心と身体の厄を落とす色。紫陽花の色であるブルーやラベンダー色もインテリアなどに使いたい。
ラッキーフード	**豆腐**…冷や奴と冷酒のコンビは男女の交際運を上げる。 **ステーキ**…夏本番の前に、ステーキで体力、勇気、元気をつけておこう。
仕事・金運	**夏至**…陽の気が最も強い夏至はあなたの才能を活かして仕事、投資の運気をアップする。夏至の日の貴金属や財布がポイントとなる。 **神社参拝**…30日の夏越の大祓で心と身体の厄を祓い、銭洗いをしてきれいなお金を作り、幸運な仕事や資金を引き入れよう。
恋愛・交際運	**悪縁切り**…銀座三宅宮で悪縁切り。良縁、吉縁のために無駄な縁を切っておこう。悪縁をきれいにして、恋縁芸守で新しい縁を引き入れる。 **高層階のレストラン**…今月は高層の空間に出会いや良縁が宿っている。商談、面談、デート、会食に利用してほしい。
開運インテリア	**白と鬼門**…「鬼門に白」は健康、財運、相続、子宝に良い影響を与える。鬼門の汚れを白で覆い隠す意味もあるが、白は汚れが目立つので掃除のタイミングを計りやすい。白のマット、盛り塩の白、観葉植物に白のリボンを結ぶと財運が上がる。

五黄土星

お金を使って開運できる月

今月は貯蓄する運気ではありません。使うことで開運できる月です。家族や親しい人と食事やレジャーを楽しむのもいいですし、貴金属や財布、また仕事グッズや文具、ファッション小物を購入するのもいいでしょう。才能をアップして新しい自分を表現したいなら6月6日、素敵な出会いや仕事力を高めるなら夏至に購入するとよさそうですよ。

今月はタイミング次第で大きなチャンスをつかめます。今までくすぶっていた人は一気に好転する可能性も。しかし、イライラしやすく、冷静になれずにチャンスをつかめないこともあります。

⑧

ラッキーデー	5, 6, 7, 8, 11, 14, 15, 23, 24, 25, 29日
アンラッキーデー	3, 12, 16, 18, 21, 26, 30日
ラッキーカラー	**ゴールド**…梅雨はタイミング次第で大きなチャンスをつかめる。タイミングをよくするゴールド。 **グリーン**…人気や才能は梅雨の晴れ間の太陽や森からやってくる。森のグリーン。
ラッキーフード	**川魚**…鮎で代表される川魚はきれいな水に住んでいる。きれいな水はきれいな人間関係を引き寄せる。 **貝類**…梅雨の時期は貝類が美味しい。人気、才能運を貝類から。
仕事・金運	**夏至財布**…陽のパワーが最強の夏至。この日から使う新しい財布、またはこの日に購入する財布はあなたの才能や人気を引き出して、収入を増やし、投資運を高める。名刺入れ、仕事グッズを新調すると仕事の才能や企画、仕事の人間関係が花開く。
恋愛・交際運	**夏至のジュエリー**…この日の貴金属は美しさを引き立たせ、素敵な出会いをもたらす。購入したり、おろして使う。 **6日**…芸事始めのこの日は美貌、芸能運を高めて新しい人生を開いてくれる。銀座三宅宮の佐瑠女命から運気吸収しよう。
開運インテリア	**紫陽花色のインテリア**…梅雨のイライラをラベンダー、白、ブルーの紫陽花色とグリーンのインテリアで解消しよう。冷静になれる作用もある、ラグ、クッション、ファブリックをこれらの色に。花瓶はクリスタルやガラスでこれらの色の花を飾る。

六白金星

きれいな水が不要な縁を解消してくれる

信頼を深める月です。金運のダウンがすべての運気をダウンさせます。金銭面でも信頼を落とすことのないように。金運風水をやり、金運を高めることで運気のダウンを防ぐことができます。人間関係において、信頼を深めることは大切ですが、だれもかれもと深く付き合うこともありません。負担となる人とは関係を解消することで新しい出会いが舞い込んできます。この時期の水辺は、人間関係の見極めによい環境ですので出かけてみましょう。

月末は夏越の大祓で神社を参拝し、今年半年の厄落とし。そして来月から使う手帳やペンを購入し、下半期に備えましょう。

ラッキーデー	1, 6, 7, 8, 14, 15, 16, 17, 24, 25, 26日
アンラッキーデー	2, 4, 11, 13, 19, 20, 22日
ラッキーカラー	**ピンク**…人間関係運アップ。前半の交際を大祓までにチェック。 **ブルー**…水辺と相性が良い6月。ブルーで水を味方に。
ラッキーフード	**川魚**…鮎などの川魚を水辺で味わう。交際運アップに。 **豆腐**…交際運アップにおろし生姜を添えた冷や奴を。冷酒で味わうのもよい。
仕事・金運	**夏至財布**…夏至から使う財布。夏至に購入するのもよい。仕事グッズ、インテリア小物も夏至のパワーを利用。 **黄色のグッズ**…金運アップのために西と北、東北や中心に黄色のグッズや貯金箱・ミリオンセービングボックスを置く風水をぜひ。
恋愛・交際運	**水辺**…梅雨の時期の水辺は雰囲気がある。窓の外の川や湖を雨だれのついたガラス越しに見る。いやな人間関係を解消し、新しい出会いを運んでくる環境。 **厄祓い**…ラベンダー色の手ぬぐいを龍神水に浸して、首筋を軽く拭いて、縁切り・厄落とし。銀座三宅宮の厄祓龍神パワー。
開運インテリア	**白とラベンダーカラー**…梅雨のインテリアカラーのポイントは心が落ち着く白とイライラ解消のラベンダーのコンビ。部屋の中心や気持ちを落ち着かせる北にこの２色を使う。食器やインテリア小物にも。白い花瓶にラベンダーの花やガラスの花瓶にこの２色の花を。

⑥

七赤金星

太陽やトマトがあなたの良さを引き出す

今月は人間関係で変化があり、環境が変わるため、今までと異なる見方、考え方が備わります。新しい自分、新たなものごとの発見がありそう。今月の太陽があなたのよさを引き出してくれますから、梅雨時には貴重な太陽のパワーを逃さず、積極的に取り入れること。夏至は陽のパワー、太陽のパワーが最高潮のときですから、夏至の運気をうまく利用してください。

新しい自分づくりのために習い事や学びなど新しいことを習得しようとすることが開運アクション。梅雨時の湿気で気持ちが不安定なときには色風水や香り風水をインテリアに取り入れましょう。

⑥

ラッキーデー	7, 8, 9, 16, 17, 18, 25, 26, 30日
アンラッキーデー	5, 14, 23, 27日
ラッキーカラー	**ゴールド**…才能や人気を発掘する力がある。 **シルバー**…あなたの知らない心の豊かさや変化を掘り起こす。
ラッキーフード	**トマト料理**…雨の多い時期は太陽のパワー満載のトマトを。 **ポテトサンド**…健康で根気よく働く人の味方はポテト。サラダ、コロッケ、フライでもたくさん食べるとよい。
仕事・金運	**夏至**…財布、貴金属、仕事グッズを夏至から使う。夏至に購入する。これだけで金運、仕事運、企画運は太陽のパワーで一気に上がる。 **梅雨の晴れ間の太陽**…人気や才能を引き出してくれる。この時期の海にも同じパワーがある。雨の日の海には心を洗う力がある。
恋愛・交際運	**佐《さ》瑠《る》女命《めのみこと》**…6月6日は芸事始めの日、芸事に良いパワーがある。年齢に関係なく芸事や芸能は人生を華やかにし、そして人生にチャンスをくれる。銀座三宅宮に芸能、美貌、恋の神様・佐瑠女命が鎮座していらっしゃる。毎月18日の月次祭のあと恋愛・良縁・芸能・才能を授けてくれる「恋縁芸守」が配布される。
開運インテリア	**梅雨の発見インテリア**…梅雨の時期は気が付いていない自分の才能や変化を後押しをするインテリアにする。南の空間はグリーンとゴールド(観葉植物にゴールドのリボン2本)。北の空間はワインカラーとシルバーグッズ(ワインレッドの布にシルバーのリボンを)。床はラベンダーや白のラグやスリッパ。辰の置物はセンターに。

1

八白土星

開運風水でうまく気持ちを切り替えよう

勢いがありますが、安定せず、やや波があります。波が低いときにはイライラしたり、考え込んだりするかもしれませんが、うまく気持ちを切り替えることが大事です。気持ちをシャキッとさせるためには酢の物を食べたり、貴金属を身に着けるといいでしょう。人間関係や健康面の不安解消には、交際や健康への出費を少し増やすようにすることです。

雨が続いて在宅が長引くと行き詰まりますが、家も同じように感じています。住まいの掃除や風水の見直しをし、マットやスリッパを新調したり、輝きのある花瓶や食器などをおいて、住まいのマンネリを防ぎましょう。

2

ラッキーデー	1, 8, 9, 10, 17, 18, 19, 20, 23, 26, 27, 29, 30日
アンラッキーデー	2, 3, 5, 6, 12, 15, 21, 24, 28日
ラッキーカラー	**白**…梅雨のイライラを白の力できれいにして気持ちを切り替える。 **ラベンダー**…アガパンサスやアジサイの色。厄落としと一番必要な運気を運んでくる色。ファッションやインテリアに。
ラッキーフード	**酢の物**…貝の酢の物や魚のマリネ、キュウリの酢の物など、梅雨のだらけた気持ちを引き締めてくれる。 **鮎**…旬の魚は鮎。旬をいただき開運する。
仕事・金運	**夏至**…陽のパワーの一番強い日。7月から使う手帳や革小物、特に財布、名刺入れ、仕事グッズを購入する。この日から使うのもよい。 **露天風呂**…梅雨の晴れ間の太陽は人気や才能をくれる。こんな日に昼間の露天風呂で浴びる太陽はあなたの本音とやる気を引き出す。
恋愛・交際運	**貴金属**…夏至の日から使い始めるリングやペンダント、イヤリング、ブレスレットなどには、美貌や人気、恋愛に特別なパワーが宿る。夏至に購入するのもラッキーな運気のある貴金属、財布に巡り合う。財布や貴金属は7月7日や8月18日の祈願祭から使い始める。
開運インテリア	**大祓い**…今年前半の厄や不運を祓い流す夏越の大祓は30日。 住まいには、ラベンダー、白、ブルー、グリーンの花やグッズ、マット、スリッパを使い、ガラスやクリスタルの花瓶や食器の光沢で厄を祓う。特に床をきれいにしよう。

5

6月

九紫火星

「夏至」の力を利用しよう

さわやかに、晴れやかに暮らすことが開運のテーマとなりますが、梅雨の時季でイライラしやすく、このテーマに沿った暮らしがしにくい月です。好きなインテリア、好きなことを取り入れ、自分自身が気分よく過ごせるよう工夫をしましょう。海が好きなら海の雰囲気を取り入れるなどです。

陽の力が強い夏至の頃や6月6日には体内の才能や人気が発揮できるときですから、夏至や6日のパワーを活かさない手はありません。交際運、恋愛運はよく、出会いのチャンスもあります。きれいな長傘がすてきな出会いをもたらしますから持ち歩いてください。

ラッキーデー	1, 2, 5, 10, 11, 13, 18, 19, 20, 27, 28, 29, 30日
アンラッキーデー	7, 8, 9, 16, 17, 23, 25, 26日
ラッキーカラー	**ピンク**…明るいピンクはすてきな人間関係を引き寄せる。 **オレンジ**…太陽の色。梅雨の季節は晴れの日の太陽が恋しい。
ラッキーフード	**パスタ**…冷製パスタ。トマト味は健康、仕事。オリーブオイルで仕上げれば交際運アップ。 **鮎**…きれいな水に住む鮎はきれいな交際運を作る。
仕事・金運	**夏至**…体内の人気や才能を引き出すには陽の力が一番強い夏至に仕事グッズを購入。財布や貴金属もこの日に購入。前もって手に入れて夏至から使う。夏至が過ぎたら30日の大祓いまでに掃除してマットやリネン類をラベンダー、白、ブルーに変える。
恋愛・交際運	**梅雨の太陽と傘**…美しさと出会いのチャンスをくれる。梅雨はビニ傘ではなくきれいな長い傘を持って出かけよう。雨が上がり明るい太陽が照り始めたらその傘が素敵な出会いを引き寄せる。カウンター席のあるお店で、冷たいドリンクを背の高いグラスで飲むと吉。
開運インテリア	**好きなインテリア**…梅雨の時期は爽やかに！好きな空間で暮らすのが一番。海が好きなら、「きれいに空が晴れ渡り、太陽が照り、きれいなオーシャンブルーの海が広がり、ラベンダー色のアガパンサスが咲き誇る景色が好き」などをイメージし、インテリアを色で表現する。

7月

文月《ふみづき》

「華やかさ」と「貴金属」で辰年の後半戦を開運スタート

7月は「七夕」と「お盆」がメインとなるイベントです。花火や和テイストも開運アクションの一つとなりますから、しっかり取り入れてください。開運ポイントは「華やかさ」と「貴金属」。外出するときはもちろん、家にいるときでもくたびれた部屋着ではなく、華やかなファッションに身を包んだり、貴金属を身に着けましょう。今まで半年間使っていた手帳は、ラベンダー色の紙や布で包んでおくと半年の厄落としができます。

今月のイベント

七夕（7日）

夢に合わせたカラーやラッキーカラーの短冊に願いを書き、名前と生まれ年の十二支も書き、落款《らっかん》を押すことがポイント。落款は願いの格を高めます。落款がなければ認印でも可。

お盆（15日）

お盆は先祖の力を借りる行事。一緒に夢を叶える、ご先祖様の夢を叶える気持ちでお墓参りをして、ご先祖様をお迎えしましょう。

海の日（15日）

潮水の海は厄落としスポット。海に囲まれている日本は、この立地だけで厄落としに恵まれた環境です。朝の海は仕事運や健康運によく、昼の海は才能や人気運が高まり、夕方の海は恋愛運や金運を高めます。

大暑（22日）

野菜の天ぷらを食べましょう。

土用の丑《うし》（24日）

ウナギ以外にも、「う」がつくものに広げてメニューを考えてください。うどん、梅干し、牛（牛肉）……を食べましょう。

一白水星

開運にも「準備」が必要！

後半のスタート月の7月は、神仏と縁が深い月。神仏のお力でよい人やよい環境に恵まれます。お盆にはお盆の行事、お盆風水、お盆財布で心と家計を豊かにしましょう。

後半よいスタートをきるために、新しい手帳&ペンで計画を立てること。七夕には新しい食器で和食、冷酒を味わうのもいいですね。

良縁やよい環境をものにする準備も必要です。嫉妬されると厄がつき、悩みが生じてせっかくやってきた幸運を感じることができなくなります。龍神水で悪縁切りをしたり、日頃から厄落としをしておきましょう。

海の日の太陽、大暑の天ぷらと丑の日のウナギで健康と才能上昇です。

③

ラッキーデー	6, 7, 8, 15, 16, 17, 24, 25, 26, 29, 31日
アンラッキーデー	1, 5, 10, 11, 13, 14, 19, 23, 28日
ラッキーカラー	**白**…後半のスタートは白で基本に返って大事なことを思い出すことから。七夕財布やお盆財布にも白がおすすめ。 **グリーン**…七夕の竹は浄化や清める力がある。グリーンで心も環境も清らかに後半のスタートをきる。
ラッキーフード	**野菜の天ぷら**…大暑には天ぷらを食べて健康と才能アップ。 **冷たいお汁粉**…白玉入りの冷たいお汁粉で糖分を補給して元気に過ごす。金運や才能、勝負運もアップ。
仕事・金運	**縁起財布**…七夕財布、お盆財布など夏の縁起財布を使って金運を上げる。夏至に購入しておろしていない財布は七夕やお盆におろして使おう。七夕、お盆に購入する財布も運気のある財布になる。白やゴールド、ラベンダー、シルバーの財布がおすすめ。
恋愛・交際運	**神社仏閣巡り**…7月は神仏との縁が深い月。銀座三宅宮の龍神水で悪縁を切って良縁を引き寄せる縁切厄落守と手ぬぐいのセットがある。手ぬぐいを龍神水に浸して首筋をふいて、セットの神塩を願掛十二支石のピンクの三文字に触れてご神塩を作る。
開運インテリア	**緑色と紫色のインテリア**…縁切厄落守の紫色の手ぬぐいとお守り、芸能美貌人気才能守のお守りと緑色の手ぬぐいをタペストリーにして寝室の壁に飾ろう。クッションカバーにしてリビングに置くと龍神様のパワーが部屋中に広がる。

二黒土星

大きく使えば、大きくは入る

後半のスタートは、金運にも人間関係にも恵まれ、とても楽しく過ごせる運気。前半ツキがなかった人は、新しい手帳とペンを使って気分を一新して新たな運気と気持ちをつくりあげること。七夕やお盆、大暑や土用も無駄にすることなく、開運アクションを。

　人が幸運をもたらしてくれますから、どんどん会食をしたり、人を招いてください。お金は入ってきますが、出る分も多いでしょう。今月はこの流れをスムーズに。節約しようとすると、お金の流れが滞り、入る量も少なくなります。大きく入って、大きく使い、楽しく過ごすひと月にしてください。

ラッキーデー	5, 6, 7, 8, 11, 14, 15, 23, 24, 25, 30日
アンラッキーデー	9, 12, 16, 18, 26, 27, 29日
ラッキーカラー	**白**…後半は白でスタート。ピンク、ブルー、グリーン、ラベンダー、ゴールドや金運の黄色と合わせるとよい。 **黄色**…夏を代表する花、ひまわりの色。金運アップで後半をスタートさせよう。
ラッキーフード	**チキンカレー**…夏バテして食欲が落ちてもカレーなら食べられる。チキンの金運アップパワーで夏バテしがちな金運に活を入れよう。
仕事・金運	**7月1日**…後半のスタートは新しい手帳とペンで。今年前半ツキのなかった人はこれで後半を気分よく始められる。コパの手帳風水。 **七夕財布**…恋縁芸のパワーが強い七夕。夏至以降に購入した財布を使い始める。七夕当日に購入した七夕財布には恋縁芸守が最適。
恋愛・交際運	**七夕**…恋愛、人間関係はピンク、白、ゴールド、シルバー、ラッキーカラーの短冊にわかりやすく夢を書いて笹に吊るすこと。新しい器で刺身など魚料理と冷酒をいただこう。七夕財布に夢を祈願するのも大切。 **会食**…人付き合いが楽しい7月。ラッキーフードで会食を楽しむ。
開運インテリア	**七夕の笹と花**…グリーンの笹に色とりどりの短冊をつけてインテリアとしても楽しもう。笹がなければ観葉植物でいい。白とブルー、ラベンダー、ピンク、黄色やグリーンなどの短冊を飾り、スタンドで光を当てれば夢を叶える色風水インテリアができ上がる。

三碧木星

「古いもの」より「新しいもの」

財運と新しい変化の今月。変化の運気をうまく使ってよい状態に変化しましょう。そのためには考えすぎず、真っ新な状態にすること。七夕には素直な気持ちで短冊に願いを書いて祈願。古びたものを使い続けるより、新しいものにかえてみるのも吉。その際にラッキーカラーや色風水を活かすことが大事です。

不動産運、くじ運があります。住まい探しや家具選びが開運アクション。家づくり、家探しをしている人はもちろん、そうでない人も不動産運をこの時期吸収しておくことは大事なこと。家具屋やインテリア店に。高原は財運アップの開運スポットです。

③

ラッキーデー	5, 6, 14, 23, 24日
アンラッキーデー	4, 8, 13, 15, 17, 22, 26, 31日
ラッキーカラー	**白**…後半のスタートの7月は基本に戻るパワーの白。 **ピンク**…七夕の良縁カラーはピンク。ファッションや革小物に。
ラッキーフード	**天ぷら**…大暑に天ぷらを食べて人気、才能、健康運アップの風水は、土用の丑の日のウナギと同様にずいぶん有名になってきた。 **刺身と冷酒**…七夕のお祝いはこれ。白身の刺身は交際運アップに。
仕事・金運	**手帳とペンと財布**…変化をうまく使うことが大切。後半のスタートは新しい手帳とペン、縁起を担いで新しい食器で。七夕財布は縁と円を連れてくる。七夕にピンク、黄色、赤の短冊を吊るし、新しい食器や酒器で食事を楽しんで金運、仕事運アップ。
恋愛・交際運	**夏の恋、交際運**…七夕様の開運アクションは恋や良縁には欠かせない。住まいのインテリアとお金の住まいの財布をきれいにして運気を上げよう。七夕財布、お盆財布には今年のラッキーカラーを。恋縁芸守を財布に入れて使い始めるとよい。
開運インテリア	**鬼門と北西**…変化と健康、財運をもたらす鬼門方位。7月は財運とくじ運がある。部屋の鬼門、東北の位置に山の絵や白、ゴールドの開運玉、観葉植物、白い花、盛り塩を。北西の位置に白、オレンジ、グリーンの開運玉を置いてくじ運や勝負運を高める。

8

四緑木星

海に行くと過去が清算できる

今年前半不調だったのなら7月、できれば1日から新しい手帳を使いましょう。そして仕事も金運も、少し慎重に進めることです。

吉方位の海がすべての問題を解決、解消してくれますから、時間があれば吉方位にある海に出かけること。出かけられないなら、南国の海の絵や写真を部屋に飾るといいでしょう。

出会いや良縁に恵まれる運気ですが、過去を清算しておかないと良縁がやってきません。過去の清算も、吉方位の海がおすすめ。吉方位の海は笑顔をもたらします。

大暑の野菜の天ぷらや土用の丑の日のウナギで健康と才能上昇です。

⑥

ラッキーデー	2, 3, 4, 5, 12, 13, 14, 19, 22, 23, 30日
アンラッキーデー	1, 7, 8, 16, 17, 20, 21, 25, 26日
ラッキーカラー	**明るいブルー**…夏のブルーは海や空を表す清楚な色の代表。 **ゴールド**…夏の太陽を示す輝くゴールドは人気と才能や健康を表す。シルバーと合わせて財産づくりになる。
ラッキーフード	**天ぷら**…大暑には野菜の天ぷらを食べて夏バテしない健康を貰う。試験や才能アップにはエビの天ぷらを食べること。 **ウナギ**…土用のウナギで健康、交際運アップ。「大暑の天ぷら、土用のウナギ」と覚えておこう。
仕事・金運	**後半のスタート**…1日から新しい手帳を使い始めて七夕の短冊に投資や仕事などの夢を書く。今年の前半が不調や不運な人でもこの作戦で後半は改善する。 **健康**…「大暑の天ぷら、土用のウナギ」でパワーアップ！
恋愛・交際運	**海と太陽とお守り**…七夕の短冊を書こう。出会いや交際のチャンスをつかむには過去を清算しておくこと。吉方位の海の潮風、海水、太陽、砂浜で過去を洗い流して新しい出会いや交際、人間関係を作る。銀座三宅宮の恋縁芸守は、新しい縁を引き寄せる。
開運インテリア	**南国の絵**…夏の南国の海の絵を飾る。室内はブルーで海、観葉植物でヤシの木、ベージュ系のラグやマットで砂浜、ストライプ柄で潮風のイメージに。南の運気と相性の良いクリスタルやガラスのインテリア小物も使うとよい。

①

五黄土星

7月

身体が冷えると運気も冷える

後半がスタート！　気持ちが落ち着きすぎてのんびり過ごしてしまいがちです。スタートダッシュして前のめりになるぐらいがちょうどいいほど、自己改革しましょう。1品でも新しいものを使い始めることで気持ちを新たにしてください。

仕事では今までの経験が活きて、よい仕事ができます。室内で座ってばかりいず、外に出て目で見て、耳で聞いて、身体で感じてください。

空調で冷えた身体を吉方位の露天風呂であたため、身体も心も癒やしてください。渓流もおすすめです。自宅では入浴してリラックスして開運。浴室の掃除や新しいタオルやマットを用意しましょう。

⑥

ラッキーデー	2, 3, 11, 12, 13, 18, 20, 21, 22, 29, 30, 31日
アンラッキーデー	4, 6, 14, 15, 17, 24日
ラッキーカラー	**黄色**…後半のスタートは金運と自己改革を促す黄色で。 **クリーム色**…白と合わせると信頼や神様パワーに恵まれる。
ラッキーフード	**天ぷら**…大暑は野菜の天ぷらで健康と人気、才能を上げる。 **ウナギ**…土用のウナギは健康と人間関係をアップする。
仕事・金運	**革小物**…七夕財布とお盆財布が今月の金運や仕事運をアップする。名刺入れやポーチ、バッグもこの時期は縁と円を引き入れる開運グッズ。 **温泉**…夏の露天風呂は心と冷房で冷えた身体に癒やしをもたらす。仕事、金運、才能の運気枯れを吉方位の露天風呂で癒やすとよい。
恋愛・交際運	**七夕**…ピンク、ゴールド、白の短冊に願いを書いて笹竹に吊るす。刺身などの魚料理とガラスの器で飲む冷酒。七夕の夜は祈願祭。 **手帳**…後半のスタートの7月1日から新しい手帳に予定を書き込む。前半の面白くない会食や付き合いをなかったことにしよう。
開運インテリア	**健康インテリア**…バスルームのインテリアグッズを白、グリーン、ブルー、ラベンダー色にして、ゆったりバスタイムでリラックス。夏バテしては運気も力を発揮する前に体内から逃げ出す。香りの良い入浴剤を入れたバスタブに入って体を温め、きれいなタオルで体を拭いて健康運アップ。

4

六白金星

香りを夏らしいさわやかなものに

体力、気力、根気勝負の月。暑さのせいか、身体や気持ちが不調におちいりがちです。今月のラッキーカラーのグリーンは心と身体をリラックスさせ、よい睡眠を促します。ラッキーフードのポテトやバーベキューも健康運アップの食材、メニュー。今年のラッキーフードに加えて、しっかり食べてください。

健康面の不調は投資や仕事でのミスを招きます。タイミングが悪いとミスをしますから、ゴールドの貴金属等を身に着け、タイミングを整えること。良い出会いが期待できるときですから、さわやかな香り、夏の香りをつけて、出会い運を呼び寄せましょう。

①

ラッキーデー	1, 2, 11, 12, 19, 20, 21, 28, 29, 30日
アンラッキーデー	3, 5, 7, 10, 14, 16, 23, 25日
ラッキーカラー	**グリーン**…心と身体に森林パワーをもたらし、良い睡眠を導く。 **ベージュ**…落ち着きと信頼関係をもたらす。白との組み合わせが吉。
ラッキーフード	**ポテトサラダ**…夏の健康に欠かせない食材。サラダ、コロッケ、フライなどで食べてほしい。 **バーベキュー**…肉や野菜、魚で楽しくワイワイやる環境で開運。
仕事・金運	**大暑の天ぷら**…夏バテ防止。人気と才能を高め、仕事、投資、企画運アップ。 **新しい手帳**…後半の運気アップには、1日から新しい手帳を使うこと。ゴールドのグッズを一緒に使うとよい。
恋愛・交際運	**香り風水**…ルームコロン、シャンプー、リンス、洗剤や化粧品などの香りをさわやかな夏の香りのものにして交際の運気を元気にする。 **七夕のキーワード**…七夕財布、ピンク、白、ゴールドの短冊、ガラスの器、刺身、貝類、冷酒、佐瑠女命《さるめのみこと》、恋縁芸守、会食、買い物。
開運インテリア	**裏鬼門**…夏の健康はよい睡眠から。やる気や根気、笑顔だって健康次第。睡眠を守る方位は南西(裏鬼門)。観葉植物、スタンド、ラベンダーやブルーのグッズ、マット類、盛り塩を用意して南西方位に飾る。寝室にも同じ配色をするとよい睡眠がとれる。

②

7月

七赤金星

開運計画を立てて「幸運」を呼ぶ

金運上々。行動力が今月のツキを呼びます。レジャーや旅行をすることはもちろんですが、その計画を立てることでもOK。これまで行ったことがない地域やスポット、お店に出かけたり、計画をし、ワクワク感と刺激を受けましょう。

上半期今ひとつなら、今月から仕切り直し。新しいものを用意して使うと気分も運気もかわります。手帳を後半から新しいものにするのも吉。今月中旬以降は夏の土用に入るので、土いじりなどは避けること。だれにとってもトラブルが起こりやすい時期ですから盛り塩持ち塩などで厄落としをしっかりやりましょう。

①

ラッキーデー	1, 2, 5, 7, 10, 11, 18, 19, 20, 26, 27, 28, 29日
アンラッキーデー	4, 8, 9, 13, 22, 23, 25, 31日
ラッキーカラー	**白**…後半のスタートはきれいな気持ちで。それには白。 **ラベンダー**…厄を落とし幸運を引き寄せるラベンダー。
ラッキーフード	**天ぷら**…大暑には野菜の天ぷらを食べて夏バテしない体を作る。 **ウナギ**…土用の丑の日の定番。健康と人間関係をくれる。
仕事・金運	**新しい仕事グッズ**…手帳、ペンをはじめ、スマホカバーや名刺入れ、仕事バッグ、デスク周りのグッズなどなど、目につくグッズをラッキーカラーやゴールド、白にしてみよう。 **マグカップ**…職場や書斎で使うマグカップを龍絵のものに。
恋愛・交際運	**ドライブや旅行**…出かけることで運気に活が入る。行ったことのない場所や空間から新しい出会いや交際運に良い運気が得られる。 **縁起**…7月の縁起は7日の七夕の短冊と七夕財布、お盆のお墓参りとお盆財布、海の日の潮風や太陽、大暑の天ぷら、土用のウナギ。交際や出会いに良いきっかけがもらえる。
開運インテリア	**白のインテリア**…7月は白を中心にしたインテリアカラーで寝室やリビングをまとめよう。白色とラベンダー、ブルー、明るいグリーンなど爽やかさと涼しさを出す色を合わせる。ファブリックを変えられないなら、花や小物で演出。

八白土星

②

吉方位の旅先で開運のヒントが見つかる

旅行やお出かけで、開運できます。暑い時季ですが、家にこもるよりできるだけ外出してください。旅先、出先で仕事の良いアイデアがわいたり、なにかヒントが見つかります。出かけた先で神社を見つけたら、ぜひ立ち寄ってください。

夏ならではの海のレジャーや各地で行われる花火見物を楽しむのもいいでしょう。海水浴をしなくても砂浜を歩いたり、潮の香りを感じることで運気はアップします。海などに出かけられないなら住まいに海のイメージを作りましょう。旅先、出先での出会いを呼ぶにはピンク系、オレンジ系を身に着けたり、持参することです。

ラッキーデー	1, 8, 9, 10, 17, 18, 19, 20, 23, 26, 27日
アンラッキーデー	2, 3, 5, 6, 12, 15, 21, 24, 28, 30日
ラッキーカラー	**ピンク**…夏には薄いピンクが交際や出会いの運気を連れてくる。 **オレンジ**…太陽の色、旅行の色、夢に向かう色。
ラッキーフード	**野菜の天ぷら**…大暑には野菜の天ぷらを食べて健康と仕事運向上。 **ウナギ**…土用の丑の日のウナギは健康と恋の運気も向上する。
仕事・金運	**旅行**…夏休みは、吉方位の旅先に新しい手帳とペンをもって出かけると、仕事の企画や投資のヒントが見つかる。神社仏閣をめぐり温泉に入り土地の料理を食べる。 **潮風**…海に出かけて砂浜を裸足で歩き潮風に当たり、金運や仕事運を肌から吸収を。やる気がわいてくる。
恋愛・交際運	**香り風水**…夏の香りは蚊取り線香の香り(古いかな)。爽やかな香りのコロンや香水をつけて出かけよう。香りは恋の媚薬。もしツキがないなら香りを変えてみる。部屋の香りやシャンプー、リンス、石鹸、洗剤の香りを変えると効果的。
開運インテリア	**海の感覚**…リビング、ダイニングは海をイメージしたインテリアに。南国の海をイメージした絵や置物を飾る。太陽はオレンジ色の花やグッズ、海はブルーのマット、潮風はストライプ柄のファブリック、観葉植物を置くとよい。

九紫火星

7月

家の中心のパワーが弱いとミスをする

前半の厄を後半にひきずらないためには厄落としのラベンダー、こだわりなく後半をスタートさせる白をファッションやインテリアに使いましょう。健康面や家庭、人間関係で不安があり、ストレスが多い時。きれいな水辺や吉方位の温泉がこのストレスを解消してくれます。食事も健康を保つには大事なポイント。ラッキーフードや季節の旬のもの、大暑の天ぷらや土用の丑の日のウナギもしっかり食べてください。

家の中心のパワーが弱いと踏ん張りがきかず、大事なときにこけてしまいがち。中心のパワーアップをはかり、住まいの気の強化をしましょう。

②

ラッキーデー	7, 8, 9, 16, 17, 18, 25, 26日
アンラッキーデー	1, 2, 10, 11, 19, 20, 27, 28, 29日
ラッキーカラー	**ラベンダー**…後半のスタートは嫉妬や厄をこの色で流してから。 **白**…きれいなこだわりのない気持ちで後半をスタートしよう。
ラッキーフード	**ウナギと天ぷら**…土用のウナギと大暑の野菜の天ぷらは7月の夏バテ防止のラッキーフードの定番。これをなくして7月の開運メニューは語れない。
仕事・金運	**七夕とお盆財布**…七夕やお盆の時期から使い始めたり、購入する七夕財布は縁とお金を引き寄せる財布。お盆の時期の購入や使い始める財布は先祖の夢を叶える大きなお金を引き寄せるお盆財布。 **銭洗い**…銭洗いした福銭を財布に入れて使い始めよう。
恋愛・交際運	**短冊風水**…今年のラッキーカラーの短冊は大きな夢が叶う。恋や交際はピンク、ゴールド、白。金運はゴールド、黄色。宝くじは赤、黄色、ゴールド。健康・仕事は赤、ブルー、グリーン。旅や今の暮らしを変えたいならオレンジがおすすめ。
開運インテリア	**ストレスをとるインテリア**…仕事、交際、経済面、健康などのストレスを解消するインテリアのポイントは住まいの中心（龍穴）の厄を掃除、盛り塩、ラベンダーカラーで祓い清めて、黄色、ゴールド、赤でパワーを吸い上げ、住まいの気を強くすること。

2

8月

葉《は》月《づき》

しっかり湯船につかって「疲れ」と「厄」を落とす

今月は「健康」がキーワード。「疲れ」＝「厄」ととらえることができ、夏バテ防止の観点からも厄落としが重要です。この時期の効果的な厄落としアクションは「入浴」です。シャワーだけで済ます人もいますが、しっかり湯船につかることで疲れも厄も落ちます。タオルなどはラベンダー色やラッキーカラーを。バスタブにひとつまみの粗塩を入れてつかり、湯船から出たらひとつまみの塩を頭や両肩にのせて洗い流す「頭に盛り塩シャワー」もおすすめ。

今月のイベント

立秋（7日） ⑦
「季節の変わり目は、運気の潮目も変わる」と風水ではとらえます。運気が落ちていると感じているなら、頻繁に使うものを新しくすること。ラッキーカラーの秋色を意識するといいでしょう。

山の日（11日）
「山は財運、不動産運の力を高める場所」と風水ではとらえます。そこに足を運ぶなら、吉方位にある山がもちろんおすすめです。外出先での事故やトラブルを防ぐために持ち塩をすること。山の写真を飾ったり、ホーム画面や待ち受けに使うことも財運、不動産運アップになります。

月遅れお盆（15日）
帰省してお墓参りをし、過去を振り返ってみてください。旅行に行くならもちろん吉方位に。吉方位が無理なら、東と西は避けたいですね。

18日の祈願
暑い盛りですが、神社を参拝しましょう。財運や不動産運、恋や縁、芸のパワーをいただけます。

6

一白水星

誘惑に負けない夏にしよう

金運に恵まれ、楽しい夏を過ごせそう。遊びと仕事のメリハリをつけて暮らすこと。遊びにひきずられず、バリバリ仕事や風水をやる人は運気がさらに上昇します。

人間関係にも恵まれ、交際運好調。人間関係アップにははっきりと意見を言いましょう。また楽しく、幸せなあなたを妬む人から守ること。嫉妬や悪口の餌食から身を守るには持ち塩、厄落とし風水、銀座三宅宮の龍神水です。

立秋からは新しい運気がスタートし、仕事、投資、金運、財運が絶好調に。お盆の行事、お盆財布、会食と夏の祈願祭でも金運好調、出会い、健康が良化します。

⑦

ラッキーデー	3, 4, 11, 12, 13, 20, 21, 22, 29, 30, 31日
アンラッキーデー	2, 6, 10, 15, 16, 18, 19, 24, 28日
ラッキーカラー	**黄色**…西に黄色は金運アップの不滅の風水。夏の黄色は健康と喜びを運んでくる。 **赤**…夏の赤は元気とやる気を呼ぶ。ファッションやインテリアに、効き色として使うとよい。
ラッキーフード	**たまご料理**…夏バテ防止にたまご料理を。夏枯れする金運アップに一役買ってくれる。 **チキンカレー**…食欲のないときはチキンカレーを。金運ダウンも体力ダウンも同時に防いでくれる。
仕事・金運	**18日の祈願祭**…秋からの夢を叶えるために縁、芸能、人気、才能運を上げて金運や仕事の運気を高める日。三宅様、佐《さ》瑠《る》女《め》様の例大祭。銀座三宅宮の祈願祭にぜひ参拝を。 **銭洗い**…龍神水で銭洗いして福銭を財布に入れるとよい。
恋愛・交際運	**18日の祈願祭**…三宅宮の例大祭に貴金属や新しい財布と祈願書を持参して参拝。この日は特別の恋縁芸守（通称・銀恋守）を配布。 **旅**…東南、南、北方位に旅しよう。恋と交際運アップの方位。温泉、神社仏閣、海、高原で自然に触れるとよい。
開運インテリア	**辰の置物**…辰の置物を開運方位に置いてラッキーカラーのグッズ、吉方位で購入したグッズを置いて部屋の運気を上げるとよい。西日が入る窓があるならカーテンで遮光して金運ダウンを防ぐこと。

二黒土星

変化を恐れないことが開運のポイント

立秋から運気や環境の変化がみられます。変化を恐れず、味方にする気持ちが大切。良い人間関係に助けられると好調ですから、変化に戸惑うときにはまわりに協力助力をお願いしましょう。

暑くて集中力がとぎれると仕事や金銭面、健康面でのトラブルがありそう。トラブル防止には風水的には盛り塩と厄落とし、そしてお盆の行事や18日の祈願祭の日の神社参拝が効果的。準備を早めにしておくこともトラブルを未然に防ぎますから、今月は何事も早め早めに。仕事や金銭面も勘に頼りすぎてミスを招かないように、目的を定めて進んでいきましょう。

ラッキーデー	1, 2, 3, 10, 11, 12, 13, 16, 19, 20, 28, 29, 30日
アンラッキーデー	5, 14, 17, 21, 23, 31日
ラッキーカラー	**クリーム色**…神仏の加護を引き寄せる色。白と合わせることで財運、不動産運も上がる。 **マリンブルー**…潮風と潮騒、砂浜と海水の色。厄落としと勇気と夢をくれる海の色には力がある。
ラッキーフード	**豆腐**…夏はやっぱり冷ややっこ。生姜や大葉、みょうがなどの薬味をのせていただきたい。 **肉料理**…焼肉、ステーキ、バーベキューなど肉をたくさん食べてスタミナをつけ、バテずに夏を乗り切ろう。
仕事・金運	**祈願祭(18日)**…不動産、仕事、健康、金運など、どんな夢でもいいので祈願書に書いて、夢をいただくグッズとともに持参して銀座三宅宮など神社を参拝しよう。 **高原**…吉方位の高原に行くと財運と貯蓄運がアップする。
恋愛・交際運	**祈願祭**…「恋縁芸」は男女、年齢を問わず人生の楽しみと元気、恋愛、結婚、交際、人気、才能、美貌をもたらす言葉。18日の三宅宮祈願祭に関連するグッズを持参して運気をもらう。 **お盆**…先祖の仏縁で出会いや交際のチャンスが引き寄せられる。お盆の行事をしっかりやろう。お盆財布に夢をかけるのもよい。
開運インテリア	**鬼門**…凶相の住まいは特に8月はケガや事故、相続や身内のゴタゴタに巻き込まれることがあるので鬼門はきれいにしておこう。

三碧木星

自然に親しみ、幸運をいただく月

夏バテせず、元気なら仕事も金銭面もうまくいくでしょう。健康には良い睡眠がとれるかどうかが大切。寝室環境を見直しましょう。

人間関係は少し慎重に。暑い時季はイライラしてだれもがぶっきらぼうになりがちです。上から目線の物言いや決めつけた言動がトラブルになりかねません。

外の自然から幸運をいただきましょう。短時間でいいので太陽を浴び、海や森、渓流などに足を運んでください。人気や才能アップには海や森が効果的。人間関係なら渓流です。

お盆財布と貴金属と銀座三宅宮の祈願祭も今月の開運ポイントです。

⑥

ラッキーデー	1, 2, 10, 11, 19, 28, 29日
アンラッキーデー	4, 9, 13, 18, 20, 22, 27, 31日
ラッキーカラー	**ゴールド**…人気、才能、勝負運をつかむのはチャンスをものにできるかどうかにかかっている。ゴールドでチャンスを引き寄せつかむ。 **グリーン**…夏バテを防ぐには良い睡眠が重要。グリーンは森の色。森の中ではぐっすり寝ることができるイメージ。熟睡運をもたらす。
ラッキーフード	**エビ**…人気、才能やチャンスをつかむにはエビを食べて直感アップ。 **バーベキュー**…家族や仲間と屋外でワイワイ楽しみたい。海鮮、グリーン野菜をたくさん焼いて食べよう。
仕事・金運	**海と金運**…海から金運はやってくるという金運風水がある。金庫の扉を海に向ける風水。海水と潮風で清まったお金が集まってくる、清まった金運が海で作られる。新しい財布や金運アップしたい財布を吉方位の海にもっていき、潮風を当てる。お金は銭洗いを。
恋愛・交際運	**渓流**…きれいな水と、森や山の緑の組み合わせは新しい、きれいな縁を作り出す環境。人間関係がいまいちの時は渓流に行こう。避暑にもなる。 **銭洗いと厄落とし**…厄落龍神の龍神水で厄を落として悪縁を祓い清める。そしてお金を清めてきれいなお金で素敵な縁を引き寄せる。
開運インテリア	**太陽のインテリア**…今年の夏は、太陽カラーをメインにしたインテリアがよい。太陽のオレンジを中心にスカイブルーで青空と太陽、マリンブルーで海と太陽、グリーンで森と太陽、ストライプ柄のファブリックで風と太陽を示す。部屋の一部の空間に太陽の演出をするとよい。

四緑木星

「お盆財布」は大きな夢を叶えてくれる

金運も仕事の運気もやや波がありますが、よい波をうまくとらえて、メリハリをつけて行動すればよい月になるでしょう。仕事ではランクアップできるチャンスが訪れます。責任をもってやりとげましょう。

夏バテやけんかには注意が必要です。派手な言動が体調不良や人間関係のトラブルを呼び、仕事や交際の運気を落とします。嫉妬をされると厄がつき、運気がダウンすると考え、気を付けてください。開運アクションは、入浴です。空調で冷えた身体を芯から温めてください。また、香水やシャンプー、洗剤など普段使っている香りを変えることもおすすめの厄落としアクションです。

ラッキーデー	1, 7, 8, 9, 10, 17, 18, 19, 24, 27, 28日
アンラッキーデー	3, 4, 6, 12, 13, 21, 22, 25, 26, 30, 31日
ラッキーカラー	**オレンジ**…夏のオレンジは輝く太陽。旅行運、財運、幸福感をもたらす。子宝に恵まれる力もある。 **白**…夏空に浮かぶ真っ白な雲。様々な形を見ることで創造力も増す。
ラッキーフード	**刺身**…魚は人間関係をよくする食材。白身の刺身は人間関係に、貝類は人気や才能に赤身は仕事や健康をアップする。 **焼肉**…仲間や家族と楽しく焼肉パーティ。仕事運、根気が増し、食欲も増して夏バテ解消。いいことづくめ。
仕事・金運	**お盆財布と銭洗い**…お盆に購入する財布、使い始める財布は大きな夢を叶える資金を引き寄せる。18日の祈願祭に持参して神様パワーを注入してもらう。厄のないお金を入れて使い始めるには銭洗い。金運のお守り、願掛十二支石で作った金運の塩を財布に入れる。
恋愛・交際運	**入浴**…入浴して空調で冷えた身体を芯から温めよう。窓があれば開けて、風に乗ってやってくる交際運を感じたい。 **立秋**…暦の秋のスタート。運気を変えるチャンス。ゴールド、白、ピンク、ラベンダー色の新しい一品を使い始めて運気を変える。
開運インテリア	**北方位**…北方位に水場があると愛情が逃げる危険が。バス、洗面なら換気、掃除してピンク系のグッズを使い、盛り塩、香り風水を。トイレならピンクやオレンジとラベンダーカラーのタオルやグッズ。キッチンならラベンダー、ピンク、白のキッチングッズ、マット、リネン類が効果的。

五黄土星

思うようにいかない状況を楽しむ

健康がポイントになる夏。夏バテし、体調を崩すとそちらに気を取られて運気もトーンダウン。体調不良に陥ることがないよう、睡眠を多めにとるなど自分で気を付けることです。疲れてやる気が出ないときには「赤」をワンポイントで使うのもおすすめです。

仕事は見直しを余儀なくされそう。しかしこれを開運への分岐点ととらえること。人脈、人選を見直したり、新しい企画を考えて実行することでより良い状態で仕事ができます。

8月はご先祖様とともに夢を叶える気持ちになりましょう。菩提寺にお墓参りに出かけたり、ご先祖様のことを聞いたりすると吉。

④

ラッキーデー	1, 4, 7, 8, 16, 17, 18, 23, 25, 26, 27日
アンラッキーデー	2, 5, 9, 11, 19, 20, 22, 29日
ラッキーカラー	**グリーン**…森や草原の色。心と身体に安らぎをくれる。睡眠を促すカラーでもある。 **赤**…夏の赤は疲れてやる気のないあなたに活を入れる。
ラッキーフード	**トマト**…太陽のパワーを満喫できる食材。サラダやトマトの料理を食べる時間がない人はトマトジュースで補ってほしい。 **根菜**…やる気、元気、根気がないなら根菜を食べる。
仕事・金運	**手帳**…ゴタゴタやツキのない約束、予定が多いなら、今月からぜひ新しい手帳を。 **祈願祭**…18日の祈願祭にお盆財布、貴金属、仕事グッズを持参して祈願。願掛十二支石と龍神水をお守りの塩と手ぬぐいで祈願を。
恋愛・交際運	**自然**…夏バテしていては恋も出会いも交際も進展しない。海の潮風、砂浜、太陽から厄落としを、森の木々から安らぎを貰い、草原から落ち着きとやる気をもらう。 **祈願祭と恋縁芸守**…面白いほどに恋の祈願が叶う「恋縁芸守」をもらいに行こう。
開運インテリア	**森と海と空の雲のインテリア**…睡眠不足になる夏の暑さ。寝室を森を表す観葉植物やグリーンのマットやグッズ、海を表す小さな金魚鉢やブルー、青い空に浮かぶ雲の白を表すクッションや枕カバーを。さわやかな風はストライプ柄のカーテンやファブリックで。

六白金星

疲れたときは地元の郷土料理を食べる

今月は「フットワークよく」が大事。仕事でも人間関係でもフットワークを重視してください。早起きがフットワークをよくしますから、早起きして朝早くから行動を。

よい出会いはあるものの、人間関係をきちんと活かすことができるかどうかが問題。まわりの人に対して不満ばかり言っているようではお互いを活かしあうことができません。

今月はスポーツや映像、音楽がパワーを高めます。スポーツをしたり、映画鑑賞やコンサートなどに出かけたり、これらを会話の話題にするのもいいでしょう。8月18日は神社を参拝し、大きな夢を祈願。そして大きな夢に向かって行動しましょう。

ラッキーデー	6, 7, 16, 17, 24, 25, 26日
アンラッキーデー	1, 3, 8, 10, 12, 15, 19, 21, 28, 30日
ラッキーカラー	**赤**…夏の赤は体と心にやる気をくれる。ワンポイントでもよいので使おう。 **ブルー**…青空のブルーから夢と勇気をもらう。
ラッキーフード	**郷土料理**…お盆のある8月は先祖や故郷を思い出す郷土料理、懐かしい料理にツキがある。 **酢の物**…冷やしたガラスの器に酢の物。元気をくれる。
仕事・金運	**夏休み**…旅行はもちろん、スポーツやコンサート、映画で思い切り運気を吸収する。夜は美味しい料理とお酒。この時にアイデアが来る。 **宝くじ**…サマージャンボに挑戦して、夏バテ気味の仕事運や金運に活を入れよう。
恋愛・交際運	**祈願祭**…風水パワーが強い銀座の三宅宮。夢を叶えるお供をしてくれるグッズと一緒に参拝して願掛十二支石で神塩を作ろう。 **立秋**…秋は恋の季節。実りの秋のための開運アクションを今月しよう。良縁財布をお盆財布で作る。
開運インテリア	**香りと色風水**…クーラーで冷え切った体では幸運を逃がしてしまう。お湯を張ったバスタブにミント系のクールな香りの入浴剤を入れ、体の芯から温めよう。白、ラベンダー、グリーン、ブルー、クリーム色のタオルやマットを使う。

七赤金星

運のよい人は、他人の運もわかる

前半、健康や交際面に不安があります。イライラすると自滅しますから焦らないこと。何事も無理なくできる範囲で堅実に行ってください。

計画を立て、準備をしっかりしておくことも必要です。まわりにいる運のよい人に救われる、という運気。イライラすると運の良い人や環境に気づくことができません。水がイライラを解消させます。手洗いやうがい、シャワーを浴びるなどを。

ラベンダー色のタオルとミント系のすっとした香り（シャンプーやローションなど）が特に今月は効果的です。下旬、金運も交際運もすべての運気が絶好調。宝くじも期待大。

④

ラッキーデー	5, 6, 7, 10, 12, 15, 16, 23, 24, 25, 31日
アンラッキーデー	9, 13, 14, 18, 27, 28, 30日
ラッキーカラー	**ブルー**…空の色、水の色。爽やかさと清潔感、リフレッシュの色。 **オレンジ**…太陽の色、旅行の色、夢をつかむ色。
ラッキーフード	**鱧寿司・アナゴ寿司**…元気と交際運や人間関係運がアップする。 **パスタ**…冷製パスタを。トマト味で仕事運&健康運アップ。
仕事・金運	**祈願祭**…猿田彦大神、三宅大神が鎮座している銀座三宅宮は仕事や人生の道案内をしてくださる。祈願祭は今年の夢を叶えるために力をかしてくださる神事。仕事グッズや財布を持参して参拝を。 **お盆財布**…大きな夢を叶える祈願財布。銭洗いしたお金を入れる。
恋愛・交際運	**立秋**…実りの秋。恋も人間関係も実る結婚シーズン。立秋からの運気の変化を味方に縁起のグッズを持って旅行やお出かけを。 **盆踊り**…先祖が喜ぶ交際相手が出てくるお盆時期。盆踊りや花火、お墓参りで出会いの運気を上げておく。
開運インテリア	**バスルーム**…イライラする暑い日。さっとシャワーを浴びて髪を洗い洗顔して体の汗を流す。ミント系のシャンプーやボディーソープ、リンスなどの香りがイライラも流してくれる。そのためにはバスルームの床やバスタブをきれいにしておくこと。ラベンダー色やブルーのタオルやグッズが効果を増す。

1

八白土星

ラベンダーとグリーンが健康を守る

健康面での不安がある8月。そのため人間関係も、金運もパッとしません。食事や睡眠は健康にも運にも影響します。食欲がないときほどラッキーフードやピリ辛味のもの、外でワイワイ楽しむバーベキューを。ラベンダー色やグリーン色はよい睡眠をもたらし、夏バテ解消に効果があります。旅行する体力があるなら吉方位にある海や高原、温泉、神社に出かけましょう。

体力がつけば金運も人偏関係も仕事もうまくいくようになります。健康不良でもできることを見つけて動いてください。待っているだけでは運気はそのままです。

2

ラッキーデー	4, 5, 6, 13, 14, 15, 22, 23, 24, 25, 28, 31日
アンラッキーデー	2, 7, 8, 10, 11, 17, 20, 26, 29日
ラッキーカラー	**ラベンダー**…夏バテと睡眠不足から守ってくれます。 **グリーン**…寝室にグリーンでゆっくりよい睡眠が取れます。
ラッキーフード	**ピリ辛料理**…食欲のないときはピリ辛料理や香辛料の効いた料理で元気になります。 **バーベキュー**…外でワイワイ肉や魚、野菜を焼いて元気になろう。
仕事・金運	**18日**…三宅大神、道ひらきの神・猿田彦大神をお祀りする出世街道に面した銀座三宅宮に仕事グッズ、財布、名刺入れ、貴金属と祈願書を持参して出世、仕事、投資、金運や財運をいただこう。健康・仕事運のお守りの塩を願掛十二支石の赤の三文字に触れ神塩に。
恋愛・交際運	**18日**…三宅大神、美貌と人気、恋の神様・佐瑠女《さるめ》大神をお祀りする銀座三宅宮の大祭。夏至や七夕、お盆に購入した財布や貴金属と祈願書を持参して出会いや恋、人間関係の祈願。持ち塩を願掛十二支石のピンクの文字に触れて恋の神塩を作る。この日に配られる「恋縁芸守」をいただき財布に入れておく。
開運インテリア	**ブルーと白**…青い空に浮かぶ真っ白な入道雲。夏をイメージするとこの景色が浮かぶ。この二色にこだわってリビングのインテリアを一部だけ作ってみよう。小さな金魚鉢やガラス、ブルーの食器、マグカップなども演出に。

4

九紫火星

金運も仕事運も夏バテするので注意

夏バテで体調が今ひとつだと金運も仕事運も勢いがなくなります。バテないようモリモリ食べましょう。

今年や今月のラッキーフードを食べるのはもちろんですが、今月は少しだけ値が張るものを食べることがポイント。食材選びでは値段が高いほうを選ぶといいですよ。食事に限らず、出かける場所も身に着けるものも高級感があることをポイントに選んでください。

交際運、出会いの運気はよいのですが、まわりを気にしすぎたり、行動を合わせすぎてはせっかくの良縁を手にできません。神社を参拝して、良縁祈願をすることでよい人間関係に恵まれるようになります。

②

ラッキーデー	4, 5, 12, 13, 14, 21, 22, 23, 30, 31日
アンラッキーデー	3, 6, 7, 15, 16, 24, 25日
ラッキーカラー	**クリーム色**…神仏の縁を深めて、人には優しく接する色。 **ゴールド**…神様との付き合いのタイミングをよくする色。
ラッキーフード	**トマト**…元気とやる気をくれる太陽のパワーを持つトマト。大事な日の朝はトマトを食べる。トマトジュースでもよい。 **焼肉**…夏バテを回避して元気に暮らすには体力が欲しい。焼肉をモリモリ食べてパワーをつけて夏を楽しく暮らす。
仕事・金運	**18日**…祈願祭に財布、仕事グッズ、貴金属、祈願書を持参して銭洗守で銭洗いして金運アップ、出世・仕事守を貰って仕事運アップを祈願する。願掛十二支石で開運神塩を作って財布、カバンに入れる。 **お守り・神札**…部屋の北西の空間にお祀りして運気を貰う。
恋愛・交際運	**高級なホテル**…伝統のあるホテル、旅館でもよい。ロビーの花と一緒に写真を撮る。ラウンジでお茶をする、軽くお酒を飲む、レストランでパスタや麺類系のランチをする、絵葉書や器をお土産にする。 **立秋**…立秋に財布を購入して18日に祈願祭に。恋縁芸守をいただきその財布に入れる。
開運インテリア	**輝き**…夏の開運には光沢、輝きが必要。クリスタルが一番です。花瓶、龍の置物、写真立て、グラス、お酒のボトルなど気品と輝きのあるクリスタルの一品を。花瓶にはラベンダー、ブルー、白、の花を生ける。

8

9月

長月《ながつき》

実りの季節には「実り財布」で金運アップ

9月のテーマは「金運」です。9月は大切な風水行事が多いので、気を抜かずに取り組んでください。財布は購入日や使い始めの日を重視します。秋の「実り財布」は金運が実り、大きく膨らむ開運財布。9月のお彼岸から11月24日までに購入したり、使い始める財布をさします。9月から実り財布の時季ですから、金運を実らせるためにこの時期の購入を考えましょう。財布にはおつりをそのまま戻さず、厄を落とした紙幣を入れることが大事です。

今月のイベント

③

重陽の節句（9日）

健康運を高める行事。菊の花びらを受かべた日本酒を飲んだり、枕の中に菊の花びらを入れて寝てください。黄色い菊なら、金運アップに効果があります。さらに運気アップを願うなら、新しい器を用意して菊酒をいただくことです。

お月見／中秋の名月（17日）

今年のお月見は、例年以上に金運に効きます。すすきや団子、秋の果物や野菜、花を飾って観月します。金運アップなら、財布も一緒に飾ります。新しく新調した財布であれば、よりいいでしょう。月の光に財布をひらひらさせてパワーをいただく風水はすっかり有名になりましたね。お天気が悪く月が出ていなくても、月がある方向に財布やジュエリーをかかげることで月光のパワーを吸収できます。

秋のお彼岸（19～25日）

お墓参りをすることで夢の実を収穫できます。また、お彼岸時は昼と夜の長さが同じになることから陰陽のバランスがとれているため運気がストレートに出やすくなります。自分の運、また周りの人をはかるのによいときととらえてください。

②

一白水星

夕日や月から金運が降り注ぐ

夜空から幸運が舞い降りる9月は、月から秋の幸運をいただきましょう。特に、今月の満月には特別なパワーがあります。満月に限らず、今月は月を眺めて月に願いをつぶやくのもいいでしょう。

また、今月は金運も財運、不動産運もあなたの周囲をめぐっています。金運は実り財布や満月パワーでアップ。不動産は不動産運を高める色づかいを身近で使いましょう。転職、転勤も吉。この先の仕事や住まいについて夜空を観ながらじっくり考えるのもいいですね。少し心配なのが健康面。体調不良が金運、財運、交際運の良さを帳消しにします。重陽の節句の菊酒で健康運を整えて。

③

ラッキーデー	3, 5, 8, 9, 16, 17, 18, 25, 26, 27日
アンラッキーデー	2, 6, 7, 11, 15, 20, 21, 23, 24, 29日
ラッキーカラー	**白**…財運、健康運、人脈を広げる9月の白。不動産運は白と茶色、白とクリーム色、白とベージュ、白とオレンジ色でアップする。 **ピンク**…秋になると人間関係に変化が出る。ピンクでよい人間関係を引き寄せよう。
ラッキーフード	**新米**…あなたの吉方位でとれた新米を食べ、吉方位パワーを体に吸収しよう。お米の美味しさと開運パワーに気が付くはず。 **肉料理**…ステーキや焼肉などを食べて夏バテからいち早く立ち直る。
仕事・金運	**縁起財布、実り財布**…秋は風水では実り財布の時期。お米(稲穂)が秋になって黄色く実り、1年の収入が得られる秋。日本人には遺伝子の中にこれが組み込まれている。秋の実り財布は、大きな夢を支える財布。巳年のラッキーカラーの財布もよい。
恋愛・交際運	**高原の月光**…貴金属をつけて近くの高台、ビルの屋上で満月を観よう。高原なら最高。財運のある相手に信頼されたり、出会える。 **巳年の運気**…2025年の『風水のバイオリズム』が書店に並ぶ。早めに2025年の運気を取り入れよう。縁起物の巳の置物を開運方位と玄関、枕元に置くとよい。
開運インテリア	**秋のインテリア**…鬼門方位を掃除して秋の高原など秋の風景画を飾ったり、白と茶色、濃い目のピンクやオレンジ、ベージュでこの方位を彩ろう。マット類もこれらの色にすると財運、不動産運、引っ越し運が上がる。

二黒土星

自分の気持ちに素直になろう

勘がさえる9月。今年これまでのうちで一番と言ってもいいほど運気は好調です。不動産や貴金属等高額の良い買い物ができる時ですから、ぴんとくるものがあれば入手してもいいでしょう。

自分の勘を信じるとよいので、現状がしっくりこないなら自分の気持ちに正直に、計画を変更することもありです。勘を良くするためには勘を鍛えること。ギャンブルや懸賞のチャレンジが勘を鍛えてくれます。

お彼岸の行事や中秋の名月、実り財布など、今月の開運行事、開運アクションでも勘が冴え、大開運できます。

ラッキーデー	4, 6, 7, 8, 15, 16, 17, 18, 21, 24, 25日
アンラッキーデー	1, 3, 10, 19, 22, 26, 28日
ラッキーカラー	**濃いオレンジ**…秋色のオレンジは人気と才能と勘を活かして夢に向かうカラー。 **ワインレッド**…濃い目の赤。変化が出る9月には欠かせない色。
ラッキーフード	**新米**…東北方位の新米は財運と勝負運、不動産運が高まり、北方位の新米は大きな信頼や貯蓄運をもたらす。南西方位で採れた新米には素晴らしい家庭運と結婚運、不動産の運気がある。
仕事・金運	**お彼岸**…菩提寺参拝などお彼岸の行事は、あなたに足りない力を補ってくれる。秋の実り財布はあなたの夢を助けるお金を引き寄せる。 **ギャンブル**…勘を鍛えてくれる。この時期必要なことは勘が良いこと。
恋愛・交際運	**重陽の節句、中秋の名月**…お彼岸が先祖の力で良縁を引き寄せるなら、菊の節句の重陽は菊酒と菊の香りの伝統文化で良縁を引き寄せる。中秋の名月はお月見、月光、月見酒で良縁を引き寄せる。いずれも運の良い酒器と美味しい日本酒が運気アップには欠かせない。
開運インテリア	**巳年のインテリア**…2025年巳年は大きな変化のある年。守りが大切な年だけにいち早く巳年の運気を住まいに引き入れたい。秋の花、果実、巳の置物などを龍脈に飾り、ラッキー方位にも巳年のラッキーカラーと巳の置物を配置しておこう。

三碧木星

9月

大変なときこそ悠然とかまえる

吉凶が混濁した秋のスタート。吉の目を出し、よい秋冬につなげるには早めに巳の置物やラッキーカラーなどの色風水を利用すること。良い仲間に恵まれ、人間関係は良好。お彼岸月の今月は仏縁を感じる出会いがあったり、交際が深まりそう。

日常では信頼と落ち着きを大事にしましょう。季節は夏から秋への変化のときで、なにかと多忙ではあるもののあなた自身は気持ちを穏やかに、どっしり構えることが大事。

重陽の節句やお月見、お彼岸の開運行事や秋の雰囲気を取り入れた住まい、そして秋の実り財布があなたの気持ちを穏やかにします。

③

ラッキーデー	6, 7, 15, 16, 24日
アンラッキーデー	5, 9, 14, 18, 23, 25, 27日
ラッキーカラー	**ワインカラー**…秋の赤というとワインレッド。北方位の空間と相性が良く、愛情と信頼や安心をもたらす。 **クリーム色**…心に安心を与えて優しく包み込む力がある。人に対して優しくなれ、穏やかな交際を呼ぶ。
ラッキーフード	**新米**…あなたの吉方位の新米を取り寄せて食べよう。今年の幸運を食べて吸収する。 **日本酒**…昨年のあなたの吉方位の酒蔵の日本酒を飲むとよい。さかのぼって吉方位のパワーを取り込める。
仕事・金運	**実り財布**…お彼岸からの財布が秋の実り財布。重陽の節句や中秋の名月に当てる前に、家で厄落としをしてじっくり運気を清めて。 **秋の果実**…実りの運気がたっぷりつまった果実を食べよう。
恋愛・交際運	**お彼岸**…陰陽のバランスがとれているお彼岸。小豆のおはぎの縁起とお彼岸の仏縁で信頼できる人との出会いがある。 **月光**…日本酒を少し飲んで、財布をもって中秋の月光を浴びるとよい。縁と円が降り注いでくる。
開運インテリア	**秋のインテリア**…秋は夜空をイメージしたインテリアを、落ち着いた色使いのワインレッドや濃い目のピンク、山吹色を使って表現。秋の花やフルーツ、お月見飾りとススキなどで秋を演出しよう。

四緑木星

風水をやり続ければ運気は落ちない

開運行事が続く月。健康面が低空飛行で運気はパッとしませんが、重陽の節句や中秋の名月など運気を大きく高めて開運するチャンスが何度も訪れます。焦らず、コツコツ実行してじわじわ運気を高めてください。歩みはのろくても、一度運気が高まるとしばらく良い状態が続くでしょう。また、食事や家の掃除など少し時間をかけてやるとよい月。家族との関係も少し見つめ直すといいでしょう。じっくり見守るゆとりや余裕をもってください。

秋は実り財布の時期です。秋に財布を購入したり、使い始めることで金運がアップして、全体的に運気を良い方向に導いてくれます。

ラッキーデー	4, 5, 6, 12, 13, 14, 15, 22, 23, 24, 29日
アンラッキーデー	8, 9, 11, 17, 18, 26, 27, 30日
ラッキーカラー	**グリーン**…秋色のグリーン、濃い目のモスグリーンがおすすめ。健康と家庭運、財運を上げてくれる。 **ベージュ**…ベージュ系、茶系の色は財運、不動産運、家庭運をアップさせる。
ラッキーフード	**新米**…吉方位の新米にはあなたが必要な運気がすべて入っている。 **根菜類**…夏バテ解消、根気とやる気のある健康な体と心を作る。
仕事・金運	**実り財布**…重陽の節句が実り財布の合図。秋の実り財布を手に入れて中秋の月光に当てて金運、財運パワーのある財布に。 **お月見飾り**…ススキ、秋の花、秋の果実、月見団子、お酒と一緒に実り財布をお供えして、さらに強力な金運実り財布にする。
恋愛・交際運	**中秋の時期**…吉方位の高原、海辺の自然に親しもう。秋風で新しい人間関係がやってくる。温泉、特に露天風呂で月光と秋風に当たるのは一番の開運アクション。 **金庫財布**…自宅に置く金庫財布と一緒に辰と来年の巳の置物を置く。
開運インテリア	**巳の置物とラッキーカラー**…書店には2025年の『風水のバイオリズム』が並ぶ。いち早く来年の運気を取り入れたい。開運のポイントは巳の置物とラッキー方位、ラッキーカラー。玄関からの龍脈に秋の果実と花、巳の置物を置く。

五黄土星

気づいたことは自分の仕事だと思う

行動が成果を生む秘訣《ひけつ》。仕事も投資も行動次第。先手必勝が良いので、まず行動しましょう。気づいたことは自分の仕事だと考えるとよく、「欲しいと思ったものは早めに手に入れる」「やりたいと思うことはとりあえずやってみる」という考えでいいでしょう。1日のうちでは朝の時間帯に重きを置き、午前中にめどがつくように朝早くから前倒しにして取り組むことです。

仕事でも家事でも、また買い物でも投資でも、さらには人生設計でも計画を立ててください。その計画に沿って行動です。重陽の節句やお月見、お彼岸など今月は開運行事が続きます。しっかり行ってください。

⑦

ラッキーデー	3, 4, 5, 6, 9, 12, 13, 21, 22, 23, 28, 30日
アンラッキーデー	7, 10, 14, 16, 24, 25, 27日
ラッキーカラー	**ワインレッド**…秋の赤はこの色。やる気と元気をくれる。 **ブルー**…秋の空の色。秋は夜空から多くの夢やパワーが降ってくる。
ラッキーフード	**ちらし寿司**…上にのった具材からたくさんの運気が吸収できる。 **新米**…今年のあなたの吉方位の新米から今年の幸運の元を吸収。
仕事・金運	**名月**…実り財布を月光に当てる風水は有名。お月見飾りに月光に当てた財布をお供えしよう。銭洗いした福銭を入れて使い始めて。 **行動力**…仕事も投資も行動力がものをいう。先手必勝、朝早くから動き出すこと。
恋愛・交際運	**旅行**…初秋の旅行は恋愛や交際運を上げる高原の温泉旅。高原の秋は月光もきれいで渡る風も気持ちが良い。ラッキーカラーのファッションで出かけよう。 **映画と音楽**…時間を作り新作映画と音楽から交際運を吸収。
開運インテリア	**巳の置物**…2025年の『風水のバイオリズム』も、巳年の干支の置物も店頭に並ぶ9月。いち早く巳年の風水を始めてほしい。巳の置物を月光に当てて開運方位に置こう。秋の花や果実もインテリアグッズとして一緒に飾って一気に幸運を引き入れよう。

3

六白金星

ピンクとストライプ柄で交際上手に

良縁パワーを引き寄せる9月。風が良縁を引き連れてきますから、風を感じる暮らし方をしてください。風を室内に入れたり、風を浴びに外に出かけましょう。ピンクやストライプ柄も出会いを呼んだり、交際の幅を広げます。

　交際運がよい今月は交際下手は運気を無駄にしますから、フットワークよく、交際上手に徹しましょう。交際が苦手な人は前述のピンクやストライプ柄を使うことです。

　今月は重陽の節句、中秋の名月、お彼岸など秋の開運行事が続きます。この行事は健康や金運、恋愛や交際などすべての運気を高めるアクション。しっかり行いましょう。

ラッキーデー	2, 3, 4, 11, 12, 21, 22, 29, 30日
アンラッキーデー	6, 8, 13, 15, 17, 20, 24, 26日
ラッキーカラー	**ピンク**…出会いのピンクをファッションにもインテリアにも。 **ストライプ柄**…縁を呼ぶ柄。風を運ぶ柄。秋風を感じさせる。
ラッキーフード	**サンマ**…秋の味覚。元気と人間関係、タイミングをくれる。 **蕎麦**…麺類が美味しい季節。新そばの香りは人間関係を引き寄せる。
仕事・金運	**重陽**…秋のスタートは9日の重陽の節句から。菊の香りと菊酒の菊の節句。夏バテを解消して、実りの秋をつかみに行こう。 **円と縁**…夏バテしている運気は金運と仕事の人間関係に出る。銭洗いしたきれいなお金で金運を呼び、厄祓いで悪縁を切り良縁を呼ぶ。
恋愛・交際運	**お彼岸の実り財布**…良縁パワーを注入したお彼岸の実り財布で、仏縁のある人との出会いを。目に見えない良運のカップルが出来上がる。 **中秋の月光**…財布をかざすと同時に、縁を引き寄せるペンダントやイヤリングを今年は重点的に月光に当てよう。
開運インテリア	**巳の置物とお月見飾り**…お月見飾りには月を愛でる気持ちと心や体にゆとりと充実感を感じさせる力がある。今年は辰と巳の置物を部屋の南の空間に作ったお月見飾りに月見団子や秋の花、果実、お酒、ススキ、月光に当てた実り財布と一緒に飾る。

①

2

七赤金星

食材や食器に風水を取り入れる

今年の成果が出る9月。今まで積み重ねてきたことに対する結果が出るでしょう。勘にまかせた行動は運気を無駄にしますから、慌てずにしっかり取り組むこと。重陽の節句やお月見、お彼岸など、今月の開運行事と実り財布が着実な成果を上げます。

秋は食事が美味しいときです。食から運気を取り込みましょう。新米や秋野菜など旬のものはこの時期、必要な運気やタイミングをよくしてくれます。来年のラッキーフードが分かっているなら今年のラッキーフードにあわせてメニューに取り入れましょう。巳の置物も早めに置いてください。

①

ラッキーデー	1, 2, 3, 10, 11, 12, 15, 17, 20, 21, 28, 29, 30日
アンラッキーデー	5, 14, 18, 19, 23日
ラッキーカラー	**山吹色**…実りの秋は金運上昇を実感する時。山吹色が一番似合う。 **ラベンダー**…責任も重いが効果を実感したいときにはラベンダー色。
ラッキーフード	**新米**…今年の運気は新米に凝縮されている。あなたの吉方位で採れた新米を食べると今年の幸運を吸収できる。 **秋野菜**…夏バテ解消には秋野菜。吉方位のものなら最高。
仕事・金運	**重陽の節句**…9日の重陽は夏バテからの復活と夏バテ気味の金運に活を入れる菊の節句。今年は菊酒とピリ辛料理でお祝いしよう。 **実り財布**…重陽からの実り財布は来年のラッキーカラーをいっぱい使った財布にパワーを感じる。月光に当ててから使う。
恋愛・交際運	**月光**…中秋の月光は金運だけでなく恋や出会い、交際運ももたらす。切っておきたい悪縁や嫉妬は銀座三宅宮の龍神水で祓い清める。中秋の満月の日に悪縁切、厄祓いをすると効果が高い。 **ラッキーカラー**…来年巳年のカラーをインテリアに使い運気先取り。
開運インテリア	**巳の置物と名月**…来年の開運の置物が店頭に並ぶ9月。中秋の名月に、ススキ、月見団子、秋の花、果実、お酒などと一緒に辰の置物と巳の置物を飾って空間に金運や交際運を引き入れよう。来年のカラーの財布やグッズを置いてお月見も効果満点。

5

八白土星

外出時には必ず財布を持ち歩く

仕事も金運も最強といってもいいほどよい運気。大きな仕事や事業が完成するでしょう。来年の巳の置物や中秋の名月の開運行事、秋の実り財布でさらに好調を維持でき、夢を叶えることができそう。

独りよがりの判断になりがちなため、人間関係が少し弱いのですが、神仏の加護があり、大きなトラブルになることはありません。人間関係に影響する東南方位の風水強化をしておきましょう。そして、ベージュをインテリアやファッションに取り入れてください。一歩引いて穏やかになれるベージュは神仏の加護が得られ、信頼や情愛を高める作用があります。

ラッキーデー	1, 9, 10, 11, 18, 19, 20, 27, 28, 29, 30日
アンラッキーデー	2, 4, 7, 12, 13, 15, 16, 22, 25日
ラッキーカラー	**ゴールド**…月光を表すゴールド。やさしさと豊かさを表す。タイミングよく幸せを連れてくる力がある。 **ベージュ**…神仏の加護や信頼、友情を表す。革小物やファッションに使って。
ラッキーフード	**秋野菜**…実りの秋、金運パワーもある野菜は秋野菜だけ。 **新米**…幸運パワーが詰まった吉方位の新米を食べよう。
仕事・金運	**月光**…中秋の名月に新しい財布や貴金属を当てる。今年はお月見飾りかお月見の温泉か開運料理か、どれかをしっかりやって月光パワーをいただこう。 **来年のカラーの財布**…重陽の節句やお彼岸にラッキーカラーの実り財布を手に入れよう。もちろん、中秋の月光に当てる。
恋愛・交際運	**巳の置物**…来年の巳の置物をラッキー方位に飾る。それとは別に今年の辰の置物と一緒に東南方位にピンク、黄色、白の花、コロンなどと一緒に飾る。恋や人間関係に恵まれる東南方位は辰巳の方位。二つの干支の置物で恋と出会いの運気アップ空間を作る。
開運インテリア	**お月見飾り**…秋の雰囲気のインテリアはお月見飾り。ススキ、秋の花、秋の果実などを早めに南の空間に飾る。中秋の月光を浴びる日は月見団子、日本酒などをお供えするがそれ以外の日はススキ、花、果実が秋のインテリアを作ってくれる。

②

③

九紫火星

ピンクは良縁と楽しい日常を呼ぶ色

楽しい月。次々にやりたいこと、行きたいところが思い浮かび、ウキウキできます。お誘いも増えるでしょう。今月はできるなら楽しいことを優先させて仕事や投資は無理に進めるよりは計画を見直したほうがよさそう。少し緩いほうが今月はいいでしょう。計画の変更に早めに着手することで月末には順調に進むようになります。

今月は人間関係がよく、素晴らしい出会いもありそう。出会いや交際のタイミングをつかめるかどうか。つかむためには時間を違えないこと。時計が開運アイテムになります。ローズピンクは楽しい日常、すてきな出会いを引き寄せます。

②

ラッキーデー	9, 10, 17, 18, 19, 26, 27, 28日
アンラッキーデー	1, 2, 3, 8, 11, 12, 20, 21, 29, 30日
ラッキーカラー	**山吹色**…濃い目の黄色。金運が一番好きな色。 **ローズピンク**…濃い目のピンク。交際運、出会い運、楽しく遊べる色。9月のあなたにはぴったりの色。インテリアに使うとよい。
ラッキーフード	**たまご料理**…チーズやキノコを入れたオムレツ、だし巻きたまごで金運アップ。新米のたまごかけご飯がイチオシ。 **新米**…あなたの今年の吉方位で採れた新米には幸運のすべてが入っている。取り寄せて食べよう。
仕事・金運	**9日の重陽**…菊の節句。この日から実り財布がスタート。お彼岸に来年のラッキーカラーの財布を購入して中秋の月光に新しい仕事グッズ、巳の置物と一緒に当てる。 **銭洗い**…新しい財布を月光に当てたら銭洗いした福銭をその財布に小さなお札と金運アップの祈願した神塩と一緒に入れる。
恋愛・交際運	**お月見飾り**…ススキ、秋の花、果実、月見団子、お酒、辰の置物と来年の巳の置物を置いたお月見飾りを南の空間に飾り、貴金属や時計を一緒に置く。時計は出会いや交際のタイミングをよくする。
開運インテリア	**秋のインテリア**…金運や実りを感じたいなら玄関、リビングに秋の花、果実、ワインカラー、山吹色、濃い目のピンク、辰の置物、巳の置物を飾る。龍穴（中心）付近には盛り塩、紫色、山吹色、ゴールド、辰の置物を秋の花、果実とともに置く。

2

10月

神無月《かんなづき》

神様と仲良くなって来年までの運気を高めていく

　来年の祈願をする10月、神様ととことん仲良くしてください。神様と開運の10月、祈願の10月です。神社に参拝し、今年、そして来年の祈願をしましょう。秋祭りに参加したり、秋祭り中に神社を参拝しましょう。神社のお祭りの日、大祭の日は神様の誕生日と考えます。お祝いの気持ちで参拝します。来年の手帳やカレンダーを早めに購入するのもいいでしょう。

今月のイベント

巳年の祈願（20日） ⑥

１０月半ばまでに、来年の祈願を考えて祈願書を書きあげます。祈願書は神棚などに保管する用と持ち歩く用の２通を用意すること。新しいペンで書くといいでしょう。来年の開運カラーのボディーのペンなら最高です。祈願書を書く際には身を清めてからは当然のこと、また来年の祈願書ですから、来年の巳の置物やラッキーカラーのものをデスク、テーブル上に置いて祈願書を書くようにすると開運効果も高まります。

実りの秋

秋といえば食欲の秋、実りの秋です。新米や梨、柿、栗やキノコ類など秋の旬のものを食べて活力とタイミングをよくする力を養いましょう。

スポーツの秋

スポーツで体を動かし、汗をかくことは厄落としになります。適切、適度なスポーツは体にも、心にもよい影響を与えます。スポーツ観戦をする、応援することも開運アクションです。推しのチーム、推しの選手を自宅で応援するなら、ユニフォームを身に着けたり、チームカラーのアイテムを身近にして選手が試合をしている方角を向いて「頑張って！　私がついているわ」と声援を送りましょう。

4

一白水星

おしゃれな人にツキがやってくる

巳年の夢を祈願をする10月。神様と一層仲良くする月です。日頃の神社参拝と20日巳年祈願祭で辰年の残りの夢と巳年の祈願を。自分らしさを出して、新しい企画やアイデアを出すことができます。神社やお寺の境内、また、その行きかえりや海などで企画やアイデアを練るのもいいでしょう。

そして、今月は貴金属と好相性。光り輝くアイテムが才能を発揮させ、そして活かしますから、購入するのもよく、ふだん自宅にいる時でも、仕事中でも貴金属を身に着けて自分を輝かせるようにしましょう。

金運、仕事運が低調になったら縁起の風水、厄落とし風水で防御を。

⑥

ラッキーデー	4, 5, 6, 9, 11, 14, 15, 22, 23, 24, 31日
アンラッキーデー	3, 8, 12, 13, 17, 21, 26, 27, 29, 30日
ラッキーカラー	**濃いオレンジ**…来年の夢を考えて祈願する10月は、夢に向かって行動するとき。オレンジ色が夢を叶える行動力を引き寄せてくれる。 **濃いグリーン**…落ち着いたアイデアを引き出す色。夢物語ではない、形になる現実的なツキを呼び寄せる。
ラッキーフード	**海鮮鍋**…アイデアを引き出すエビ、カニ、貝類と信用、信頼を呼ぶ白身魚を鍋料理で。シチューでもよい。 **秋の果実**…柿、梨、ブドウ、栗などから実りの秋の運気を吸収。取れた方位も気にしたい。
仕事・金運	**祈願祭**…銀座三宅宮の祈願祭に新しい財布、貴金属、仕事グッズ、祈願書持参で参拝。銭洗で福銭を作り、願掛十二支石であなたの神塩を作り、持ち帰ろう。 **秋の太陽と海**…人影のない秋の海はパワーがある。砂浜を歩いて潮風と太陽から人気と才能をもらおう。
恋愛・交際運	**映画や音楽**…ウキウキするような恋愛映画、映画音楽、コンサートで出会い運や恋の運気が上がる。
開運インテリア	**巳年の運気を呼ぶ**…立冬までに秋の果実や花、巳年のラッキーカラー、干支の置物で龍脈を整える。床の間、リビングにもラッキーカラーのグッズを。濃い色使いで秋を表現するとよい。

1

二黒土星

日々是風水、日々是コツコツ

信頼、謙虚、まじめさがポイントになる10月。信頼関係が崩れたり、謙虚さを失うと、人間関係が悪化してしまう。交際面のストレスを感じたり、仕事や金運などにもダメージとなります。

ストレスが健康面にも影響します。ストレスを解消するには好きな食事、好きな香りを取り入れること。

信頼も謙虚もまじめさも、コツコツ取り組むことで得られるもの。今月は日々コツコツとやり続けてください。日々是風水です。

最も大切なのは、神様との信頼関係を築くこと。毎日決めたことをきちんと取り組むことで神様からの信頼を得てください。

ラッキーデー	3, 4, 5, 10, 12, 13, 14, 21, 22, 23, 24, 27, 30, 31日
アンラッキーデー	6, 7, 9, 16, 25, 28日
ラッキーカラー	**濃いピンク**…深い愛情と落ち着いた信用を作り上げる力がある。 **モスグリーン**…若いころと変わらない体力ややる気をくれる。
ラッキーフード	**キノコ**…財運、不動産運をもたらす秋の味覚、キノコ。鍋や炊き込みご飯、ピザ、オムレツ、ソテーなどで食べよう。タイミングもよくなる。 **サンマ**…秋の魚の代表選手。秋の味覚。秋の魚は交際運アップになる。
仕事・金運	**巳年の開運グッズ**…祈願祭でお願いするのは、来年巳年のこと。祈願祭には来年のラッキーカラーのグッズ持参で出かけること。金運、仕事運など来年の運気はそのグッズが力を授かる。帰りには巳年のラッキーフードを食べると良い。新しい時計も大きな運気を吸収する。
恋愛・交際運	**吉方位の温泉**…吉方位の温泉で運気をアップして、今年や将来の人間関係や恋愛を考える。巳年の夢を考えるのも温泉が良い。 **神様と開運グッズ**…銀座三宅宮で恋縁芸守を毎月18日にいただける。祈願祭では財布や貴金属などを持参してグッズに良縁パワーをいただく。
開運インテリア	**北方位**…気持ちが集中する北方位は信頼と信用、落ち着きを表す方位。愛情やお金を蓄える方位でもある。静かで落ち着いた空間にすることでこれらの運気は育つ。北方位の玄関は盛り塩、白とピンク、オレンジ、黄色などの花と縁起の置物を置いて運気を育てよう。

4

5

三碧木星

厄がつくと悪いほうに考えてしまう

今年を振り返り来年の夢を考え、神様に伝える月。神様があなたに課したシナリオをキャッチできれば夢はすんなり叶います。今月は神仏に親しみ、自分の役割を感じましょう。

今月からは来年のことを考えなければいけませんから、住まいの環境も来年仕様にすることです。巳の置物と来年のカラーで満たしてください。

マイナス思考が健康に影響しますが、気持ちが落ち込んだり、悪いことばかり考えるのは厄がついているから。ゴタゴタや嫉妬、マイナス思考気味なら厄落とし。願掛十二支石で神塩を作り、盛り塩、持ち塩に。

④

ラッキーデー	3, 4, 12, 13, 21, 22, 30日
アンラッキーデー	2, 6, 11, 15, 20, 24, 29, 31日
ラッキーカラー	**茶色**…大地を表す茶色。落ち着きは大地のパワーから吸収。 **モスグリーン**…秋色のグリーンは安心と健康と穏やかな家庭運をもたらす。
ラッキーフード	**サンマ**…秋の味覚で楽しみながら今年の運気を振り返るとよい。 **キノコ**…財運アップの食材はキノコ。鍋料理やソテー、炊き込みご飯、オムレツなどでたっぷり食べるとよい。
仕事・金運	**秋野菜**…新米はもちろん、新鮮な秋野菜で健康と財運を取り入れる。 **神社巡り**…祈願書に来年の仕事や投資、財産の夢を書いて来年を見据えよう。祈願は清まった境内や空間で考えるとよい。家で考えるなら掃除をしてきれいにした後に。祈願祭は新しい財布や貴金属を持参。
恋愛・交際運	**辰と巳の置物**…来年の巳の置物を来年の開運方位や枕元、玄関に置く。今年の辰と来年の巳の置物、恋縁芸守、香りのよい花やコロンを一緒に東南(辰巳)方位に置いて、交際や恋愛、出会いのパワーを強化する。
開運インテリア	**南西方位**…今年の実入り、収入が今ひとつならこの風水。秋の実りは南西や西からやってくるので、実りを表す黄色、山吹色、ゴールドを南西や西方位に配色する。秋のフルーツ、花を萩焼や備前の花器、器に飾る。

四緑木星

「早く！ 速く！」で開運！

健康に恵まれます。今月はじっくり型ではなく、スピーディに行動すること。あとからやろうではなく、気が付いたことは即行動するように。早いこと、素早さを今月の判断基準にしてください。

新しいものと相性がよいので、ファッションでもインテリアでも新しいものを取り入れましょう。なにか一品でもかまいません。その際に来年のラッキーカラーやラッキーモチーフを意識することも大切ですが、今月はそれに加えて年齢より若く見えるファッション、若い人が好みそうなインテリアを取り入れることも考えてください。

ラッキーデー	2, 3, 10, 11, 12, 18, 19, 20, 21, 28, 29, 30日
アンラッキーデー	1, 5, 6, 14, 15, 17, 23, 24日
ラッキーカラー	**濃い目のブルー**…濃紺。一致団結、結束して前進、挑戦するパワーがある。 **ワインレッド**…自立して経済も仕事も生活も維持する力をもたらす。
ラッキーフード	**栗ご飯**…新米と栗で作る。財運、金運、不動産運アップ。 **酢飯**…魚との組み合わせは寿司。ちらし寿司でもOK。元気になる。
仕事・金運	**祈願祭**…来年のことを祈願する祈願祭。巳年のラッキーカラーの革小物や貴金属、祈願書持参で神社を参拝し、祈願。銀座三宅宮はお守り、銭洗い、十二支祈願塩などでにぎわう。 **新しい財布や革小物**…巳年カラーの財布、革小物で仕事運アップ。
恋愛・交際運	**映画**…ハッピーエンドの映画鑑賞でハッピーになる運を吸収。スポーツもの、カーチェイスものは健康で仕事運のある相手と知り合うチャンスをくれる。 **スポーツ**…好きなスポーツがあるならぜひ。自分でやらなくても応援、観戦するだけでも効果がある。ドライブも開運アクション。
開運インテリア	**若者インテリア**…落ち着いたインテリアも秋には良いが、一部だけでも若者の部屋のようなインテリアに。車の絵やカタログ、スポーツの絵や写真、グッズ、音楽や映画のグッズなどで構成してみる。難しいなら秋のフルーツを白の器に盛って飾る。

②

五黄土星

来年のカラーや食事で運気を先取り

巳年の夢を神様に伝える月。神様のもとに何度も通って来年のことを言上、お願いしましょう。交際運が抜群の10月です。縁が円を呼びますから、金運も好調のはず。財運、不動産運もよい運気です。

下旬、あなたが悪いわけではないのに仕事や投資などで責任を負わなければいけなかったり、少し運気が停滞気味になりますが、来年のラッキーカラーや巳の置物などを住まいに取り入れ、来年の祈願を叶えるための行動をしはじめることで運気の落ち込みを防ぎます。

また、今月は旅で大きく開運できます。吉方位への旅行を計画し、楽しくお出かけしてください。

②

ラッキーデー	1, 2, 9, 10, 11, 12, 15, 18, 19, 27, 28, 29日
アンラッキーデー	4, 13, 16, 20, 22, 30, 31日
ラッキーカラー	**オレンジ**…秋は濃い目のオレンジ。旅の運気アップはこの色。 **ピンク**…濃い目のローズピンクでしっかり人脈を広げる。
ラッキーフード	**麺類**…秋の旅先はキノコをトッピングした蕎麦やうどんで。 **アナゴ寿司**…縁を広げるアナゴ。寿司で食べるとよい。
仕事・金運	**祈願祭**…10月の祈願祭は今年と来年の祈願を一緒にできる祈願祭。まだやり残している今年の祈願、来年はこの願いを叶える、と決めるお祭り。来年のラッキーカラーを身に着け、来年色の革小物や貴金属を持参して神様にお目にかかる神事。
恋愛・交際運	**香り風水**…部屋や小物、リンス、シャンプーの香りを変えて人間関係の運気に活を入れ引き入れよう。 **東南方位のインテリア**…観葉植物とピンク、ゴールド、白、黄色のリボンや開運玉、花、香りのグッズを置き人間関係運を上げる。
開運インテリア	**龍脈**…龍脈は玄関からスタート。玄関には赤の開運玉、龍のグッズ、来年の巳の置物と今年の辰の置物、ラベンダー色のマット、玄関方位に合った色のグッズで厄を防ぐ。中心はラベンダーと黄色、辰と巳の置物。対角線の部屋にも玄関と同じ風水を施し、龍脈を完成させる。

六白金星

今月は「自分ファースト」でいこう

「まず、自分。」――これが今月のキーワードになります。まわりを気にするよりはまず自分にスポットライトを当てるようにしましょう。家庭やあなたの家を含めてです。家庭内が落ち着いていないと、家族の運気がダウンします。家庭内が落ち着いていると重要なことをしっかりこなすことができ、新しいことに挑戦する気持ちがわいてきます。健康にも注意をしてください。あなた、そして家族の健康です。

10月は神仏と縁の深い月。来年の祈願を神社で参拝し、神仏との関係を深めておきましょう。10月15日の神嘗祭、20日の祈願祭が今月のポイントとなる日です。

ラッキーデー	1, 8, 9, 10, 17, 18, 27, 28日
アンラッキーデー	3, 5, 12, 14, 19, 21, 23, 26, 30日
ラッキーカラー	**ラベンダー**…清めて無駄を省き、重要なことをきちんとこなす力。 **茶色**…大地の色。家庭や不動産、健康を守る色。
ラッキーフード	**キノコ**…財運や健康運をくれる食材。鍋もの、ソテー、炊き込みご飯に。 **栗**…勝負運や財運、金運をもたらす秋の味覚。栗ご飯など。
仕事・金運	**新米**…あなたの今年の吉方位で金運、仕事運を上げる地方の新米を取り寄せて食べよう。体内から運気がアップする。 **仕事グッズ**…祈願祭に来年のラッキーカラーの財布や仕事グッズを持参して祈願しよう。仕事運や金運のお守りをいただくこと。
恋愛・交際運	**神さま**…交際も出会いも結婚も今月は神様にお願いする。特に15日の神嘗祭、20日の巳年祈願祭には、あなたの人間関係をアップする貴金属やグッズと一緒にお参りする。 **干支の置物**…中秋の月光に当てた今年の辰と来年の巳の置物は「辰巳(巽)の良縁」を示す。一緒に枕元に置く。
開運インテリア	**中心と裏鬼門**…住まいの中心(龍穴)は幸運の気がすべて集まり、吹き上げる幸運と一緒にあなたを幸せにしてくれる。家庭がごたごたしていると幸運を形にしにくい。裏鬼門(南西)をきれいにして観葉植物、ラベンダーの布に辰、巳の置物と盛り塩を置くと家庭が落ち着く。

七赤金星

ゴールド&シルバーは神様が好む色

神仏の加護に恵まれる月。神仏を味方にして開運できます。神社参拝が開運アクション、神社には祈願書と新調した財布や貴金属を持参して行き、来年のことを神様に祈願してください。仕事や投資、金銭面はバランスよく。バランスを崩すとミスが出やすいのですが、今月はミスをしてもまわりの人脈がカバーしてくれ、大きなトラブルにはなりません。日頃から会食をしてよい関係づくりをしておきましょう。

秋の味覚やお酒、夜景のきれいな店が人間関係を円滑にしてくれます。神社で来年のことをお願いする10月。気分は2025年です。今年の辰年、そして来年の巳年の風水を。

ラッキーデー	6, 7, 8, 9, 16, 17, 18, 21, 23, 26, 27日
アンラッキーデー	2, 3, 5, 11, 20, 24, 25, 29日
ラッキーカラー	**ゴールド**…神様カラー。タイミングやセンスアップの色。 **シルバー**…心を落ち着けて神仏との距離を縮める色。
ラッキーフード	**栗ご飯**…栗は勝負運アップ。栗ご飯で宝くじや競馬に勝つ。 **魚料理**…秋の魚料理はサンマ。シンプルで美味しく、交際運、財運アップに効果がある。
仕事・金運	**神社仏閣**…神仏の加護を受けて金運、仕事運を向上させる10月。祈願祭はチャンス。貴金属と相性が良いので神様の前に持参すると金運や仕事運が上がる。財布は新しい財布に銭洗いした福銭を入れ、祈願書と厄落とし袋の福銭を一緒に参拝する。
恋愛・交際運	**会食**…秋の味覚とお酒は人間関係の潤滑油。夜景のきれいな店や秋の自然が生えるロケーションで食事とお酒を。デザートは秋のフルーツで運気アップ。 **ブランド品**…ここ一番はブランド品の持つパワーを借りるとよい。
開運インテリア	**北西方位**…神仏の加護を受けるには北西方位をきれいにして神棚や仏壇をお祀りすること。神棚や仏壇がないなら観葉植物を配して、棚の上に半紙を敷き（コピー用紙でも可）お札、お守り、ゴールド、白の開運玉と龍のグッズ、盛り塩を多めにしておく。

八白土星

心に残る風景が豊かさをもたらす

人間関係に恵まれ、楽しい月です。でも、浮かれてしまい、羽目を外すことがありそう。生活が乱れると、金運、仕事運がダウンします。食生活と睡眠の質は落とさないようにすることが運を落とさない秘訣です。

金銭面でも仕事でも無理は禁物。もう少し、という手前で手を打つことです。身体の冷えが運気をダウンさせますから湯船につかって身体を芯からあたためてください。

気候がよい秋は旅行もおすすめです。吉方位の旅先では温泉に入り、秋の味覚や秋の景色を楽しみ、豊かな気持ちになりましょう。豊かな気持ちが良い交際をもたらします。

ラッキーデー	3, 6, 7, 15, 16, 17, 24, 25, 26日
アンラッキーデー	1, 4, 8, 10, 13, 18, 19, 21, 22, 28, 31日
ラッキーカラー	**黄色**…秋の黄色は山吹色。金運に良い運気のある10月はこの色。 **茶色**…蓄えパワーのある茶色。財運、不動産運もある。
ラッキーフード	**オムライス**…オムライスにデミグラスソースは財運、家庭運アップ。ケチャップは金運、仕事運アップ。マヨネーズは健康や交際運向上。 **親子丼**…チキンとたまごで金運を上げる。この料理以上に金運アップのメニューはない。
仕事・金運	**20日・巳年祈願祭**…祈願書を持って来年の巳年の夢や希望を神様にお伝えする秋の祈願祭。吉方位に出かけて祈願内容を考える。出かけられない人は、デスクに巳の置物を置いて祈願書を書く。 **巳年の色**…ファッションに使うのが一番だが、仕事グッズや財布、名刺入れなどに使う。祈願祭に持参してパワーを注入する。
恋愛・交際運	**秋の旅行**…神社仏閣をめぐりながら、秋の味覚や秋の景色、温泉で豊かさを味わって。素敵な出会いや人間関係は豊かさとゆとりと実りを感じるあなたにやってくる。
開運インテリア	**龍脈**…玄関～中心～対角線の空間に秋の果実や花とラベンダー色のマットやグッズ、巳の置物、赤の開運玉、龍の置物などを置いて龍脈を強化。寝室やキッチンにも同じ花や秋の果実を飾ると、金運、健康運、仕事運に恵まれる。

九紫火星

不動産に関する行動が運気を高める

多忙です。慌てたり、焦ったりするとミスをしやすいので落ち着いてできるかどうかが問題。住まいを含め、環境を整備したり、企画や計画を練り直してミスのないようにしてください。勘に頼ると計画も投資もうまくいきませんから、準備をしっかりしておくことです。

今月は人間関係や不動産運が抜群によい。仕事も投資もまわりの人に支えられます。不動産探しが仕事や金運、財運を高めてくれるでしょう。不動産運アップの風水アクションは不動産運だけでなく、すべての運を底上げしてくれます。鬼門ラインが不動産運に影響します。

⑧

ラッキーデー	5, 6, 15, 16, 23, 24, 25日
アンラッキーデー	7, 8, 9, 14, 17, 18, 26, 27日
ラッキーカラー	**白**…鬼門ラインをきれいにして白いグッズで財運と健康運を上げる。 **ブルー**…濃紺が良い。一体感をもって行動して大きな成果を上げる。
ラッキーフード	**秋の果実**…実りを感じる柿、ブドウ、梨、栗などを食べる。 **栗ご飯**…新米で栗ご飯を作り勝負運、金運、財運を上げよう。
仕事・金運	**不動産**…祈願祭後に住宅展示場やオープンハウス、マンションのモデルルームに行こう。不動産探しが仕事運、金運、財運を上げるポイント。家具を探して新しくするのも、リフォームも模様替え、家具の配置換えもよい運気を運んでくる。
恋愛・交際運	**神社仏閣の庭**…落ち着いた運気の宿る神社仏閣の秋の庭。カップルでもシングルでも出かけてゆっくり拝観。門前で秋の果物や和菓子でお茶を楽しもう。 **祈願祭**…貴金属を持参して人間関係や恋の運気が上がるお守りを祈願祭で。帰りに肉の美味しいお店で会食を。
開運インテリア	**不動産に恵まれる**…鬼門ラインが不動産運を決めている。引っ越し、部屋探し、家を購入するなら鬼門ラインをきれいにして観葉植物と黄色、白、ゴールドのグッズ、盛り塩を。欲しい物件があるならパンフレットを家の中心に置いて、黄色と白のグッズを一緒に。

11月
霜月《しもつき》

2025年の計画を考えながら吉方位の「温泉」で運気をいただく

10月にお願いした祈願内容を思い返し、再度祈願をする再祈願の月です。そして、「実りの秋」「感謝」「食」「温泉」をテーマにしたアクションを考えてください。もちろんお出かけの際には吉方位を意識することも忘れずに。温泉は大地の気が噴き出す開運スポットで、吉方位の効果も倍増します。今月の吉方位の温泉で運気をいただいてください。早めの大掃除に手をつけるのもいいでしょう。

今月のイベント

115記念日（5日）
11月5日、115は天下取りを意味する数字。天下をとる大きなパワーがある日ですから、将来を見据えた壮大な夢を語りましょう。大ぼらだと思われてもいいんです。またこの日は新しい財布を使い始めるのもいいでしょう。

七五三（15日）
七五三に縁のない方でも、この日は神前で誓いを立てるとよい日です。

物部神社鎮魂祭（24日）
再祈願の日の最終日は今月24日。24日の夜8時に島根県の物部神社で鎮魂祭が行われますが、そのときまでに祈願をします。この日の夜8時には物部神社のほうを向いて来年の目標を祈願しましょう。

年末ジャンボ宝くじ
年末ジャンボ宝くじが月末から発売されます。運試しの意味でも購入しましょう。住まいの掃除をする、光沢・黄・赤・ラッキーカラーを意識することは抑えていただきたいのですが、大切なことはお清めしたお金で購入すること。銭洗いしたお金や、ラベンダー色の封筒や布で包んで厄を落としたお金で購入しましょう。

一白水星

面倒くさいことをやって開運を！

感謝と大掃除の11月。人付き合いが増えますが、一方で人間関係の浄化にもよいときですから、住まいだけでなく、人間関係の整理や断捨離も考えなければいけません。不安な人間関係をうやむやにしておくと後々面倒なことが起こり、金運もダウンします。

身近な家族との関係がよくなかったり、健康不安も運気ダウンの原因になります。家族との関係や健康運を良くするためには北方位の風水を。月の満ち欠けにあわせて行動することもタイミングを整える上のポイントになりそう。新月には新しいことをはじめてください。なにかよいきっかけが得られるでしょう。

②

ラッキーデー	1, 2, 9, 10, 11, 14, 16, 19, 20, 27, 28, 29日
アンラッキーデー	4, 8, 13, 17, 18, 22, 26日
ラッキーカラー	**ピンク**…濃いピンクで交際運を上げて楽しい仲間や家族を作る。 **ラベンダー**…嫌な相手を引き寄せない色。難を呼ぶ面倒な相手は自然と切れる縁切りの色。
ラッキーフード	**栗ご飯**…財運豊かで勝負強い運気のある栗。栗ご飯、ケーキや和菓子、またゆでたり、焼いたり、そのままはちみつをつけて食べても美味しい。 **キノコ鍋**…キノコは財運パワーが強力な食材。ソテーでも、炊き込みご飯にしても美味しい。初冬はキノコから運気吸収。
仕事・金運	**大掃除**…11月は大掃除して来年巳年の運気を早めに吸収。収納は断捨離ですっきりさせて。足元は巳年のラッキーカラーとラベンダー色、黄色のマットやスリッパを。 **立冬**…115記念日で夢を語り、巳年の運気が強くなる立冬に巳年のラッキーカラーのグッズを使い始める。
恋愛・交際運	**温泉と神社参拝**…豊かな実りのお礼と感謝に神社巡り＆温泉＆紅葉と美味しい秋の味覚で豊かな人間関係を作ろう。
開運インテリア	**北方位**…家の北方位の空間は心の落ち着きと信頼、金運を育てる方位。特に大掃除できれいにしてワインレッド、濃いオレンジやピンクのアイテムを。窓があればこれらの色のカーテンを。北に雪山の絵や船の絵で運気アップ。

①

二黒土星

「住まい」は幸運を貯める器

立冬から始まる巳年。11月5日の115記念日のパワーを利用することがよい変化に結び付き、巳年の運気に弾みがつきます。やる気と根気が不足すると全体的に運気は低調です。根気と継続が成功のすべて、といってもいいでしょう。

住まいでは裏鬼門の南西方位を整えることで根気や継続する力を養うことができます。ポテトなど根菜類を食べることでも根気よく取り組むことができます。

吉方位のパワーを活かすためにも今月は家の大掃除に取り組んでください。金運、仕事運アップには大掃除とまわりの人間関係で支えてください。

ラッキーデー	8, 9, 10, 15, 17, 18, 19, 26, 27, 28, 29日
アンラッキーデー	1, 3, 11, 12, 14, 21, 30日
ラッキーカラー	**茶色**…大地の色、心の落ち着きや信頼、不動産、家庭運、健康運を高める。独立運もあるので起業したいなら茶系の服と靴、革小物。 **黄色**…喜びの色。変化や金運を引き寄せる。
ラッキーフード	**シチュー**…野菜たっぷりのシチューで健康と財運を高める。 **ポテト**…ポテトは根気とやる気、元気をくれる。サンドイッチ、ピザ、コロッケ、シチューなどでたくさん食べよう。
仕事・金運	**大掃除**…会社のデスク周りや引き出しの中、書斎、寝室、リビングなど仕事場をいち早く大掃除して巳年の開運グッズとカラーに。 **革小物**…立冬からは本格的に巳年の運気がやってきている。巳年カラーの仕事グッズやカバン、名刺入れで攻めの仕事を。
恋愛・交際運	**大掃除**…東南方位の空間、寝室、リビングを大掃除して人間関係のピンクと蘇りと緑を育てるグリーンのインテリア小物やマットを。 **食器**…華やかな図柄、龍、さんかん柄、花柄などの食器やマグカップで食事やお茶の時間に縁の運気アップ。
開運インテリア	**裏鬼門**…鬼門ラインは住まいのアキレス腱であり開運ポイントでもある。裏鬼門(南西方位)は掃除して鬼門札、盛り塩。相性の良いカラーは茶色、黄色、ラベンダー、グリーン、そしてその年のラッキーカラー。巳年先取りインテリアを実施。

③

三碧木星

素早く決断し、迷わず行動する

立冬からの本格的な巳年の運気がスタートします。その前の5日、115記念日のパワーを逃してはいけません。ほらと言われてもいいので大きな夢を思い描いて決意して、その夢に向かってともに歩む相棒の品を用意しましょう。今月は行動こそ最大の開運法。あれこれ考えずにひらめいたことは即行動です。

朝の早い時間帯にツキがありますから、夜更かしせずに早めに起きましょう。スポーツや音楽、身体を動かすこと、音を立てることが今月の開運テーマになりますから、できる範囲で取り入れてください。柏手《かしわで》を打つ、拍手をすることも開運アクションです。

ラッキーデー	8, 9, 17, 18, 26, 27日
アンラッキーデー	2, 7, 11, 16, 20, 25, 29日
ラッキーカラー	**濃紺**…秋冬のブルーは濃い目の紺。団結心と努力を表す。我を出さずに目標に向かう時に。 **ベージュ**…安心と信頼、神仏の加護をもらいたいときの色。
ラッキーフード	**みそ汁**…味噌にはいざという時の根気パワーがある。試験や面接の朝は豆腐とわかめ、揚げのみそ汁。 **トマト味料理**…シーフードと秋の野菜、ポテトを入れたトマトシチューでやる気、元気、根気をアップする。
仕事・金運	**音楽**…仕事のペースを上げる時や気分を高揚させたいときは音楽が効果あり。コパは執筆の時にボサノバを聴く。コパの脳の動きと合っているのだろう。自分の波動に合う音楽を探してほしい。 **銭洗龍神**…銀座の三宅宮に祀られている。銭洗いで福銭（厄のないお金）で金運と仕事運をアップする。
恋愛・交際運	**温泉&神社参拝**…神社仏閣巡りも恋や人間関係には良い運気をもたらす。24日の物部神社の鎮魂祭への参列は山陰の神様と美味しい秋の味覚、温泉で開運アクションには最高。
開運インテリア	**大掃除**…立冬から巳年の運気が強く働くので11月は大掃除してマットを新調し、リネンも来年のラッキーカラーに交換し、巳年の運気を取り入れる。開運方位に巳の置物を置き、少彦名命をキッチンに、トイレには黒い出目金の置物や開運玉を部屋に置けば完成。

四緑木星

吉方位の温泉で心と体に幸運を蓄える

　華やかな交際、出会いに恵まれ、幸運を実感できます。準備をしっかりすれば、仕事も交際も、投資も最高の状態を維持できるでしょう。

　健康面でやや不安がありますが、早めの対処と少しの贅沢で不安な気持ちは吹き飛びます。

　住まいは今月のうちに大掃除をして来年の幸運を早めに迎える準備をします。とくに床、足元が重要です。掃除機だけでなく、水拭きをして床をきれいにすることがポイント。どの空間も、です。

　住まいを整えつつも今月は神社巡りをして開運。吉方位にある神社＋温泉、その地の名産物を味わい、心と身体に幸運を蓄えましょう。

ラッキーデー	4, 7, 8, 15, 16, 17, 24, 25, 26, 27日
アンラッキーデー	1, 2, 5, 6, 10, 11, 19, 20, 22, 28, 29日
ラッキーカラー	**濃い目のピンク**…秋色のピンクは落ち着いた男女の交際の印。 **濃い目のオレンジ**…不動産、財運アップ。良い旅行ができる運気。
ラッキーフード	**パスタ**…秋の食材のキノコが入った和風パスタは財運や不動産との縁を引き寄せる。クリームパスタは人間関係アップ。トマト味は仕事や健康運アップ。ガーリックを効かせると厄祓いにもなる。 **海苔巻き**…かんぴょうの海苔巻きは人間関係に吉。
仕事・金運	**立冬と115記念日**…月初めの5日と立冬は巳年の運気スタートの合図の日。巳年のラッキーカラーやラッキーフードを重点的に。 **神社巡り**…初冬の温泉と神社巡り、美味しい地の食材を使った料理で今年の仕事運や金運を余すことなく使い切る運気をもらう。
恋愛・交際運	**香り風水**…柑橘の香りで豊かで実りある出会いを引き寄せ、実りのある交際を始めよう。 **24日**…物部神社の鎮魂祈願祭。来年の祈願の最終日。山陰地方まで行かれない方は銀座三宅宮の物部様に祈願しに来てみては。
開運インテリア	**11月は大掃除**…11月は亥の月。運気的には一年の最終月。12月は子の月でスタートの月。大掃除は11月のうちにやっておき、早めに巳年の運気を招き入れる。足元が重要。マット、スリッパなどをラッキーカラーに新調を。

⑥

五黄土星

家の中心のパワーが弱いと無駄が増える

今年もあとひと月ほど。やるべきことをこなすだけで気づいたらひと月過ぎていそうです。今月を実りある月にするには目的をもって暮らすこと。家の中心のパワーが弱いとタイミングが悪くなり、無駄が増えますから、中心がどの空間であろうと掃除をして、開運色のインテリアやアイテムを。大掃除は今月することですが、それも家の中心付近や玄関を重点的に行いましょう。

金運のダウンは交際運も落とします。人間関係が今ひとつなら交際運の風水だけでなく、金運風水をやりましょう。115記念の日、そして立冬から本格的に巳年の運気が動き始めますので、しっかり準備を。

11月

⑥

ラッキーデー	3, 5, 6, 7, 14, 15, 16, 17, 20, 23, 24日
アンラッキーデー	2, 9, 18, 21, 25, 27日
ラッキーカラー	**ラベンダー**…濃い目の紫に近い色が今月はラッキー。 **山吹色**…金運はこの色が大好き。革小物にぜひ。
ラッキーフード	**秋の魚**…秋は魚が美味しい。魚料理で交際運を上げよう。 **湯豆腐**…豆腐は男女の関係を親密にする。
仕事・金運	**バッグ**…大きなバッグには大きな金運や幸運が入る。金色の飾りのついている茶色バッグは不動産運が、黒は投資の情報、表に出ない資金がたまる。ラッキーカラーのバッグは宝くじ運が上がる。 **115記念日**…仕事グッズをこの日に購入して立冬から使う。
恋愛・交際運	**立冬**…巳年の運気が本格的に動き始める。ラッキーカラーとラッキーフードやアクションをスタートさせよう。 **寝室**…来年のラッキーカラーと濃い目のグリーン、ピンクを使ったマットやグッズを寝室に配する。
開運インテリア	**中心の空間**…龍脈や開運方位の辰や巳の置物が運び込んだ幸運は中心に集まる。中心の風水が悪いと幸運をタイミングよく使えない。きれいであることは大切で中心に好きな色、グッズを配する。黄色、ラベンダー、ゴールド、龍のグッズ、辰、巳の置物、八角形などを上手に利用すること。

六白金星

床に落ちている厄を水拭きして取る

神様と大地からパワーをいただきましょう。神社巡りをしたり、吉方位の温泉に出かけてください。今月は人間関係で少しゴタゴタすることがあるかもしれません。交際のトラブルがあると健康面にもストレスで運気がダウンします。交際の連絡ミスなどには要注意です。

今月は、大掃除月です。できるだけ前半にやっておきましょう。幸運は足元からやってきますから、特に床の掃除を。今年や来年のラッキー方位や玄関、家の中心付近もきれいにしたいところ。水拭きできるところは水拭きして汚れも厄も落としてください。

ラッキーデー	4, 5, 6, 13, 14, 15, 22, 23日
アンラッキーデー	1, 8, 10, 17, 19, 24, 26, 28日
ラッキーカラー	**ゴールド**…ゴールドはタイミングの色。神様からツキをいただく。 **濃いグリーン**…秋色のグリーンは人気や才能、家庭運を守る色。
ラッキーフード	**鍋料理**…家庭運アップには鍋を囲もう。キノコや鶏肉を使った鍋ものを。 **手巻き寿司**…様々な具材とご飯を海苔で巻いて家庭運アップを。
仕事・金運	**実り財布**…重陽から始まって24日の鎮魂祭までの実り財布。金運、仕事運、投資運を高める来年のラッキーカラーの財布を手に入れて5日の115記念や立冬、24日から使い始める。 **名刺入れ**…グリーンや茶色の名刺入れにパワーがある。今使っている名刺入れにはグリーンの紙を入れて使う。
恋愛・交際運	**神社巡りと温泉**…紅葉と神社巡り、秋の味覚を楽しむ吉方位の旅は実りの秋の幸運を吸収するタイミングの良い旅。様々な運気をくれる旅。人間関係、交際、出会いなどの運気吸収は同時に金運アップの運気をくれる。思い切って出かけよう。
開運インテリア	**掃除**…5日の115記念日、7日の立冬の前にさっと掃除してラベンダーや来年の色のマットやリネンに交換する。このアクションで11月の大きな実りをしっかり吸収でき、来年の運気を引き寄せることができる。金運を上げて年末ジャンボの当選運も上げる。

七赤金星

運の良いものは贈って開運、もらって開運

　金運の11月。縁が円に、また円が縁になる月です。楽しく食べて会話をして人間関係も金運もよくなるという月ですが、多忙で交際がおろそかになりがちです。贈り物をして人間関係の修復や維持を心掛けること。

　お金や金運が活発に動いていますが、それだけに無駄な出費が増えることもありそう。あなたの家やお金の家（財布）にパワーがないとお金が居着いてくれません。無駄を防ぐには実り財布や銭洗い、大掃除が効果的です。

　時間があるときには吉方位に出かけ、温泉に入り、その土地の食材で作った料理を食べたり、神社を参拝しましょう。

⑦

ラッキーデー	3, 4, 5, 11, 12, 13, 14, 21, 22, 23, 26, 28日
アンラッキーデー	7, 8, 10, 16, 25, 29, 30日
ラッキーカラー	**山吹色**…金運には「西に黄色」。今月は山吹色が金運に効く。 **ピンク**…濃い目のピンクは楽しく豊かにする秋の色。
ラッキーフード	**オムレツ**…キノコやチーズを入れたオムレツは金運、財運に効く。 **チキンカレー**…金運に活を入れるにはチキンカレーが効果的。
仕事・金運	**立冬**…冬の始まり、実りの秋を体感して今年の冬を豊かに暮らすスタートの日。巳年の運気が強く働く。ゴールドと巳年のカラーを組み合わせて一気に金運と仕事運、投資運をゲット。 **115記念日**…立冬からの運気を逃さないように、5日は冬至から使うグッズを購入して、計画を立てる日。
恋愛・交際運	**祈願祭**…24日の祈願祭は心のつながった相手との出会いや交際がさらに深まる日。自分の気持ちに素直になって神様に祈願する。 **温泉とグルメ**…吉方位の温泉と土地の食材で作った料理を。神社参拝やアクションで今年の恋と人間関係、出会い運をもらう。
開運インテリア	**初冬の金運アップインテリア**…龍のグッズ、実りの秋の果実と花、辰の置物と巳の置物、盛り塩を玄関に飾り、柑橘の香り風水を施す。玄関マットは、黄色がよく、中心と西の空間は福銭を入れた財布や貯金箱、できれば玄関と同じ飾りをする。

5

八白土星

大掃除で空間の厄落とし&集中力アップ

財運、不動産運があります。今、家探し、家づくりをしているしていないにかかわらず、今月は不動産運を吸収してください。

オープンハウスや住宅展示場、家具屋やインテリアショップに行き、住まいや家具、インテリア小物を見ておきましょう。不動産運を高めることが仕事運や金運も高めます。

また、今月は気持ちが散漫になりがちで集中できないかもしれません。ささいなミスが大きな損失につながります。

住まいに厄がたまっていると集中できません。大掃除で厄落としをしてください。

⑥

ラッキーデー	2, 3, 4, 5, 8, 11, 12, 20, 21, 22, 29, 30日
アンラッキーデー	6, 9, 13, 15, 18, 23, 24, 26, 27日
ラッキーカラー	**白**…今月の白は財運の色。特に不動産に強い色。 **クリーム色**…信頼と安心の色。白との組み合わせで不動産運アップ。
ラッキーフード	**キノコ**…財運、不動産運のある食材。鍋やソテー、炊き込みご飯で。 **栗**…栗は金運、財運、勝負運の食材。炊き込みご飯などで主食にも、和菓子やケーキなどにも使われる食材。実りの秋の主役。
仕事・金運	**不動産**…吉方位の不動産探しや家具、インテリア小物探しで財運を上げると仕事や金運、投資運が上がる。オープンハウスや住宅展示場に行くことも運気アップになる。
恋愛・交際運	**高原の秋**…立冬からは巳年の運気が充満してくる。今年の実りを初冬の高原で味わおう。財運、不動産運から恋愛運と人間関係運がやってくる。 **115記念**…立冬の前に5日は115記念。ピンク、ゴールド、白と巳年のカラーのグッズで恋愛運と交際運に活を。
開運インテリア	**大掃除**…11月は大掃除の月。ラベンダーで厄落とし、白で今年の厄や不運を清算し、ブルーで行き届かない空間の掃除を運気的に解消し、来年のカラーでいち早く来年の幸運を引き入れる。床のマットやスリッパ、リネン類にも気を配ろう。

④

九紫火星

短所や弱点が開運のカギを握る

夢に向かう11月。人気や才能が高まり、好い部分が発揮できそう。時には自分の弱点があらわになることがあるかもしれませんが、弱点が分かれば後は補強するだけ。マイナス面ばかり気にしすぎないことです。

今月は健康面と交際面に不安があります。人間関係のゴタゴタが仕事にも影響してしまいそう。立冬は運気を好転させる良いタイミングのとき。それまで変化のなかった状況も立冬を境に一気に動き始めることがあります。

家の南北をしっかり風水することで心と行動のバランスがとれるようになります。

⑥

ラッキーデー	1, 2, 3, 10, 11, 20, 21, 28, 29, 30日
アンラッキーデー	4, 5, 12, 13, 14, 19, 22, 23日
ラッキーカラー	**グリーン**…人気、才能、美貌で勝負の11月はこの色。 **オレンジ**…濃い目のオレンジ。夢に向かって突き進むならこの色。
ラッキーフード	**かき揚げの天ぷら**…小エビ、貝柱のかき揚げ天丼は人気、才能、美貌運アップには最適なメニュー。 **カニ**…カニは美貌運アップには最高。鍋で家族やカップルで食べる。
仕事・金運	**115記念**…11月5日は出世運アップの一日。出世のポイントになる部分を強化するグッズを手に入れる。資金がないと辛いので開運財布も手に入れよう。 **秋の旅**…吉方位の神社仏閣と温泉の旅で仕事運金運、投資運を吸収。旅先の地酒をお土産に。
恋愛・交際運	**立冬**…大きな夢を心に育てる冬。恋愛だけでなく「この人との関係がうまくいけばすべてが好転する」というポイントになる人との交際のタイミングは立冬から。白やピンク系、巳年のラッキーカラーのグッズを立冬から使い始める。
開運インテリア	**南と北の風水**…南は人気と才能や美貌のパワーがゴールド、グリーン、オレンジや光沢のあるグッズでやってくる。北の空間には白、ピンク、ワインレッド、ブルーなどのグッズで心の落ち着きや愛と信頼が蓄えられる。南北はとても大切な空間。

④

12月

師走《しわす》

一年の締めくくりは人とのつながりを大切に

2025年の運気を取り込み、笑顔で過ごす12月。人間関係を広げたり、新しい人脈づくり、人脈探しがテーマになります。まずは、お歳暮やクリスマスなどで、お世話になった人への感謝の気持ちを贈り物で表現しましょう。

「プレゼントを贈る行為は、贈る側、贈られる側の両方に運気が流れる」と考え、運のいいものを贈ることが肝要です。

今月のイベント

来年の準備、新年の準備 ①

新年を迎えるにあたり、まずやっていただきたいのが大掃除。11月中に本来は終えるのがいいのですが、まだなら早いうちに済ませましょう。玄関、来年のラッキー方位は特に重点的にきれいにしておきます。新年の年賀状は来年のラッキーカラーや十二支をはじめとするラッキーモチーフを意識するとよく、一言でいいので手書きにします。

冬至（21日）

ゆず湯に入り、カボチャを食べて、健康アップを図りましょう。冬至は大きく蓄える日。財布や貴金属は、この日に購入したり使い始めましょう。

クリスマス（24日、25日）

チキンもケーキも金運アップのメニュー。グリーンに赤、ゴールドのツリーは健康運や家庭運を高めます。金運を強調するなら黄色やゴールドを増やすとよく、交際運、恋愛運ならピンクを使いましょう。

年越しの大祓、年越しそば（31日）

夕方までに神社を参拝し、1年の御礼を神様に伝えてください。お住まいの近くにある氏神様でいいですよ。そして年越しそばを食べます。そばは、風水的には人の縁をつなげる良縁フードです。

一白水星

「楽しいこと」をイメージする

ゴタゴタが起きやすい12月。焦って投資をしたり、計画、実行すると深みにはまります。慎重に丁寧に地に足をつけて進めてください。仕事も交際もカンに頼ると失敗します。足元をきれいにすること、足元をおしゃれにすることなどの厄落としでゴタゴタを解消しましょう。

笑ってすっきり辰年を終わらせるにはウキウキの気持ちを持つこと。ウキウキするインテリアにしたり、宝くじを購入したり、贈り物を大事な人や自分におくることなどでウキウキ感を味わうことができます。

冬至パワーで家庭運を高め、財産を作りましょう。冬至はゆず湯、カボチャ、冬至財布、貴金属が吉です。

ラッキーデー	6, 7, 8, 15, 16, 17, 20, 22, 25, 26, 27日
アンラッキーデー	1, 2, 4, 5, 10, 14, 19, 23, 24, 28日
ラッキーカラー	**赤**…元気で笑顔、自分らしく生きる12月は赤を使おう。 **グリーン**…健康と家庭運、蘇りのグリーン。赤とグリーンのクリスマスカラーで開運。
ラッキーフード	**サンドイッチ**…人の集まりの多い12月はサンドイッチの出番も多い。美味しく、また見た目もきれいなサンドイッチづくりを目指して。 **焼肉**…風邪をひかず元気に年末を乗り切るには焼肉でスタミナをつけること。ワイワイとにぎやかに焼肉を食べ、やり残しのない辰年を。
仕事・金運	**冬至**…陰のパワーが一番強い冬至。冬至財布は大きなお金が貯まる財運財布。冬至の貴金属は素晴らしい家庭と財産をもたらす。
恋愛・交際運	**宝くじ**…当選したらやりたいこと、買いたいもの、行きたいところなどを考えて、宝くじ開運日に当選アクションをして恋人、カップル、家族で宝くじを購入する。 **贈り物**…おくって開運、もらって開運の贈り物は来年のラッキーカラーの品を。
開運インテリア	**ウキウキのインテリア**…月初めに大掃除を済ませて赤とグリーンを中心にしたクリスマスらしいウキウキ感あふれたインテリアにすると最高の自分が表現できる。運気がいまいちならゴールドとシルバー、ブルー、白の飾りやグッズをプラス。

二黒土星

今年の開運風水をすべて取り入れる

フットワークよく行動、早めの対処を心掛けることが今月の過ごし方。

不動産運、くじ運、勝負運に恵まれているので宝くじを購入し、運気を刺激するのもいいですね。不動産は掘り出し物があるという運気。良い物件が見つかりそうです。

今月心配なのは健康面。体調不良が早めの行動、フットワークの良さを妨げ、運気を落とします。何事も早めにやっておくように。

冬至の陰のパワーを使って、愛と財産を貯めましょう。冬至財布、冬至ジュエリーなど冬至に購入したり、使い始めてください。ハッピーエンドの映画を観たり、買い物をしたり、楽しんで開運を。

ラッキーデー	2, 5, 6, 14, 15, 16, 21, 23, 24, 25, 26, 27, 28, 29日
アンラッキーデー	3, 7, 9, 17, 18, 20日
ラッキーカラー	**ゴールド**…最高の締めくくりにはチャンピオンカラーのゴールド。 **赤**…やる気と勝負カラー。ゴールドとの組み合わせで勝ちに行く。
ラッキーフード	**チキン料理**…クリスマスはチキン料理で開運。鍋なら水炊き、一杯やるなら焼き鳥、チキンカツやソテーも良い。 **寿司**…魚の持つ様々な運気を吸収できる寿司。ちらし寿司でもいい。
仕事・金運	**宝くじ**…金運をはじめとして運気全体を刺激するなら宝くじを購入。当選風水をやって挑戦したい。チキン料理やラッキーカラー、ラッキーアクションで挑戦を。 **冬至**…仕事グッズ、財布などを冬至から使う。冬至に購入して1月15日から使うのもよい。
恋愛・交際運	**映画**…恋愛映画からヒントをもらおう。ハッピーエンドの映画には幸せパワーがある。12月は恋愛映画を観てほしい。 **買い物**…プレゼントなど12月は買い物に出かけることが多い。来年のラッキーカラーを意識して自分にもプレゼントを。
開運インテリア	**インテリア風水**…巳年は防御も大切な年。鬼門ラインや北方位は特に守りたい。ラベンダー色やワインカラー、濃い目のオレンジなどを中心に巳年のカラーを使う。水場はもちろん、床も大切。きちんと掃除をしてマットやラグ、スリッパも色風水で。盛り塩も大切。

三碧木星

日頃の対応がいざというときに効果を発揮

出会い、交際運は日頃の付き合い方により差が出ます。今まで気を使ってきた人は今月それが実を結び、良い出会いがあったり、人間関係が広がったり、充実した日々を過ごすことができます。少し気を付けたいことは連絡ミスと無礼な応対。多忙な時季、気持ちも高揚してついうっかりのないようにしてください。

仕事も投資も金運も好調ですが、気になることは早めに解決の道を探りましょう。待ちすぎるとミスをしがちです。

くじ運もあり、宝くじと大きな買い物にツキがあります。風水をして年末ジャンボを購入し、金運に活を入れましょう。

ラッキーデー	5, 14, 15, 23, 24, 27, 28日
アンラッキーデー	4, 6, 8, 13, 17, 22, 29日
ラッキーカラー	**ローズピンク**…恋や人間関係を作り、育ててその関係を保つ。 **シルバー**…ゴールドとの組み合わせでタイミングを守り、交際のストレスを和らげる。ミスしたくないときはこのコンビで。
ラッキーフード	**カボチャ**…冬至の開運メニューはカボチャが使われた料理。健康と財運をもたらす。 **鍋料理**…鍋料理を食べることが増える時季。〆は蕎麦かうどんにして人間関係をアップしておこう。
仕事・金運	**冬至財布、貴金属**…冬至から使う、冬至に購入して正月の15日や大寒から使う財布は蓄える力が一番ある冬至財布。貯金箱も冬至に購入して翌年2月17日の貯蓄の日から使うのが風水的。 **年末の銭洗い**…きれいなお金を財布や家に置いて新年を迎える。
恋愛・交際運	**贈り物**…贈り物や会食のタイミングを作りやすい時期。ラッキーカラー、ラッキーフード、方位や風水アクションで縁を広め、縁を深めよう。自分にも運の良い一品をプレゼント。
開運インテリア	**ストライプと光沢**…交際面でストレスとミスがないインテリアはクリスマス飾りを利用。ツリーにテープでストライプ模様を作り、出会いと交際運を上げ、ゴールドとシルバーの星を飾ってその光沢で出会いのタイミングを高めたり、発言や連絡のミスを防ぐ。

4

四緑木星

様々な食材と色で幸運を引き寄せよう

　今月は前に進むというよりは、八方に目を配る月。やり残しのないよう振り返り、まわりをじっくり見渡すことを日々考えておきましょう。家族や友人などの応援があってよい状態を維持できますから、感謝の思いを込めたプレゼントを用意しておきましょう。

　また、今月はどんなことでも否定せず、取り入れること。大きなバッグを持つことやいろいろな具材を食べられる鍋料理やおでんが吉。あなた自身、そして住まいの中核がしっかりしていないと様々な意見を素直な気持ちで受け取ることができなくなります。家の中心や龍脈の風水を徹底してください。

ラッキーデー	3, 4, 5, 10, 13, 14, 21, 22, 23、28, 29, 30日
アンラッキーデー	7, 8, 11, 12, 16, 17, 25, 26日
ラッキーカラー	**グリーン**…クリスマスカラーのグリーン。健康と家庭運、夢を育てる色。今月は赤、金、銀を合わせて使う。 **ラベンダー**…厄落とし、必要な運気を引き入れる色。今月は紫に近いラベンダーを。
ラッキーフード	**鍋物**…金運アップの鶏肉を使った水炊き、牛肉を使ったすき焼き、しゃぶしゃぶ、シーフード、キノコなどいろいろな鍋料理で忘年会やミニパーティーを楽しんで。 **おでん**…いろいろな具で運気を吸収できる。寒い夜に。
仕事・金運	**冬至**…陰の気が一番強い冬至。冬至財布はお金が貯まる財布として風水ファンの中では有名。冬至の貴金属にも良い運気が宿る。学力向上を願うなら冬至に勉強グッズを用意。 **バッグ**…大き目のバッグを12月は持ち歩くとお金に恵まれる。
恋愛・交際運	**プレゼント作戦**…今月はお歳暮、クリスマス、年末の挨拶と贈り物をするタイミングはたくさんある。巳年のラッキーカラーやラッキーフードを意識して贈り物を。
開運インテリア	**龍脈**…玄関、中心、対角線の空間に巳年のカラーと巳の置物を配置。玄関には赤の開運玉を置き、幸運をもたらす龍を引き入れよう。また中心には黄色、ラベンダーを使い、気を集中させる。枕元、デスクに巳の置物を置くと龍脈のパワーを自分に引き寄せられる。

5

3

五黄土星

魚介の鍋料理で人気&才能アップ

運気好調。金運、くじ運、宝くじ運もよく、よい買い物ができます。自分にも、またお世話になった人へのプレゼントでも、よい買い物ができ、交際運もアップします。運の良い人と縁がありますから、今月知り合った人、親しくなった人は大事にし、お互いを活かしあえるよう考えてください。

今年の最終月。まわりや神仏への御礼をすることをお忘れなく。そして気持ちは2025年に向けること。明るい未来、憧れの暮らしを住まいで表現。南側を華やかに。金や銀、赤の光沢のあるボールや電飾をつけたクリスマスツリーを家屋部屋の南側に置くのもいいでしょう。

ラッキーデー	2, 3, 4, 9, 11, 12, 13, 20, 21, 22, 23, 29, 30, 31日
アンラッキーデー	5, 6, 8, 15, 24, 26, 27日
ラッキーカラー	**ゴールド**…クリスマスにはゴールドの飾りが華やかさと運を運ぶ。 **シルバー**…ゴールドとシルバーの星はクリスマスの象徴です。
ラッキーフード	**魚介の鍋**…忘年会の定番は鍋料理。今年は魚介の鍋を。人気や才能、美貌の鍋にはエビ、貝、かきと白身の魚の鍋で運気アップを。 **すき焼き**…鍋ならこちらもおすすめ。仕事運アップに。
仕事・金運	**勝負運**…金運を刺激するには、宝くじや競馬などに挑戦するのが一番。金運アップ・勝負運の風水で今年の使い残しの運気を燃やす。 **神社仏閣**…神仏の加護と相性の良い12月。氏神様に早めのお礼参りや大晦日の大祓参拝以外に会社の近くの神社にもお礼に。
恋愛・交際運	**冬至**…冬至財布で金運を上げて良縁を引き寄せる。銭洗いして作った福銭を入れた新しい財布を冬至から使い始める。 **プレゼント**…贈って開運、貰って開運のプレゼントは巳年のラッキーカラーのグッズや包装したものを。自分にもプレゼントを。
開運インテリア	**クリスマス**…家の南方位の空間にクリスマスツリーを。金、銀の陰陽の星や飾りで幸運を引き入れ、グリーン、赤のクリスマスカラー、白、ブルーなどの色、電飾で華やかに。飾りで南方位の運気がアップすると憧れの暮らしや未来を作るツリーになる。

六白金星

無駄とは運気や能力を使い切らないこと

楽しい年末です。でも、楽しむには資金も必要。資金を得るには金運アップの開運フードをたっぷり取り入れること。交際トラブルが無駄な出費につながります。人間関係を見直すことで、交際トラブルを防ぐことができ、良縁が見つかりそう。

また、金運が落ちると交際にトラブルが生じますからやはり金運アップの風水を今月はしっかりやっておく必要がありそう。多忙な今月はミスのないように。準備と経験を活かし、さらに無駄をなくしてミスなく行動しましょう。無駄をなくすとは、今あるものを無駄にしないということ、ものも能力も、そして運気も使い切るということです。

ラッキーデー	2, 3, 10, 11, 12, 19, 20, 21, 31日
アンラッキーデー	1, 5, 7, 14, 16, 23, 25, 26, 28, 29, 30日
ラッキーカラー	**金運カラー**…黄色と山吹、ゴールドをたくさん使うとよい12月。 **楽しむカラー**…ピンクや赤、白をたくさん使うとよい。
ラッキーフード	**チキン料理**…楽しむには資金もいる。金運アップのチキン料理を。 **たまご料理**…金運にはチキンとともにたまごも。
仕事・金運	**手帳**…来年の手帳や仕事グッズを12月から使って巳年の幸運な仕事や計画を早めに決める。シールを張ると効果が増す。 **宝くじ**…財布に銭洗いした福銭を入れて、今年使い残した金運や仕事運、勝負運を宝くじなどに挑戦して使い切る。
恋愛・交際運	**冬至**…愛を蓄えるには、冬至に、茶色、黒、ピンク、ゴールド、グリーン、白、クリーム色などの新しい財布に銭洗いした福銭と、悪縁を祓い清める小さなお札を入れて使い始める。 **プレゼント作戦**…クリスマスのプレゼントはラッキーカラーで。
開運インテリア	**無駄をなくすインテリア**…運気を使い切ることが無駄をなくすこと。特に金運を使い残さない風水は金運アップの「西に黄色」をやって西、中心、北、東北とキッチンに黄色グッズと盛り塩と少しの赤やオレンジ色のグッズを。キッチン、玄関マットは黄色にする。

七赤金星

宝くじを購入して運気を刺激しよう

健康に少し不安があります。風邪や感染症だけでなく、事故やケガのないように注意が必要です。勘を活かして先手で対策、対応をしてください。人間関係は悪くはありませんが、家族との関係が今ひとつ。忙しいため家族にイライラしたり、夫婦や親子の喧嘩やトラブルに発展しかねません。家族に贈り物をする、新しい食器で食事をするなど家族とはよい関係を築くようにしましょう。

年末は忘年会のシーズン。格を上げたいならワイワイ楽しむ忘年会だけでなく少しおしゃれなパーティへの参加がおすすめです。格上の場所、格上の人が集うパーティで格上の運をいただきましょう。

12月 ①

ラッキーデー	1, 2, 9, 10, 11, 17, 18, 19, 20日
アンラッキーデー	4, 13, 14, 16, 22, 29, 31日
ラッキーカラー	**黄色**…お金のない12月はつらいので、黄色で金運アップを。 **白**…事故なくケガなく暮らすには白で環境をきれいにすること。
ラッキーフード	**湯豆腐**…男女の仲を親密にしてくれる湯豆腐。 **焼肉**…今月のテーマは健康。焼肉を食べて仲間、家族とワイワイやってストレス発散。
仕事・金運	**会食**…忘年会とは違ってプライベートな会食やパーティが今月はよい。仕事の深い話ができて新しい計画や変化が始まる。きちんとした服装で参加。 **バッグ**…大きなバッグには大きな幸運が入る。新しい手帳を入れた大き目のラッキーカラーのバッグを持つ。
恋愛・交際運	**冬至**…冬至の財布や貴金属には人間関係が深くなるパワーが入る。冬至に購入するとよい。 **宝くじ**…銭洗いした福銭で開運日に「当たったら恋に効果のある貴金属を購入する」と口にして買うとよい。
開運インテリア	**冬至のインテリア**…陰の運気が最強の冬至。この時期に北西、北、東北方位を背にソファーを置き、マット、スタンド、観葉植物、ゴールドとシルバーカラーのグッズやオレンジ、ピンク、白の開運玉などを置く。ソファーに座って冬至の日はゆっくり考えごとをしよう。

八白土星

華やかな振る舞いが体内の運をひらく

今月は忘年会などがあり、交際が活発になります。あなたのよさも発揮できるでしょう。

華やかな振る舞いは体内に残る運を外に押し出してくれます。華やかな場に華やかなファッションで積極的に出てください。

宝くじの購入や福引などは金運を余さず使うことができます。

交際のミスがあると縁を逃しますから連絡ミスなどないように。メリハリをつけてひと月を過ごしてください。カップルなど親密になりたい人とは鍋料理を囲みましょう。忘年会でも鍋料理がおすすめです。

ラッキーデー	1, 8, 9, 10, 11, 14, 17, 18日
アンラッキーデー	3, 6, 12, 15, 19, 21, 24, 27, 30日
ラッキーカラー	**グリーン**…人気才能美貌運アップの色。12月はクリスマスカラー。 **ゴールド**…体内に残る今年一年の幸運を使い切る12月の色。
ラッキーフード	**海鮮鍋**…忘年会などで。人気と才能、宝くじ運アップ。 **天ぷら**…天ぷらが今月はラッキーフード。大晦日は天ぷらそば。
仕事・金運	**冬至**…冬至から使う、購入する貴金属は財産、交際が育つ運気があります。冬至の財布は、銭洗いした福銭を入れて使い始めて。資金がたまり大きな夢を叶えてくれる。 **銭洗龍神**…銀座三宅宮の銭洗龍神はいつでも銭洗いができる。
恋愛・交際運	**鍋料理**…なかなか親密にならないカップルや仲間とは鍋を囲んでみて。カップルになりたければ、湯豆腐と日本酒がおすすめ。 **プレゼント**…クリスマスやお歳暮など贈り物をする環境のある12月。巳年のラッキーカラーのグッズをプレゼント。
開運インテリア	**クリスマス飾り**…ゴールド、シルバー、白、ブルーや華やかなイルミネーション&色使いのクリスマスツリーをリビングなどの南の空間に飾る。スタンドライトをツリーの左右に置くと、美貌、人気、才能運アップばかりではなく宝くじ運アップのインテリアに。

⑦

九紫火星

蓄える力が強い「冬至」の力を利用する

「人間関係に支えられる」という運気。でも、その一方で「人間関係のトラブルに巻き込まれやすい」という運気でもあります。

人間関係を高めるにはプレゼント作戦がおすすめです。運の良いものを贈って、相手との関係をよくしましょう。

吉方位の温泉でゆっくりすることも気持ちを穏やかにして人間関係がよくなります。気になる人がいるなら吉方位から相手に連絡をするといいでしょう。

健康面も今月は不安です。浴室の寝室の風水インテリアを整え、毎日入浴し、よい睡眠をとり、体調のトラブルから身を守りましょう。

12月

⑦

ラッキーデー	7, 8, 9, 16, 17, 26日
アンラッキーデー	1, 2, 10, 11, 18, 19, 20, 25, 28, 31日
ラッキーカラー	**濃いグリーン**…健康運と家庭運、貯蓄運がアップする。 **ワインレッド**…健康で目的意識を持ち、頑張って行動する色。
ラッキーフード	**魚料理**…人間関係の良し悪しでごたごたやミスが出るかも。特に白身の魚料理は交際運をアップさせてくれる。 **水炊き**…チキンを使った鍋は金運を上げてトラブルや資金不足からあなたを守る。
仕事・金運	**冬至**…陰の蓄える力が一番強い冬至。この日はゆず湯、カボチャ、財布、貴金属、仕事グッズ、プレゼント購入が運気アップのポイント。 **ツリーに黄色を**…赤とグリーン、ゴールドがクリスマスカラー。黄色を加えれば勝負運アップカラーに。クリスマス飾りに黄色のリボンを多めに加えて勝てるツリーに。
恋愛・交際運	**プレゼント**…来年巳年のラッキーカラーのクリスマスプレゼントを冬至に購入。ラッキーフードの会食で渡すのが風水的。 **温泉**…日帰り温泉の旅。吉方位へ出かけて一日ゆっくりして心と身体にゆとりを。吉方位から気になる人に連絡を。
開運インテリア	**バスルームと寝室**…入浴がラッキーな12月は、バスルームにグリーン、ゴールド、ラベンダー、赤の浴室グッズやリネンマットを。寝室にもグリーンを多めにして同じ配色のグッズやマット、観葉植物と巳の置物を置く。風邪やトラブルから守ってくれる。

Dr.コパの

若さを保つ習慣 2

血糖値と血圧の数値は、自分で決める

コパは「後期高齢者の憧れの的」を目指しています。

ちなみに、コパが考える後期高齢者の男性の憧れは、①高血糖 ②高血圧 ③高収入の３高です。

高血糖、つまり糖尿病、高血圧は生活習慣病です。病気の判定は血液検査のヘモグロビンA1Cで糖尿病、血圧計の数値で高血圧判定します。

数値的にはコパは糖尿病、高血圧です。

しかしその判定基準の数値は、20歳の青年も後期高齢者も同じなのです。

年齢を重ねれば、甘いものを食べて頭に栄養を与え、塩分を多めにとり血圧を上げ細くなった血管に高圧をかけなければ脳まで血液が届かない。そうすれば体も脳も動いてやる気も出るし、それなりの高収入が年をとっても得られるのです。

「食事制限と数値を気にした暮らしは、幸せには遠い」と考えています。コパは糖尿の数値も血圧の数値も少し高めに自分の数値を設定し、食事も自由。憧れの３高暮らしのためにね。

第3章

本命星別

あなたの吉方位・開運旅行

吉方位では“幸運になるためのエネルギー”をしっかり吸収してください。

そのためには、一般の旅行とはちょっと違った「アクション」や「楽しみ方」があります。

吉方位の旅先で何をするのか——を、お教えします。

気軽に外出できなかった数年間……
今年こそ「開運旅行」を楽しもう!

ここ数年コロナが猛威をふるい、外出が制限され、吉方位のパワーを存分に吸収できない状態が続きましたが、今年こそ吉方位を利用して開運旅行を楽しんでください。

方位は北、東北、東、東南、南、南西、西、北西の8方位ですが、均等に45度ずつではありません。風水では北、東、南、西の範囲は30度、そのほかの東北、東南、南西、北西は60度と考えます。

海外の主な国の方位は以下のようになります。

●東北…カナダ　●東…アメリカ　●東南…ハワイ、ブラジル

●南…オーストラリア（パースなど西オーストラリア州は南西）、グアム、サイパン

●南西…オーストラリア（西オーストラリア州）、台湾、香港、シンガポール

●西…スペイン、イタリア、ギリシャ、フランス南部

●北西…ドイツ、イギリス、フランス北部、北欧

旅先での開運アクション

吉方位のパワーは、（移動した距離）×（滞在日数）×（開運アクション）で得られます。

吉方位の旅先では夜更かしをせず早起きして朝日を浴びる、温泉に入る、裸足で大地を踏みしめる、地元産の食材を食べる、現地の特産品を購入する、神社や名所旧跡を訪れる、ショッピングをする、歌う、旅先で写した風景を携帯やパソコンの待ち受け画面にする、旅先から自分宛てに絵はがきや手紙を出しましょう。

足を運ばずに吉方位パワーを吸収する

吉方位に旅行することができない場合でも、吉方位の作用を取り入れる方法はあります。たとえば、「吉方位でとれた野菜や果物を食べる」「吉方位でつくられた工芸品などを購入する」「吉方位の銘菓を取り寄せる」「吉方位の地域のふるさと納税をする」「吉方位の風景写真や絵を自宅の中心から見た吉方位の方角に飾る」「吉方位に行く人がいるなら、その人に自分のパジャマを預けて、パジャマをあなたの分身として旅させる」などです。

旅行で開運できる月

2024年は「大開運吉方位月」が4月（4月4日～5月4日）です。なかでも、とくにパワーが強い「大開運吉方位日」は4月11、20、29日です。

2024年のおすすめできない旅行先

2024年は東、西、北西が凶方位。社員旅行や研修旅行、修学旅行が凶方位なら、出発前に神社を参拝し、神様にお願いし、粗塩を20～30グラムほど小袋や持ち塩ケースに入れて持参してください。国内の旅先で神社があるなら参拝します。凶方位ではできるだけおみやげは控えるようにしましょう。

吉方位・開運旅行

一白水星

映画鑑賞や観劇、カラオケやコンサート、ライブ、スポーツ、スポーツ観戦、ドライブ、趣味を楽しむことが開運アクション。吉方位の温泉や神社仏閣も変わらずパワーがあります。

1/6〜2/3

東が吉方位。やる気や勇気がわき、仕事運や健康運、恋愛運、結婚運、子宝運、人間関係がアップ。旅先で、寿司や酢の物、トマト料理や麺類を食べるとよい。食器や香りのアイテムを購入したり、スポーツやスポーツ観戦、映画鑑賞や観劇も吉。

2/4〜3/4

東北と**東南**が吉方位。**東北**は仕事運、健康運、不動産運がアップ。神社を参拝し、山や高原に。食事は和食と肉料理。インテリア小物や仕事グッズを購入。**東南**は交際運、家庭運、子宝運がアップ。麺類や根菜、フルーツを食べ、駅や空港、公園に。

3/5〜4/3

南と**北**が吉方位（とくに、南）。ともに才能が発揮でき、結果が出る方位。不動産運もアップ。欲張って両方に行かず、どちらかに行くことがポイント。**南**では海、にぎやかな街に行き、美味しいものを食べる。**北**では温泉に入り、山に行き、鍋料理や肉料理を食べる。

大開運吉方位月

4/4〜5/4

東北と**南**が大吉方位。吉方位先では花見をし、神社を参拝。温泉に入り、現地でとれたものを食べよう。さらに、**東北**では、肉料理で財運、不動産運、仕事運アップ。**南**では、春色エビやカニ、桜餅を食べ、金運アップ。

5/5〜6/4

南と**北**が吉方位、でも、どちらか一方に。**南**では海や人気スポット、人気店に。グリーンかオレンジの物や貴金属、化粧品を買い、仕事運&交際運アップ。**北**では山や高原、湖、温泉、露天風呂に。魚料理を食べ、白や黄、オレンジの物を購入すると金運&健康運アップ。

6/5〜7/5

東北では仕事グッズやゴールドのファッション小物、ラベンダー、ブルー、白、グリーンのインテリアグッズを購入すると仕事運&財運アップ。**南西**では貝類や野菜を食べると才能、人気&金運アップ。**東南**では麺類を食べ、香水や少し高価な長傘を購入すると恋愛運&結婚アップ。

2024年 あなたの吉方位

	1/6～	2/4～	3/5～	4/4～	5/5～	6/5～	7/6～	8/7～	9/7～	10/8～	11/7～	12/7～
北			△	△	○			○	○			△
東北		○		◎		◎				○	○	
東	○											
東南		○		△		△		○	○			
南			○	◎	◎			◎	○			
南西				△		○	○			○	△	
西												
北西												

7/6～8/6

南西へ行くと、健康運や仕事運、宝くじ運、財運、子宝運が上がる。野菜やエビの天ぷらや冷たいお汁粉などの和菓子を食べ、神社仏閣や美術館、博物館や海、のどかな場所に出かけよう。白やグリーンの物や革小物、貴金属、アクセサリーや仕事に関係するものを購入すると吉。

8/7～9/6

北、**南**、**東南**へ行くと恋愛&交際運が上がる。神社仏閣を参拝し、温泉に入り、海や高原に。**北**では白いアイテムや貯金箱を購入して不動産運アップ。**南**ではグリーンや赤い物、光沢のある物を購入して気力アップ。**東南**では花柄、ストライプ柄、ピンク色や赤い物を購入して結婚運アップ。

9/7～10/7

北では温泉に入り、オレンジやざくろのモチーフで子宝運アップ。白や赤の小物で健康運アップ。**東南**では麺類を食べ、花柄やストライプ柄の小物を購入し、神社仏閣を参拝すると恋愛&結婚運アップ。**南**ではラッキーカラーの革小物や財布を購入し、シーフードやたまごを食べ勝負運アップ。

10/8～11/6

東北では白やグリーンの小物、貴金属、仕事グッズの購入が吉。食事は肉料理や和食。神社仏閣を参拝、眺望のいい場所で不動産運、くじ運、合格運、仕事運アップ。**南西**ではエビやカニ、秋の果物を食べ、オレンジやグリーンの小物を購入。人気の街で家庭運&恋愛運、人気アップ。

11/7～12/6

東北では白やグリーンの物やインテリア小物を購入し、神社仏閣を参拝。炊き込みご飯や肉料理を食べると健康運、仕事運、不動産運アップ。**南西**ではピンクやオレンジ、ラベンダーの物や革小物を購入。きのこや根菜類、果物、ピザを食べ、公園や海に行くと家庭運&結婚運、くじ運アップ。

12/7～1/4

北が吉方位。温泉に入ると、不動産運や子宝運、健康運、くじ運、合格運アップ。焼肉やすき焼きなどの肉料理、魚やエビ、カニ、貝類を食べると吉。赤や白、グリーン、金、銀の物や貴金属などを自分へのお土産に購入。子宝希望ならオレンジ色の物やざくろのモチーフの物を。

3

吉方位・開運旅行

二黒土星

吉方位への旅行で開運の年。とくに４月の大開運吉方位月は年度初めですが、休みを取って旅行三昧でもいいほど。様々な人と出会うこと、様々な環境に足を運ぶことで開運です。

1/6～2/3

東北で金運、財運、不動産運、才能が高まる。白やオレンジ、黄色い服や小物を身に着けたり、購入するとよく、肉料理やカニ、エビ、貝類を食べよう。現地で獲れたものならベスト。貴金属やインテリア小物、香りのアイテムを購入するとよく、山や海、人気の街や人気の店にも。

4

2/4～3/4

北か**南**、どちらか一方に。**北**は不動産運や財運、子宝運、貯蓄運が上がる。白やオレンジが吉色。**南**は金運や才能、人気、きれいになりたい、芸能や芸術関係で力を発揮したい人におすすめ。グリーンや黄が吉色。

3/5～4/3

3月は吉方湯で運気を吸収して財産を築く月。どの方位も温泉は必須。**北**は財運、子宝運アップ。色はオレンジ、ピンクが吉。**東北**は不動産運、健康運、仕事運アップ。色は白、黄が吉。**南**は才能や人気、金運アップ。色はグリーン、黄が吉。**南西**はくじ運によく、色は黄、赤、ラベンダーが吉。

大開運吉方位月 4/4～5/4

北は健康運&財運アップ。温泉に入り、水辺で写真を撮り、鍋料理、魚を食べる。**東北**は健康運&仕事運アップ。神社仏閣を参拝し、山や高台に。肉料理、和食、和菓子を。**南**は金運&くじ運アップ。魚介類やスイーツが吉。**南西**は家庭運&くじ運アップ。サンドイッチやピザが吉。

5/5～6/4

北か**南**、どちらか一方に。**北**は金運&不動産運アップ。色は、白やピンク、オレンジが吉。タケノコや肉料理を食べ、温泉に入り、財布や革小物を購入。**南**は仕事運&金運アップ。色はラベンダー、グリーンが吉。エビやカニ、貝、フルーツを食べ、貴金属など光沢ある物や化粧品を購入。

6/5～7/5

南西と**東北**が吉方位。**南西**は金運やくじ運、家庭運、結婚運アップ。野菜やチキン、エビやカニを食べ、海や公園に。宝くじを購入。**東北**は仕事運や不動産運、人間関係、恋愛運アップ。肉料理や麺類、和菓子を食べ、インテリア小物や香りのアイテムを購入。山や川、高台、神社仏閣に。

1

2024年 あなたの吉方位

	1/6〜	2/4〜	3/5〜	4/4〜	5/5〜	6/5〜	7/6〜	8/7〜	9/7〜	10/8〜	11/7〜	12/7〜
北		○	◎	◎	◎			○			○	◎
東北	◎		◎	◎		○			○	◎		◎
東												
東南												
南		◎	◎	◎	◎			○			◎	
南西			○	◎		◎	◎		○	○		○
西												
北西												

7/6〜8/6

南西が吉方位。宝くじ運やギャンブル運、仕事運アップ。神社仏閣を参拝し、宝くじを購入。海の砂浜や公園などで裸足になり、大地からパワーを吸収。開運色はグリーンやオレンジ、ラベンダー。食事はエビやカニ、郷土料理。和菓子や革小物、貴金属やアクセサリー観葉植物も吉。

8/7〜9/6

北か**南**、どちらか一方に。**北**は不動産運や人間関係、子宝運アップ。温泉に入ったり、山や高原、川、湖に行き、肉料理や豆腐、麺類を食べ、ピンクや白、オレンジ色、マリンブルーのものを購入。**南**は金運&仕事運アップ。海に行ったり、映画やスポーツを楽しみ、エビやカニ、チキンやトマトを食べる。

9/7〜10/7

東北では不動産運や仕事運、くじ運アップ。神社仏閣を参拝し、インテリア小物や仕事グッズを購入。色は白やワインレッドが吉。**南西**では恋愛運&結婚運アップ。野菜や麺類、魚介類を食べ、革小物や貴金属、香りのアイテムを購入。色は濃いオレンジやグリーンが吉。

10/8〜11/6

東北は仕事運&くじ運アップ。神社仏閣を参拝したり、山や湖、海に行き、肉料理や和食を食べるとよい。**南西**は健康運や才能、人気アップ。魚介類や魚、根菜類、トマトを食べ、革小物やアクセサリー、時計を購入。映画や音楽、スポーツを楽しむ。

11/7〜12/6

北か**南**、どちらか一方に。**北**は温泉や山、高い建物に。鍋料理や肉料理を食べ、花柄、フルーツ柄の物、白やピンク、オレンジの物を購入で開運。**南**は人気や才能、金運、くじ運アップ。財布や貴金属、仕事グッズや香りのアイテム、華やかな図柄の食器や衣類を購入し、海や人気スポットに。

12/7〜1/4

北では、乳製品や肉料理、エビやカニ、日本酒をいただき、温泉、山や高原で財運&子宝運アップ。**東北**では、白やグリーン系のインテリア小物、仕事グッズを購入すると不動産運、仕事運、金運アップ。**南西**では、赤やグリーン系のスリッパや靴を購入するとくじ運アップ。

④

5

吉方位・開運旅行

三碧木星

吉方位の神社仏閣や温泉、グルメ旅行を楽しみましょう。吉方位にある、思い出の旅行地に出かけることで再び良い思いを味わえます。一方新たな挑戦もよいので、はじめていく旅先も吉。

7

1/6〜2/3

北や**南**で不動産運アップ、大きな決断や変化を呼ぶ力もあり。**北**では神社仏閣を参拝し、水辺や公園に。鍋料理や魚介類を食べ、食器や革小物を購入。**南**ではグリーンや白の物、インテリア小物、貴金属を購入。肉料理や魚介類を食べる。**東**では麺類を食べ、香りのアイテムを購入して恋愛運アップ。

2/4〜3/4

北で財運、子宝運、不動産運アップ。ワインレッドやブルー系、魚料理や魚卵、乳製品、温泉、山、高いフロアが吉。**東南**で恋愛運&結婚運アップ。花柄やストライプ柄、花柄、ベルト、香りのアイテム、麺類が吉。結婚したい人がいるなら、赤い物を購入。**南**では魚介類やたまごを食べ金運アップ。

3/5〜4/3

南西が家庭運、健康運、才能、くじ運アップの大吉方位。黄、赤、ラベンダー、ピンクが開運色。根菜類やシーフードが開運食。貴金属や革小物を購入。**北**は財運&子宝運。開運色はオレンジ、ピンク。**東北**は不動産運&健康運。開運色は白、黄。**南**は才能や人気を高め、開運色はグリーン、黄。

大開運吉方位月

4/4〜5/4

今月の一押しは**南西**。家庭運、くじ運、不動産運、健康運アップ。赤やグリーン、ラベンダーや白が開運色。炊き込みご飯や海苔巻き、サンドイッチやピザが吉。神社、温泉、花見、花のきれいな場所に行くとよく、インテリア小物や陶器、貴金属、筆記具を購入するとよい。

5/5〜6/4

北か**南**、どちらか一方に。**北**は人間関係、子宝運、不動産運アップ。白やピンク、オレンジ系が吉。タケノコや肉料理を食べ、森林や温泉に行き、インテリア小物を購入。**南**は仕事運&金運アップ。ラベンダー、グリーン、ゴールド、黄が吉。エビやカニ、貝、小豆の和菓子を食べるとよい。

6/5〜7/5

東北では仕事グッズやゴールドのファッション小物を購入すると仕事運&財運アップ。ブルー、白、グリーンが吉。**東南**では麺類を食べ、香水や花、花柄の物を購入すると恋愛運&結婚運アップ。**南西**では黄やラベンダー色の食器、タオルを購入。貝類や野菜、チキンを食べると人気と金運アップ。

2

2024年 あなたの吉方位

	1/6～	2/4～	3/5～	4/4～	5/5～	6/5～	7/6～	8/7～	9/7～	10/8～	11/7～	12/7～
北	○	○	○	△	△					△	○	○
東北		△	△	△		○			○		△	△
東	○											
東南		○		△		○	△	△	△			
南	○	○	△	△	△					○	○	
南西			◎	◎		○			◎		○	◎
西												
北西												

7/6～8/6

東南が吉方位。恋愛、交際、子宝、結婚、不動産、健康運アップ。麺類や根菜類、肉料理を食べ、川や山、公園、高いところ、インテリア店に行き、香りのアイテムや食器、インテリア小物やカバン、花柄の物を購入。ピンクやオレンジ、白が開運カラー。

8/7～9/6

東南が吉方位。恋愛運や交際運、金運アップ。神社仏閣を参拝し、温泉に入り、海や高原、渓流に。花柄、ストライプ柄、ピンク、オレンジ、黄が吉。麺類やエビ、チキンを食べ、香りのアイテムや食器、化粧品を購入するとよい。赤い物を購入し、地元の野菜を食べると結婚運アップ。

9/7～10/7

南西では野菜や麺類、魚介類を食べ、オレンジやグリーンの革小物や貴金属、香りのアイテムを購入すると恋愛運&結婚運アップ。**東北**では肉料理や新米を食べ、白やワインレッドの物や仕事グッズ、インテリア小物を購入。不動産運や仕事運、くじ運がアップ。

10/8～11/6

南か**北**、どちらか一方に。**南**ではシーフードやたまご、チキンを食べ、海や華やかなスポットに行き、グリーンの物や貴金属や化粧品、財布を購入して才能や人気&金運アップ。**北**では魚、肉を食べ、山や湖、公園や温泉に行き、インテリア小物や食器、革小物を購入すると健康運&不動産運アップ。

11/7～12/6

北では温泉や山、高い建物に行き、鍋料理や肉料理を食べ、インテリア小物、白や紺色、花柄の物を購入で、財運&学業運アップ。**南**では仕事グッズや香りのアイテムを購入し、海や人気スポットに行くと、人気や才能、くじ運アップ。**南西**ではきのこや根菜類を食べ、オレンジ色の小物を買い、家庭運アップ。

12/7～1/4

南西では貴金属や革小物、赤やグリーン系の物やスリッパや靴を購入。カボチャや鍋料理を食べると、家庭運や才能、くじ運アップ。**北**ではピンクやオレンジ色の物、カバンや収納アイテムを購入。乳製品や肉料理、エビやカニをいただき、温泉、山や高原で財運アップ。

⑦

2

吉方位・開運旅行

四緑木星

神社仏閣、温泉、海、祖父母や父母と行った観光地や店が吉。ギャンブル、宝くじ購入、銭洗いが吉アクション。銭洗いできる神社仏閣をみつけたら、銭洗いをしてお金とあなたの厄落としを。

1/6～2/3

北では神社仏閣を参拝し、水辺や公園に。鍋料理や魚介類を食べ、食器や革小物、オレンジの物を購入して、健康運&財運アップ。**東北**では山や海に。肉料理やカニ、エビ、貝類を食べ、白や黄の物、貴金属やインテリア小物を購入して、金運&不動産運アップ。**南**ではグリーンや白の物、貴金属を購入して才能発揮。

2/4～3/4

北では乳製品や鍋料理、魚卵を食べ、カバンや収納小物、貯金箱、インテリア小物を購入して、金運や健康、子宝運、貯蓄運アップ。**南**ではシーフードやチキンを食べ、筆記具や貴金属、財布、光沢のある物や香りのよい物を購入して、金運や才能アップ。

3/5～4/3

南西は、色は黄、茶、ラベンダー、食事は根菜類や貝類、郷土料理が吉。革小物や貴金属を購入して、家庭運&健康運アップ。**北**は財運&子宝運アップ。色はオレンジ、ピンク、食事は魚料理や乳製品が吉。**東北**は不動産運&仕事運アップ。色は白、黄、食事は肉料理や海苔巻き、和菓子が吉。**南**は才能、人気アップ。

大開運吉方位月

4/4～5/4

一押しは**南西**。神社参拝&温泉へ。お城や博物館、歴史館などにも。ゴールドの筆記用具や仕事グッズ、桜モチーフの物や時計、インテリアグッズや食器、財布などの革小物、明るいグリーンやブルー系の物を購入。郷土料理や魚介類、サンドイッチを食べ、仕事運や家庭運、くじ運アップ。

5/5～6/4

南か**北**、どちらか一方に。**南**では海や人気スポットに。グリーンや黄の物や仕事グッズ、貴金属、化粧品を買い、チキンや魚介類を食べると仕事運&才能アップ。**北**では山や高原、湖、温泉、露天風呂に。白や黄、オレンジの物や日本酒を買い、魚料理や山菜を食べ、日本酒を飲むと金運&健康運アップ。

6/5～7/5

吉方位はないが、神社は**方位を気にせず参拝**を。夏越の大祓で上半期の厄落とし、厄祓い。今月は高層の空間に出会いや良縁が宿っているので、高層のレストランなどに。商談、面談、デート、会食に利用するとよい。外出には白、ブルー、ラベンダー色のアイテムと持ち塩は必須。

8

4

2024年 あなたの吉方位

	1/6～	2/4～	3/5～	4/4～	5/5～	6/5～	7/6～	8/7～	9/7～	10/8～	11/7～	12/7～
北	○	○	○	△	△				○	△	○	○
東北	○	△	△	△						○	△	△
東												
東南												
南	○	○	△	△	△				△	○	○	
南西			◎	◎			○			◎	○	◎
西												
北西												

7/6～8/6

南西が吉方位。健康運や仕事運、宝くじ運、財運、子宝運が上がる。野菜やエビの天ぷらや和菓子を食べ、神社仏閣や公園、美術館など静かな場所へ。グリーンや明るいブルー、ゴールド、シルバーの物や革小物、貴金属、アクセサリー、仕事グッズ、海の絵や写真を購入するとよい。

8/7～9/6

吉方位はないが、**実家**や**神社仏閣**には気にせず出かけよう。色風水や香り風水を取り入れ、持ち塩やゴールド、ラベンダー色のアイテムを持って出かけるとよい。

9/7～10/7

北か**南**、どちらか一方に。**北**では温泉に入り、オレンジやざくろのモチーフで子宝運アップ。白や赤の小物で健康運アップ。インテリア小物で不動産運アップ。高原や高台に出かけ、秋の風を感じて。**南**ではラッキーカラーの革小物や財布を購入し、海や公園に行き金運&勝負運アップ。

10/8～11/6

南西が大吉方位。寿司や果物、ピザを食べ、赤やワインレッド、グリーンの小物、財布や革小物を購入。公園や人気の街、映画や音楽、スポーツを楽しみながら、家庭運や健康運、仕事運アップを。**東北**は不動産運、**南**は金運、**北**は財運が期待できる方位。

11/7～12/6

北では温泉や山、高い建物に。鍋料理や肉料理を食べ、花柄、フルーツ柄の物、インテリア小物、白やピンク、オレンジの物を購入し、健康運&不動産運アップ。**南**では海や人気スポットに行き、シーフードやチキンを食べ、財布や革小物を購入して金運&くじ運アップ。**南西**は革小物を購入して家庭運アップ。

12/7～1/4

南西では赤やグリーン系の物やスリッパや靴、食器、革小物を買い、公園や海に行き、宝くじを購入。鍋物やきのこ、おでんを食べると、家庭運&勝負運アップ。**北**ではオレンジやワインレッドの物、財布を購入して健康運&貯蓄運アップ。

8

1

吉方位・開運旅行

五黄土星

ラッキースポットは吉方位の温泉や神社仏閣、おいしいと評判の店、化粧品店、銀行。吉方位での買い物やお酒を飲む、おいしいものを食べる、講演会に行くのもラッキーアクションです。

8

1/6～2/3

北では水辺や公園に行き、鍋料理や乳製品を食べ、食器や革小物を購入して健康運アップ。**東北**では山に行き、肉料理を食べ、貴金属やインテリア小物を購入して金運アップ。**東**では麺類を食べ、赤や花柄の物、香りのアイテムを購入して仕事運＆恋愛運アップ。**南**はくじ運＆勝負運アップ。

2/4～3/4

東北では山や高原に行き、和食や肉料理を食べ、インテリア小物や仕事グッズ、白い物を購入して仕事運＆健康運アップ。**南**では海に行き、魚介類やたまごを食べ、貴金属や化粧品、光沢のある物を買い、金運、企画力アップ。**北**は貯蓄運、**東南**は交際運や恋愛運が期待できる。

3/5～4/3

北では魚料理や乳製品を食べ、ゴールドやベージュ、オレンジ色やフルーツ柄の物を購入して財運＆子宝運アップ。**東北**では山に行き、白や黄の物やインテリア小物、仕事グッズを購入して健康運＆仕事運アップ。**南**では魚介類やチキンを食べ、貴金属や財布を購入して金運アップ。

大開運吉方位月 4/4～5/4

北では温泉に入り、水辺で写真を撮り、鍋料理、魚を食べ、財布を購入して健康運＆財運アップ。**東北**では神社仏閣を参拝し、山や高台に行き、肉料理、和菓子を食べ、白、グリーンの物、仕事グッズを購入して仕事運アップ。**東南**は恋愛運と家庭運、**南**は金運、**南西**は家庭運と勝負運あり。

5/5～6/4

北では山や高原、湖、温泉、露天風呂に。魚料理、たまごを食べ、インテリア小物や白や黄色、オレンジ色の物を購入すると金運＆健康運アップ。**南**では海や人気スポット、人気店に。グリーンやオレンジの物や仕事グッズ、貴金属や化粧品を購入すると仕事運＆交際運アップ。

6/5～7/5

東南では麺類や野菜を食べ、香水や長傘、貴金属や華やかな色柄の服や小物を購入して恋愛運＆結婚運アップ。**南西**では貝類、根菜類や天ぷらを食べ、食器や化粧品、果物柄の物やグリーンのカラーの物を購入して金運がアップ。**東北**では肉料理を食べると仕事運＆財運アップ。

2

2024年 あなたの吉方位

	1/6～	2/4～	3/5～	4/4～	5/5～	6/5～	7/6～	8/7～	9/7～	10/8～	11/7～	12/7～
北	◎	○	◎	◎	◎			○	○	◎	○	◎
東北	◎	◎	◎	◎		○			○	◎	◎	◎
東	○											
東南		○		◎	○	◎	◎	◎	◎			
南	○	◎	◎	◎	◎			○	◎	○	◎	
南西			○	◎		◎	◎		○	○	◎	○
西												
北西												

7/6～8/6

南西は健康運や仕事運、宝くじ運アップ。野菜やエビの天ぷらや和菓子を食べ、神社仏閣や海に出かけ、白やグリーンの物や革小物、貴金属、仕事道具を購入。**東南**は恋愛、交際、子宝、結婚、健康運アップ。麺類や根菜類、肉料理を食べ、川や山、公園、高いところに行き、香りのアイテムや食器、インテリア小物を購入。

8/7～9/6

東南では麺類やピザ、ポテト料理を食べ、ピンクや赤い物、花柄、ストライプ柄の物を購入して恋愛運&結婚運アップ。**北**では山や高原、温泉に行き、魚や肉料理を食べ、インテリア小物や貯金箱を購入して不動産運&健康運アップ。**南**は金運や勝負運が高まる方位。

9/7～10/7

東南では川や神社仏閣に行き、麺類を食べて、ブルー、花柄、ストライプ柄の物や香りのアイテムを購入して恋愛運&結婚運アップ。**南**ではエビやたまご、チキンを食べ、革小物や貴金属を購入して金運&人気アップ。**北**では寿司を食べて、ワインレッドの物を購入して財運アップ。

10/8～11/6

北ではオレンジやピンクの物や財布を購入すると健康運&子宝運アップ。**東北**では白やグリーンの小物やインテリア小物、仕事グッズを購入すると仕事運&不動産運アップ。**南**では海や華やかなスポットに行き、魚介類やたまご、チキンを食べ、化粧品や貴金属を購入すると人気&金運アップ。**南西**は家庭運&勝負運アップ。

11/7～12/6

東北では炊き込みご飯や肉料理を食べ、インテリア小物や白、グリーン系の物を購入して健康運&不動産運アップ。**南**ではエビ、カニを食べ、財布や貴金属、黄、ラベンダーの物を購入して人気や才能、くじ運アップ。**南西**ではきのこや根菜を食べ、食器を購入して家庭運&勝負運アップ。

12/7～1/4

北では山や高原、温泉に行き、魚介の鍋料理を食べ、ピンクやオレンジ、ワインレッドの物、カバンや収納アイテムを購入して財運&子宝運がアップ。**東北**では神社仏閣を参拝し、すき焼きや和食を食べ、白やグリーンのインテリア小物、仕事グッズを購入して不動産運&仕事運アップ。

⑧

吉方位・開運旅行

六白金星

山、高原、高台、展望台、見晴らしがいい場所、高い建物、家具屋、インテリア店、住宅展示場、モデルルーム、ホームセンターがラッキースポット。持ち塩、貴金属でトラブル除けを。

①

1/6～2/3

南では海や人気の店、華やかなスポットに行き、魚介類を食べ、白や赤、ラベンダーの物やインテリア小物を購入して勝負運&合格運アップ。**北**では水辺や公園に行き、鍋料理や豆腐を食べて健康運&子宝運アップ。**東北**では山や高原に行き、肉料理を食べて金運アップ。

2/4～3/4

北か**南**、どちらか一方に。**北**は財運や子宝運、不動産運アップ。ワインレッドやオレンジ、ブルーの物やインテリア、魚料理や魚卵、乳製品、温泉や山、高いフロアーが吉。**南**は金運&仕事運アップ。貴金属、化粧品、メガネ、サングラス、シーフードやたまご、チキン、稲荷寿司が吉。

3/5～4/3

北か**南**、どちらか一方に。**北**は財運や健康運、子宝運アップ。オレンジやピンクの物や本や雑誌、桜に関連する物、インテリア小物、魚料理や乳製品、豆腐、日本酒が吉。**南**は才能や人気、金運アップ。グリーンや黄の物や貴金属、財布やカバン、光沢がある物、魚介類やチキンが吉。

大開運吉方位月 4/4～5/4

北は健康運&財運。温泉に入り、高原や山、水辺で写真を撮り、鍋料理、魚を食べ、財布、バッグ類を購入。宿泊するなら高層階。**南**は金運やくじ運、才能発揮。魚介類やスイーツを食べ、貴金属やペン、華やかな服や小物を購入。**東南**は恋愛運&結婚運。香りのアイテムを購入。

5/5～6/4

東南が吉方位。恋愛運や人間関係、結婚運、子宝運が上がる。森林や公園、海に出かけ、麺類やたけのこ、根菜類、魚料理を食べる。ピンクやオレンジ、グリーン系の派手なファッションで出かけたり、現地で購入。香水やコロンなど香りのよい物や食器、鏡、花瓶も吉。

6/5～7/5

東南が吉方位。麺類やエビ、カニ、ポテト、ピザ、サンドイッチを食べ、香水やコロン、貴金属、アクセサリー、食器、ピンクやブルー系の物、花柄やフルーツ柄の物を購入。海や川、湖、温泉、公園に行くと、恋愛運&結婚運が上がり、才能が発揮でき、注目されるように。

2024年 あなたの吉方位

	1/6～	2/4～	3/5～	4/4～	5/5～	6/5～	7/6～	8/7～	9/7～	10/8～	11/7～	12/7～
北	○	◎	○	◎				○	○	◎	◎	○
東北	○											
東												
東南				◎	◎	○	◎	◎				
南	◎	○	◎	◎				○	◎	◎	○	
南西												
西												
北西												

7/6～8/6

東南が吉方位。恋愛、交際、子宝、結婚、不動産、健康運アップ。川や山、公園、高いところ、インテリア店に行き、麺類や根菜類、コロッケやポテトサラダ、肉料理を食べ、香りのアイテムや食器、インテリア小物、カバン、花柄の物、ガラスの器やグリーンやピンク、オレンジの物を購入。

8/7～9/6

東南では花柄、ストライプ柄、ピンク色や赤い物、香りのアイテムや食器、革小物を購入して、麺類、根菜類、郷土料理を食べると恋愛運や人間関係、結婚運アップ。**北**では白いアイテム、インテリア小物や貯金箱を購入して、魚や肉料理を食べると不動産運アップ。**南**は金運&やる気アップ。

9/7～10/7

南か**北**、どちらか一方に。**南**では海や公園に行き、シーフードやたまご、チキンを食べ、ラッキーカラーの革小物や財布、貴金属や筆記具、フルーツ柄の物を購入して金運&勝負運アップ。**北**では温泉に入り、豆腐や肉料理、トマトを食べ、オレンジやざくろのモチーフの物を購入して子宝運アップ。

10/8～11/6

南か**北**、どちらか一方に。**南**では海や華やかなスポット、おしゃれな店に行き、シーフードやたまご、チキンを食べ、貴金属や化粧品、財布、仕事グッズを購入して金運&仕事運アップ。**北**では山や湖、公園や温泉に行き、魚、肉、きのこを食べ、インテリア小物や食器、カバンを購入して健康運アップ。

11/7～12/6

北か**南**、どちらか一方に。**北**は健康運や不動産運、子宝運アップ。温泉や山、高い建物、鍋料理や肉料理、花柄やフルーツ柄の物、インテリア小物が吉。**南**は人気や才能、金運、くじ運アップ。海や人気スポット、財布や貴金属、仕事グッズ、香りのアイテム、華やかな図柄の食器や衣類が吉。

12/7～1/4

北が吉方位。ピンクや赤、オレンジ色、ワインレッドの物、カバンや収納アイテム、手帳を購入。乳製品や肉料理、エビやカニ、日本酒をいただき、温泉、山や高原で財運、健康運、不動産運、子宝運アップ。秘めた才能も発揮できる。この方位で、宝くじの購入もおすすめ。

①

7

吉方位・開運旅行

七赤金星

神社仏閣、温泉、太陽、海、森林、美術館や博物館がラッキースポット。宝くじや懸賞をしたり、華やかな店で買い物や食事をするのも吉。華やかな人が集う街や空間にも行くとよい。

1/6～2/3

南では海や山、高原に行き、牛肉を食べて財運&不動産運アップ。グリーン、ゴールドの物、インテリア小物、貴金属が吉。**北**では神社仏閣を参拝し、水辺や公園に行き、鍋料理や魚介類を食べ、健康運アップ。食器や革小物が吉。**東**では麺類を食べると、仕事運&交際運が上がる。

6

2/4～3/4

東北は仕事運や健康運、不動産運、金運アップ。神社を参拝し、山や高原に。色は白、黄、食事は和食と肉料理が吉。**東南**は恋愛運&結婚運アップ。川や公園、駅、飛行場に。花柄やストライプ柄の物、花、ベルト、香りのアイテム、麺類、根菜類、サンドイッチが吉。

3/5～4/3

吉方位はないが、2泊以内の旅行なら**東北**や**南西**の旅先を選択。お彼岸月なので、実家に行き、ご先祖様のお墓参りを。花見もおすすめ。

大開運吉方位月

4/4～5/4

東北は健康運や仕事運や不動産運アップ。神社仏閣を参拝し、山や高台に。白、グリーン系の物、仕事グッズ、インテリア小物、肉料理、和食、和菓子が吉。**東南**は恋愛運や家庭運、結婚運アップ。ピンクやオレンジの物や香りのアイテム、花柄やフルーツ柄の物、食器が吉。

5/5～6/4

東南が吉方位。川などの水辺や公園に。ボートに乗るのもよい。たけのこ、麺類、白身の魚、ホットドッグを食べる。ピンク、ワインレッド、オレンジ、黄の物やストライプ柄の物、香水やコロン、芳香剤や入浴剤など香りのよい物、タオル、ハンカチ、ベルト、革小物が吉。

6/5～7/5

東南が吉方位。海や川、公園や人気スポットに出かけると恋愛運や結婚運、家庭運が高まる。才能が発揮できたり、才能ある人との出会いもありそう。麺類、根菜類やポテト、エビ、カニを食べる。花柄の物、扇子、財布、仕事グッズ、革小物、香りのアイテムが吉。

3

2024年 あなたの吉方位

	1/6～	2/4～	3/5～	4/4～	5/5～	6/5～	7/6～	8/7～	9/7～	10/8～	11/7～	12/7～
北	○											
東北		◎		◎					◎	○	◎	
東	○											
東南		○		◎	◎	○	◎		◎			
南	◎											
南西				△			○		△	△	○	
西												
北西												

7/6～8/6

東南は恋愛運や結婚運、不動産運アップ。川や山、公園、インテリア店に行き、麺類や根菜類、肉料理を食べ、香りのアイテムや食器、花柄の物を購入。**南西**は健康運や仕事運、宝くじ運アップ。神社仏閣や美術館、博物館や海に行き、天ぷらや果物、和菓子を食べ、白やグリーン、ラベンダーの物や仕事に関係する物を購入。

8/7～9/6

吉方位はないが、**実家**や**神社仏閣**へは方位を気にせずに。出かける時は今年のラッキーカラーを身に着け、ラッキーフードを食べる。現地で盆踊りや花火など、この時期ならではのイベントを楽しむこと。

9/7～10/7

東北では神社仏閣を参拝し、お守りをいただく。肉料理や和食、新米を食べ、インテリア小物や仕事グッズ、白や黄色の物を購入して不動産運&仕事運アップ。**東南**では麺類を食べ、花柄、ストライプ柄、香りのアイテム、ピンクの小物や財布、革小物を購入して恋愛運&結婚運アップ。

10/8～11/6

東北では神社仏閣を参拝、眺望のよい場所に行き、不動産運&くじ運アップ。食事は肉料理や和食。白やグリーンの小物、ブランド品、仕事グッズが吉。**南西**では人気の街に行き、映画や音楽鑑賞をして家庭運&恋愛運アップ。食事は根菜類やエビやカニ、果物。オレンジやグリーンの小物が吉。

11/7～12/6

東北では、神社仏閣を参拝し、炊き込みご飯や肉料理を食べると健康運&不動産運アップ。白やグリーン、黄、山吹色の物やインテリア小物が吉。**南西**では公園や海に行き、きのこや根菜類、果物、ピザやサンドイッチを食べると家庭運&くじ運アップ。ピンクやオレンジ、ラベンダーの小物が吉。

12/7～1/4

吉方位はないが、実家は問題なし。今月は日帰り旅行が無難だが、年末年始に泊まりの旅行を計画するのであれば、**東北**や**南西**ならOK。会食やパーティへの参加もおすすめ。

⑥

1

吉方位・開運旅行

八白土星

吉方位の温泉やお花見、書店、雪景色、きれいな水辺、滝、橋、レストラン、バーやクラブ、ホテルのラウンジ、水族館がラッキースポット。吉方位で会食をするのもいいでしょう。

1/6～2/3

東北が吉方位。金運や財運、不動産運、才能が高まる。山や海、人気の街にも行き、有名店やインテリア店、家具屋を見つけたら立ち寄って。焼き鳥や親子丼、肉料理やカニ、エビ、貝類、たまごを食べる。白やオレンジ、黄色い服や小物を身に着けたり、購入するとよい。 ①

2/4～3/4

東南が吉方位。恋愛運や結婚運、家庭運、子宝運アップ。食事は麺類やポテト、根菜類、ピザ、色はピンクやグリーン、オレンジが吉。花柄やフルーツ柄、ストライプ柄、花やフルーツモチーフの物、ベルト、香りのアイテム、食器、貴金属や財布を購入するとよい。

3/5～4/3

東北は金運や不動産運、健康運、仕事運が高まる。食事は肉料理や和食、豆腐、たまご、色は白、黄、オレンジが吉。**南西**は才能発揮によく、くじ運や家庭運もアップ。食事は根菜類やエビ、カニ、乳製品、色は、黄、赤、ブルー、ゴールドが吉。

大開運吉方位月 4/4～5/4

東北は健康運&仕事運アップ。神社仏閣を参拝し、山や高台に。肉料理、和食、和菓子、白、グリーン系の物、仕事グッズ、大きなカバンが吉。**東南**は恋愛運や人間関係、家庭運、結婚運アップ。麺類や根菜類を、香水やアロマ、ベルトやキッチングッズ、食器が吉。**南西**はとくにくじ運の吉方位。

5/5～6/4

東南が吉方位。人間関係や恋愛運、家庭運、結婚運、子宝運が高まる。川や森に出かけたり、ハイキングやウォーキングを。食事は麺類や魚、タケノコ、根菜、フルーツ、色はピンクや黄、茶、オレンジ、赤、買い物は香りのよい物や花柄、フルーツ柄、ストライプ柄の物、食器や花瓶が吉。

6/5～7/5

南西ではチキンやたまご、貝類や野菜を食べ、貴金属や食器、財布、光沢がある物やグリーンやラベンダーの物を購入して、人気と金運アップ。**東南**では麺類を食べ、香水やキッチン小物、ファッション小物を購入して、恋愛運&結婚運アップ。**東北**では肉料理を食べて、仕事運&財運アップ。

②

2024年 あなたの吉方位

	1/6～	2/4～	3/5～	4/4～	5/5～	6/5～	7/6～	8/7～	9/7～	10/8～	11/7～	12/7～
北												
東北	◎		◎	◎		○			○	◎		◎
東												
東南		○		◎	○	◎		◎				
南												
南西			○	◎		◎	◎		○	○		○
西												
北西												

7/6～8/6

南西が吉方位。健康運や仕事運、宝くじ運、財運、子宝運が上がる。神社仏閣や美術館、博物館など静かな場所に出かけ、野菜やエビ、天ぷらや煮物、和菓子を食べる。白やグリーン、ピンク、オレンジの物や革小物、貴金属、アクセサリー、仕事に関係する物を購入するとよい。

8/7～9/6

東南が吉方位。恋愛運や結婚運、金運アップ。神社仏閣を参拝し、温泉に入り、海や高原に行き、麺類やチキン、郷土料理、ピザ、サンドイッチ、フルーツを食べる。香りのアイテムやキッチン小物、化粧品、ファッション小物、花柄やストライプ柄、ピンク、赤の物を購入するとよい。

9/7～10/7

東北では神社仏閣を参拝し、お守りをいただき、肉料理や豆腐、和食を食べるとよい。インテリア小物や仕事グッズを購入すると、不動産運や仕事運、くじ運アップ。**南西**では野菜や麺類、魚介類を食べ、革小物や財布、貴金属、香りのアイテムを購入すると、恋愛運&結婚運アップ。

10/8～11/6

東北では神社仏閣を参拝、山や高原、湖、港、家具屋、眺望のいい場所に行き、不動産運やくじ運、仕事運アップ。食事は肉料理や和食が吉。**南西**では人気の街で映画や音楽鑑賞をして、家庭運や恋愛運、才能、人気、健康運アップ。食事はエビやカニ、トマト、秋の果実が吉。

11/7～12/6

吉方位はないが、実家や神社仏閣へは方位を気にせずに。旅行に行くなら、**東北**か位**南西**で2泊以内にすること。今月は、紅葉狩りを楽しむ日帰り旅行もおすすめ。

12/7～1/4

東北では山や高原、神社仏閣、家具屋やインテリア店に行き、肉料理や和食、チキンを食べて、不動産運、仕事運、金運アップ。**南西**では鍋料理やカニ、エビ、天ぷらを食べて、家庭運、健康運、くじ運アップ。来年用の靴やスリッパ、キッチングッズなどの購入もおすすめ。

①

②

吉方位・開運旅行

九紫火星

海、高原、温泉、神社仏閣、森林、牧場、芝生、公園、家具屋やインテリア店、住宅展示場、家庭用品売り場が吉。野菜の収穫体験やフルーツ狩り、山菜採りや潮干狩りもおすすめ。

①

1/6～2/3

東が吉方位。仕事運や健康運、交際運が高まる。映画やスポーツを楽しんだり、川や公園、若者に人気の店やスポットへ。食事は、刺身や寿司、トマトや麺類、根菜類、色は、赤とオレンジが吉。花柄の物や香りのアイテム、食器や仕事グッズ、スポーツグッズを購入するとよい。

2/4～3/4

東南が吉方位。恋愛運や家庭運、結婚運が高まる。川やのどかな場所、梅園など花を楽しめるスポットへ。食事は麺類や根菜類、サンドイッチ、色はゴールド、オレンジ、ピンク、赤、グリーンが吉。花柄やストライプ柄、フルーツ柄の物や香りのアイテム、食器や財布、名刺入を購入するとよい。

3/5～4/3

吉方位はないが、実家へは方位を気にせずに。**出かけるなら日帰り**で、花がきれいに咲く場所へ行くこと。桜の花見もおすすめ。神社仏閣への参拝もよい。

大開運吉方位月

4/4～5/4

北は健康運や財運、不動産運アップ。温泉に入り、水辺で写真を撮る。財布、バッグ類、インテリア小物を購入。**東南**は恋愛運や結婚運、子宝運アップ。花のきれいな場所に行く。花柄やフルーツ柄、オレンジ色やグリーン系の物を購入。**南**はくじ運や才能発揮が期待できる。

5/5～6/4

北では山や高原、湖、露天風呂。魚料理、たまごを食べ、インテリア小物や白や黄色、ブルーの物を購入すると財運&健康運アップ。**東南**では川や噴水のある公園に行き、麺類や根菜類を食べ、香りのアイテムや食器、ストライプ柄やグリーン、ピンク系の物を購入すると恋愛運&結婚運アップ。

6/5～7/5

吉方位はないが、旅行を計画するなら**東南**へ2泊以内で。実家には、気にせず出かけよう。

⑤

2024年 あなたの吉方位

	1/6～	2/4～	3/5～	4/4～	5/5～	6/5～	7/6～	8/7～	9/7～	10/8～	11/7～	12/7～
北				◎	○			◎	◎	◎		
東北												
東	◎											
東南		◎		◎	○		◎		○			
南				△	△			○	○	△		
南西												
西												
北西												

7/6～8/6

東南が吉方位。恋愛、交際、子宝、結婚、不動産、健康運が高まる。川や山、公園、高いところ、インテリア店に行き、麺類や根菜類、肉料理、ウナギを食べる。香りのアイテムや食器、インテリア小物、カバン、花柄の物を購入するとよい。色は、ピンクやオレンジ、ラベンダー、白が吉。

8/7～9/6

北は恋愛運や交際運、子宝運、不動産運アップ。神社仏閣を参拝し、温泉に入り、山や高原、湖へ。麺類や魚、肉料理を食べ、白いアイテム、インテリア小物や香りのよい物を購入するとよい。**南**でグリーンや黄、赤の物、貴金属やクリスタルなど光沢のある物を購入すると、やる気が出てくる。

9/7～10/7

北では温泉に入り、山や高原、高い建物へ。ざくろのモチーフの小物で子宝運アップ。白や赤の小物で健康運アップ。**東南**では麺類、根菜を食べ、花柄、ストライプ柄、ピンク、グリーンの小物を購入すると恋愛運や人間関係、結婚運アップ。**南**は才能や人気、勝負運が期待できる。

10/8～11/6

北か**南**、どちらか一方に。**北**では山や湖、温泉に行き、魚、肉、野菜を食べ、インテリア小物や食器、カバン、オレンジの物を購入すると健康運&不動産運アップ。**南**では華やかなスポットやおしゃれな店に行き、シーフードやたまご、チキンを食べ、貴金属や化粧品を購入すると人気が上がる。

11/7～12/6

吉方位はないが、神社やお寺へは凶方位を気にせずに。今月は日帰り旅行が無難。1泊程度の旅行なら、**北**か**南**の旅先を選ぶこと。出かける時は「持ち塩」を持参しよう。

12/7～1/4

①

吉方位はないが、実家へは気にせずにお出かけを。神社仏閣も同様に凶方位を気にせず、出かけてもかまいません。

3

Dr.コパの

若さを保つ習慣 ③

無理をして 心と体に負荷をかけない

運動、散歩、スポーツをしている？　コパ、スポーツしていないなあ。歯磨きの時に片手で洗面器をつかみ、つま先立ちやスクワットはしています。この時に洗面器の前の鏡に映る自分の顔を見てむくみや顔色をチェックしています。

一番歩くのは競馬場かな。散歩は毎週月曜日の朝に雨が降っても雪でも１時間歩きます。体の健康というより、今週の暮らしや仕事のスケジュールを考えながらです。 ⑦

風水的に吉方位に向かって歩いていますから、吉方位パワーを吸収していますし、自然からの運気も吸収。一番大事なのは歩きながら降りてきた言葉を聞き取ること。それが一週間の指針になっています。

ツイッターやフェイスブックに投稿するので楽しみにしている方も多いですね。

スポーツなど心と体に負荷をかけて健康になるというより、自然体で「そーっと無理しないで生きる」のがコパの若さを保つ習慣です。

④

第4章

本命星別

2024年
風水歳時記

12か月のカレンダー形式で、季節の行事や開運に
欠かせないアクションをまとめたコパ風水開運暦。
毎月の行事や開運イベントが一目瞭然。
その日ごとに割り当てられている本命星は
下記の「格言」を念頭に置いて過ごすとよいでしょう。

※一白水星は「幸せを口にする」、二黒土星は「気楽に臨む」、三碧木星は「最後までやり続ける」、四緑木星は「情に流されない」、五黄土星は「周囲に気を遣わせない」、六白金星は「素直になる」、七赤金星は「目先にとらわれない」、八白土星は「さわやかにいく」、九紫火星は「見栄を張らない」。

1月

六白金星・乙丑

★一粒万倍日　●天赦日　■己巳　◎銭洗開運日

日付	曜日	六曜	干支	九星	行事・二十四節気
1	月	赤口	甲子	一白水星	元日★●
2	火	先勝	乙丑	二黒土星	
3	水	友引	丙寅	三碧木星	銀座三宅宮新年祈願祭◎
4	木	先負	丁卯	四緑木星	
5	金	仏滅	戊辰	五黄土星	◎
6	土	大安	己巳	六白金星	小寒／月変わり■◎
7	日	赤口	庚午	七赤金星	七草
8	月	先勝	辛未	八白土星	成人の日
9	火	友引	壬申	九紫火星	
10	水	先負	癸酉	一白水星	
11	木	赤口	甲戌	二黒土星	鏡開き、新月
12	金	先勝	乙亥	三碧木星	
13	土	友引	丙子	四緑木星	★
14	日	先負	丁丑	五黄土星	
15	月	仏滅	戊寅	六白金星	115記念日◎
16	火	大安	己卯	七赤金星	★
17	水	赤口	庚辰	八白土星	◎
18	木	先勝	辛巳	九紫火星	冬土用入り、観音様の縁日◎
19	金	友引	壬午	一白水星	
20	土	先負	癸未	二黒土星	大寒
21	日	仏滅	甲申	三碧木星	
22	月	大安	乙酉	四緑木星	
23	火	赤口	丙戌	五黄土星	
24	水	先勝	丁亥	六白金星	
25	木	友引	戊子	七赤金星	天神様の縁日★
26	金	先負	己丑	八白土星	満月
27	土	仏滅	庚寅	九紫火星	◎
28	日	大安	辛卯	一白水星	お不動様の縁日★
29	月	赤口	壬辰	二黒土星	◎
30	火	先勝	癸巳	三碧木星	◎
31	水	友引	甲午	四緑木星	

おせち料理を食べ、初詣に

仕事に関するアクションをする

2度目の初詣に。銭洗いが吉アクション

いただいた年賀状をチェック

健康について考える

七草がゆを食べ、1年の健康を願う

20歳のころの夢や思い出を振り返る

鏡開きのお餅を汁粉等でいただく

梅干しを食べ、大きな夢を口にする。財布等を購入したり、使い始める

観音様にお参りに行こう

大寒に鶏が産んだたまごで金運アップ

天神様、天満宮を参拝しよう

満月に財布等を当てる

不動尊を参詣しよう

節分までに住まいをざっと掃除する

8

2月

五黄土星・丙寅

★一粒万倍日　●天赦日　■己巳　◎銭洗開運日

日付	曜日	六曜	干支	九星	行事・二十四節気	
1	木	先負	乙未	五黄土星		
2	金	仏滅	丙申	六白金星		
3	土	大安	丁酉	七赤金星	節分	枡風水で開運。稲荷寿司を食べる
4	日	赤口	戊戌	八白土星	立春／月変わり	財布など何か使い始める
5	月	先勝	己亥	九紫火星		
6	火	友引	庚子	一白水星		
7	水	先負	辛丑	二黒土星	★	
8	木	仏滅	壬寅	三碧木星	◎	
9	金	大安	癸卯	四緑木星		
10	土	先勝	甲辰	五黄土星	新月◎	
11	日	友引	乙巳	六白金星	建国記念の日、銀座三宅宮祈願祭◎	祈願書、新調した財布、貴金属を持参して神社参拝
12	月	先負	丙午	七赤金星	初午、振替休日★	稲荷寿司を食べる
13	火	仏滅	丁未	八白土星		
14	水	大安	戊申	九紫火星	バレンタインデー	
15	木	赤口	己酉	一白水星		梅干しを食べ、決心する
16	金	先勝	庚戌	二黒土星		
17	土	友引	辛亥	三碧木星	伊勢神宮祈年祭	貯金箱風水で運気上昇
18	日	先負	壬子	四緑木星	観音様の縁日	観音様にお参りに行こう
19	月	仏滅	癸丑	五黄土星	雨水★	
20	火	大安	甲寅	六白金星	◎	
21	水	赤口	乙卯	七赤金星		
22	木	先勝	丙辰	八白土星	◎	
23	金	友引	丁巳	九紫火星	天皇誕生日◎	夢を心に皇居に顔を向け、お祝いとお願いをする
24	土	先負	戊午	一白水星	満月★	満月に財布等を当てる
25	日	仏滅	己未	二黒土星	天神様の縁日	天神様、天満宮を参拝しよう
26	月	大安	庚申	三碧木星		
27	火	赤口	辛酉	四緑木星		
28	水	先勝	壬戌	五黄土星	お不動様の縁日	不動尊を参詣しよう
29	木	友引	癸亥	六白金星		

⑧

3月

四緑木星・丁卯

★一粒万倍日　●天赦日　■己巳　◎銭洗開運日

日付	曜日	六曜	干支	九星	行事・二十四節気
1	金	先負	甲子	七赤金星	今月吉方湯につかると財産に困らない
2	土	仏滅	乙丑	八白土星	★
3	日	大安	丙寅	九紫火星	ひな祭り◎ おひな様財布で金運、仕事運アップ
4	月	赤口	丁卯	一白水星	
5	火	先勝	戊辰	二黒土星	啓蟄／月変わり◎
6	水	友引	己巳	三碧木星	■◎ 健康について考える
7	木	先負	庚午	四緑木星	
8	金	仏滅	辛未	五黄土星	
9	土	大安	壬申	六白金星	
10	日	友引	癸酉	七赤金星	新月★ 咲き始めの桜に夢を語る
11	月	先負	甲戌	八白土星	
12	火	仏滅	乙亥	九紫火星	
13	水	大安	丙子	一白水星	
14	木	赤口	丁丑	二黒土星	ホワイトデー
15	金	先勝	戊寅	三碧木星	★●◎ 梅干しを食べ、決心する
16	土	友引	己卯	四緑木星	
17	日	先負	庚辰	五黄土星	彼岸入り◎
18	月	仏滅	辛巳	六白金星	観音様の縁日◎ 観音様にお参りに行こう
19	火	大安	壬午	七赤金星	
20	水	赤口	癸未	八白土星	春分の日 墓参りに行く。ぼた餅を食べる
21	木	先勝	甲申	九紫火星	
22	金	友引	乙酉	一白水星	★
23	土	先負	丙戌	二黒土星	彼岸明け
24	日	仏滅	丁亥	三碧木星	
25	月	大安	戊子	四緑木星	天神様の縁日、満月 天神様、天満宮を参拝しよう
26	火	赤口	己丑	五黄土星	
27	水	先勝	庚寅	六白金星	★◎
28	木	友引	辛卯	七赤金星	お不動様の縁日 不動尊を参詣しよう
29	金	先負	壬辰	八白土星	◎
30	土	仏滅	癸巳	九紫火星	◎
31	日	大安	甲午	一白水星	

2

5

4月

三碧木星・戊辰

★一粒万倍日　●天赦日　■己巳　◎銭洗開運日

日付	曜日	六曜	干支	九星	行事・二十四節気	
1	月	赤口	乙未	二黒土星		年度初めには新しいものを一品でも使う
2	火	先勝	丙申	三碧木星		
3	水	友引	丁酉	四緑木星	★	
4	木	先負	戊戌	五黄土星	清明／月変わり	
5	金	仏滅	己亥	六白金星		
6	土	大安	庚子	七赤金星	★	
7	日	赤口	辛丑	八白土星		
8	月	先勝	壬寅	九紫火星	◎	
9	火	先負	癸卯	一白水星	新月★	
10	水	仏滅	甲辰	二黒土星	◎	
11	木	大安	乙巳	三碧木星	大開運吉方位日◎	吉方位の温泉や神社、開運アクションで運気アップ
12	金	赤口	丙午	四緑木星		
13	土	先勝	丁未	五黄土星		
14	日	友引	戊申	六白金星		
15	月	先負	己酉	七赤金星		梅干しを食べ、決心する
16	火	仏滅	庚戌	八白土星	春土用入り	土用の期間の土いじりは避けたい
17	水	大安	辛亥	九紫火星		
18	木	赤口	壬子	一白水星	観音様の縁日★	観音様にお参りに行こう
19	金	先勝	癸丑	二黒土星	穀雨	
20	土	友引	甲寅	三碧木星	大開運吉方位日◎	吉方位の温泉や神社、開運アクションで運気アップ
21	日	先負	乙卯	四緑木星	★	
22	月	仏滅	丙辰	五黄土星	◎	
23	火	大安	丁巳	六白金星	◎	
24	水	赤口	戊午	七赤金星	満月	満月に財布等を当てる
25	木	先勝	己未	八白土星	天神様の縁日	天神様、天満宮を参拝しよう
26	金	友引	庚申	九紫火星		
27	土	先負	辛酉	一白水星		GWのお出かけは持ち塩必須
28	日	仏滅	壬戌	二黒土星	お不動様の縁日	不動尊を参詣しよう
29	月	大安	癸亥	三碧木星	昭和の日、大開運吉方位日	吉方位の温泉や神社、開運アクションで運気アップ
30	火	赤口	甲子	四緑木星	★	

②

③

5月

二黒土星・己巳

★一粒万倍日　●天赦日　■己巳　◎銭洗開運日

日付	曜日	六曜	干支	九星	行事・二十四節気
1	水	先勝	乙丑	五黄土星	八十八夜
2	木	友引	丙寅	六白金星	◎
3	金	先負	丁卯	七赤金星	憲法記念日★
4	土	仏滅	戊辰	八白土星	みどりの日◎
5	日	大安	己巳	九紫火星	立夏、こどもの日／月変わり■◎
6	月	赤口	庚午	一白水星	振替休日
7	火	先勝	辛未	二黒土星	
8	水	仏滅	壬申	三碧木星	新月
9	木	大安	癸酉	四緑木星	
10	金	赤口	甲戌	五黄土星	
11	土	先勝	乙亥	六白金星	
12	日	友引	丙子	七赤金星	母の日
13	月	先負	丁丑	八白土星	
14	火	仏滅	戊寅	九紫火星	◎
15	水	大安	己卯	一白水星	★
16	木	赤口	庚辰	二黒土星	★◎
17	金	先勝	辛巳	三碧木星	◎
18	土	友引	壬午	四緑木星	観音様の縁日
19	日	先負	癸未	五黄土星	
20	月	仏滅	甲申	六白金星	小満
21	火	大安	乙酉	七赤金星	
22	水	赤口	丙戌	八白土星	
23	木	先勝	丁亥	九紫火星	満月
24	金	友引	戊子	一白水星	
25	土	先負	己丑	二黒土星	天神様の縁日
26	日	仏滅	庚寅	三碧木星	◎
27	月	大安	辛卯	四緑木星	★
28	火	赤口	壬辰	五黄土星	お不動様の縁日★◎
29	水	先勝	癸巳	六白金星	◎
30	木	友引	甲午	七赤金星	●
31	金	先負	乙未	八白土星	

5月にだらける人は金運がない人

こどもの日はちまきや柏餅を食べたり、しょうぶ湯に入る。
スポーティ、夏を感じさせるファッションを。健康について考える

ラッキーカラーのものをプレゼント

梅干しを食べ、決心する

観音様にお参りに行こう

満月に財布等を当てる

天神様、天満宮を参拝しよう

不動尊を参詣しよう

6月

一白水星・庚午

★一粒万倍日　●天赦日　■己巳　◎銭洗開運日

日付	曜日	六曜	干支	九星	行事・二十四節気
1	土	仏滅	丙申	九紫火星	
2	日	大安	丁酉	一白水星	
3	月	赤口	戊戌	二黒土星	
4	火	先勝	己亥	三碧木星	
5	水	友引	庚子	四緑木星	芒種／月変わり
6	木	大安	辛丑	五黄土星	新月 ― 習い事を始めたり、知識を習得する
7	金	赤口	壬寅	六白金星	◎
8	土	先勝	癸卯	七赤金星	
9	日	友引	甲辰	八白土星	◎
10	月	先負	乙巳	九紫火星	入梅★◎
11	火	仏滅	丙午	一白水星	★
12	水	大安	丁未	二黒土星	
13	木	赤口	戊申	三碧木星	
14	金	先勝	己酉	四緑木星	
15	土	友引	庚戌	五黄土星	― 梅干しを食べ、決心する
16	日	先負	辛亥	六白金星	父の日 ― ラッキーカラー、ラッキーフードをプレゼント
17	月	仏滅	壬子	七赤金星	
18	火	大安	癸丑	八白土星	観音様の縁日 ― 観音様にお参りに行こう
19	水	赤口	甲寅	九紫火星	◎
20	木	先勝	乙卯	一白水星	
21	金	友引	丙辰	二黒土星	夏至◎ ― 貴金属や光沢素材を身に着けたり、夏至財布を使い始める
22	土	先負	丁巳	三碧木星	満月★◎ ― 満月に財布等を当てる
23	日	仏滅	戊午	四緑木星	★
24	月	大安	己未	五黄土星	
25	火	赤口	庚申	六白金星	天神様の縁日 ― 天神様、天満宮を参拝しよう
26	水	先勝	辛酉	七赤金星	
27	木	友引	壬戌	八白土星	
28	金	先負	癸亥	九紫火星	お不動様の縁日 ― 不動尊を参詣しよう
29	土	仏滅	甲子	九紫火星	
30	日	大安	乙丑	八白土星	夏越の大祓 ― 神社で夏越の大祓、厄を祓う

①

7月

九紫火星・辛未

★一粒万倍日　●天赦日　■己巳　◎銭洗開運日

日付	曜日	六曜	干支	九星	行事・二十四節気
1	月	赤口	丙寅	七赤金星	◎
2	火	先勝	丁卯	六白金星	
3	水	友引	戊辰	五黄土星	◎
4	木	先負	己巳	四緑木星	★■◎
5	金	仏滅	庚午	三碧木星	★
6	土	赤口	辛未	二黒土星	小暑／月変わり、新月
7	日	先勝	壬申	一白水星	七夕
8	月	友引	癸酉	九紫火星	★
9	火	先負	甲戌	八白土星	
10	水	仏滅	乙亥	七赤金星	
11	木	大安	丙子	六白金星	
12	金	赤口	丁丑	五黄土星	
13	土	先勝	戊寅	四緑木星	◎
14	日	友引	己卯	三碧木星	
15	月	先負	庚辰	二黒土星	お盆、海の日◎
16	火	仏滅	辛巳	一白水星	◎
17	水	大安	壬午	九紫火星	★
18	木	赤口	癸未	八白土星	観音様の縁日
19	金	先勝	甲申	七赤金星	夏土用入り
20	土	友引	乙酉	六白金星	★
21	日	先負	丙戌	五黄土星	満月
22	月	仏滅	丁亥	四緑木星	大暑
23	火	大安	戊子	三碧木星	
24	水	赤口	己丑	二黒土星	土用の丑
25	木	先勝	庚寅	一白水星	天神様の縁日◎
26	金	友引	辛卯	九紫火星	
27	土	先負	壬辰	八白土星	◎
28	日	仏滅	癸巳	七赤金星	お不動様の縁日◎
29	月	大安	甲午	六白金星	★●
30	火	赤口	乙未	五黄土星	
31	水	先勝	丙申	四緑木星	

新しい手帳やペンを使い始める

七夕の短冊に夢を書いて笹竹に

健康について考える

短冊と七夕財布で後半再始動

朝の海は仕事運や健康運、昼の海は才能や人気、夕方の海は恋愛運や金運がアップ。
梅干しを食べ、決心する、お寺や実家に行く

観音様にお参りに行こう

土用期間の土いじりは要注意

満月に財布等を当てる

野菜の天ぷらを食べる

ウナギや「ウ」の付くものを食べる

天神様、天満宮を参拝しよう

不動尊を参詣しよう

1

8月

八白土星・壬申

★一粒万倍日　●天赦日　■己巳　◎銭洗開運日

日付	曜日	六曜	干支	九星	行事・二十四節気
1	木	友引	丁酉	三碧木星	★
2	金	先負	戊戌	二黒土星	
3	土	仏滅	己亥	一白水星	
4	日	先勝	庚子	九紫火星	新月
5	月	友引	辛丑	八白土星	土用の丑
6	火	先負	壬寅	七赤金星	◎
7	水	仏滅	癸卯	六白金星	立秋／月変わり
8	木	大安	甲辰	五黄土星	◎
9	金	赤口	乙巳	四緑木星	◎
10	土	先勝	丙午	三碧木星	
11	日	友引	丁未	二黒土星	山の日
12	月	先負	戊申	一白水星	振替休日●
13	火	仏滅	己酉	九紫火星	
14	水	大安	庚戌	八白土星	
15	木	赤口	辛亥	七赤金星	月遅れお盆 、終戦記念日
16	金	先勝	壬子	六白金星	★
17	土	友引	癸丑	五黄土星	
18	日	先負	甲寅	四緑木星	銀座三宅宮例大祭、観音様の縁日◎
19	月	仏滅	乙卯	三碧木星	
20	火	大安	丙辰	二黒土星	満月◎
21	水	赤口	丁巳	一白水星	◎
22	木	先勝	戊午	九紫火星	処暑
23	金	友引	己未	八白土星	
24	土	先負	庚申	七赤金星	
25	日	仏滅	辛酉	六白金星	天神様の縁日
26	月	大安	壬戌	五黄土星	
27	火	赤口	癸亥	四緑木星	
28	水	先勝	甲子	三碧木星	お不動様の縁日★
29	木	友引	乙丑	二黒土星	
30	金	先負	丙寅	一白水星	◎
31	土	仏滅	丁卯	九紫火星	

ウナギや「ウ」の付くものを食べる

運気の変わり目、
運気の潮目が変わる

山に行き、不動産運、金運アップ

1

梅干しを食べ、決心する、
お寺や実家に行く

祈願書持参で銀座三宅宮に。
または観音様にお参りに行こう

満月に財布等を当てる

天神様、天満宮を参拝しよう

不動尊を参詣しよう

9月

七赤金星・癸酉

★一粒万倍日　●天赦日　■己巳　◎銭洗開運日

日付	曜日	六曜	干支	九星	行事・二十四節気
1	日	大安	戊辰	八白土星	防災の日◎
2	月	赤口	己巳	七赤金星	■◎
3	火	友引	庚午	六白金星	新月
4	水	先負	辛未	五黄土星	
5	木	仏滅	壬申	四緑木星	
6	金	大安	癸酉	三碧木星	
7	土	赤口	甲戌	二黒土星	白露／月変わり
8	日	先勝	乙亥	一白水星	
9	月	友引	丙子	九紫火星	重陽の節句
10	火	先負	丁丑	八白土星	
11	水	仏滅	戊寅	七赤金星	◎
12	木	大安	己卯	六白金星	★
13	金	赤口	庚辰	五黄土星	◎
14	土	先勝	辛巳	四緑木星	◎
15	日	友引	壬午	三碧木星	
16	月	先負	癸未	二黒土星	敬老の日
17	火	仏滅	甲申	一白水星	中秋の名月★
18	水	大安	乙酉	九紫火星	観音様の縁日、満月
19	木	赤口	丙戌	八白土星	彼岸入り
20	金	先勝	丁亥	七赤金星	
21	土	友引	戊子	六白金星	
22	日	先負	己丑	五黄土星	秋分の日
23	月	仏滅	庚寅	四緑木星	振替休日◎
24	火	大安	辛卯	三碧木星	★
25	水	赤口	壬辰	二黒土星	天神様の縁日、彼岸明け◎
26	木	先勝	癸巳	一白水星	◎
27	金	友引	甲午	九紫火星	
28	土	先負	乙未	八白土星	お不動様の縁日
29	日	仏滅	丙申	七赤金星	★
30	月	大安	丁酉	六白金星	

防災グッズを用意する

健康について考える

菊の香りや菊酒で健康運アップ

梅干しを食べ、決心する

年輩者と会話をしよう

お月見で金運、恋愛運アップ。
月に財布等を当てる

観音様にお参りに行こう。
満月に財布等を当てる

ラッキーカラーの花を持ってお墓参り

天神様、天満宮を参拝しよう

不動尊を参詣しよう

⑥

10月

六白金星・甲戌

★一粒万倍日　●天赦日　■己巳　◎銭洗開運日

⑥

日付	曜日	六曜	干支	九星	行事・二十四節気
1	火	赤口	戊戌	五黄土星	
2	水	先勝	己亥	四緑木星	
3	木	先負	庚子	三碧木星	新月
4	金	仏滅	辛丑	二黒土星	
5	土	大安	壬寅	一白水星	◎
6	日	赤口	癸卯	九紫火星	★
7	月	先勝	甲辰	八白土星	◎
8	火	友引	乙巳	七赤金星	寒露、月変わり◎
9	水	先負	丙午	六白金星	★
10	木	仏滅	丁未	五黄土星	
11	金	大安	戊申	四緑木星	●
12	土	赤口	己酉	三碧木星	★
13	日	先勝	庚戌	二黒土星	
14	月	友引	辛亥	一白水星	スポーツの日
15	火	先負	壬子	九紫火星	伊勢神宮神嘗祭
16	水	仏滅	癸丑	八白土星	
17	木	大安	甲寅	七赤金星	満月◎
18	金	赤口	乙卯	六白金星	観音様の縁日
19	土	先勝	丙辰	五黄土星	◎
20	日	友引	丁巳	四緑木星	2025年祈願祭、秋土用入り◎
21	月	先負	戊午	三碧木星	★
22	火	仏滅	己未	二黒土星	
23	水	大安	庚申	一白水星	霜降
24	木	赤口	辛酉	九紫火星	★
25	金	先勝	壬戌	八白土星	天神様の縁日
26	土	友引	癸亥	七赤金星	
27	日	先負	甲子	六白金星	
28	月	仏滅	乙丑	五黄土星	お不動様の縁日
29	火	大安	丙寅	四緑木星	◎
30	水	赤口	丁卯	三碧木星	
31	木	先勝	戊辰	二黒土星	◎

スポーツをして汗をかいて厄落とし

梅干しを食べ、決心する

満月に財布等を当てる

観音様にお参りに行こう

来年の祈願を2通持って神社参拝

天神様、天満宮を参拝しよう

不動尊を参詣しよう

11月

五黄土星·乙亥

★一粒万倍日　●天赦日　■己巳　◎銭洗開運日

日付	曜日	六曜	干支	九星	行事・二十四節気
1	金	仏滅	己巳	一白水星	新月■◎
2	土	大安	庚午	九紫火星	★
3	日	赤口	辛未	八白土星	文化の日
4	月	先勝	壬申	七赤金星	振替休日
5	火	友引	癸酉	六白金星	115記念日★
6	水	先負	甲戌	五黄土星	
7	木	仏滅	乙亥	四緑木星	立冬／月変わり
8	金	大安	丙子	三碧木星	
9	土	赤口	丁丑	二黒土星	
10	日	先勝	戊寅	一白水星	◎
11	月	友引	己卯	九紫火星	
12	火	先負	庚辰	八白土星	◎
13	水	仏滅	辛巳	七赤金星	◎
14	木	大安	壬午	六白金星	
15	金	赤口	癸未	五黄土星	七五三
16	土	先勝	甲申	四緑木星	満月
17	日	友引	乙酉	三碧木星	★
18	月	先負	丙戌	二黒土星	観音様の縁日★
19	火	仏滅	丁亥	一白水星	
20	水	大安	戊子	九紫火星	
21	木	赤口	己丑	八白土星	
22	金	先勝	庚寅	七赤金星	小雪◎
23	土	友引	辛卯	六白金星	勤労感謝の日
24	日	先負	壬辰	五黄土星	物部神社鎮魂祭◎
25	月	仏滅	癸巳	四緑木星	天神様の縁日◎
26	火	大安	甲午	三碧木星	
27	水	赤口	乙未	二黒土星	
28	木	先勝	丙申	一白水星	お不動様の縁日
29	金	友引	丁酉	九紫火星	★
30	土	先負	戊戌	八白土星	★

- 1日：健康について考える
- 5日：大きな夢を口にする。大きな買い物、吉
- 15日：梅干しを食べ、決心する。神前で誓いを立てよう
- 16日：満月に財布等を当てる
- 18日：観音様にお参りに行こう
- 24日：夜8時頃物部神社のほうを向いて祈願しよう
- 25日：天神様、天満宮を参拝しよう
- 28日：不動尊を参詣しよう

2

12月

四緑木星・丙子

★一粒万倍日　●天赦日　■己巳　◎銭洗開運日

日付	曜日	六曜	干支	九星	行事・二十四節気
1	日	大安	己亥	七赤金星	新月
2	月	赤口	庚子	六白金星	
3	火	先勝	辛丑	五黄土星	
4	水	友引	壬寅	四緑木星	◎
5	木	先負	癸卯	三碧木星	
6	金	仏滅	甲辰	二黒土星	◎
7	土	大安	乙巳	一白水星	大雪／月変わり◎
8	日	赤口	丙午	九紫火星	
9	月	先勝	丁未	八白土星	
10	火	友引	戊申	七赤金星	
11	水	先負	己酉	六白金星	
12	木	仏滅	庚戌	五黄土星	
13	金	大安	辛亥	四緑木星	★
14	土	赤口	壬子	三碧木星	★
15	日	先勝	癸丑	二黒土星	満月
16	月	友引	甲寅	一白水星	◎
17	火	先負	乙卯	九紫火星	
18	水	仏滅	丙辰	八白土星	観音様の縁日◎
19	木	大安	丁巳	七赤金星	◎
20	金	赤口	戊午	六白金星	
21	土	先勝	己未	五黄土星	冬至
22	日	友引	庚申	四緑木星	
23	月	先負	辛酉	三碧木星	
24	火	仏滅	壬戌	二黒土星	クリスマスイブ
25	水	大安	癸亥	一白水星	クリスマス、天神様の縁日★
26	木	赤口	甲子	一白水星	★●
27	金	先勝	乙丑	二黒土星	
28	土	友引	丙寅	三碧木星	お不動様の縁日◎
29	日	先負	丁卯	四緑木星	
30	月	仏滅	戊辰	五黄土星	◎
31	火	赤口	己巳	六白金星	年越しの大祓、新月■◎

梅干しを食べ、決心する。満月に財布等を当てる

観音様にお参りに行こう

カボチャを食べ、ゆず湯に入る。冬至財布を用意

プレゼントを用意。チキンやケーキを食べる

天神様、天満宮を参拝しよう

不動尊を参詣しよう

年越しの大祓に神社を参拝してお礼を伝える

2

2

Dr.コパの

若さを保つ習慣 4

「吉方位」で楽しく食べて飲む

「高血糖で高血圧、でも高収入」
「そーっと無理せず長生きする」──
これがコパの憧れの暮らし。

幾つになっても楽しく暮らせることが数値で縛られる健康よりずーっといいと考えています。

この理想を作るには、風水的に楽しく飲んで、楽しく話して、楽しく歌うこと。お店は令和５年なら、吉方位の東北方位の銀座１～６丁目の銀座通り、西五番街通りと並木通りの店。東方位の資生堂パーラーやGINZA SIXの店に行っていました。

メニューはその日のラッキーフード。衣服だってその日のラッキーカラー。食事相手は明るい人。会食で愚痴を聞くのは寿命が減るからまっぴら。

女性が一緒の時は、外見より運で選んでいます。競馬場に連れて行けばその人の運はすぐわかります。一緒の時に愛馬も馬券も負けるなら運の良くない方。次は誘いません。もちろん、銭洗いした福銭を持って競馬に行くことが基本ですが。

特別収録

運勢がすぐわかる!

最強コパみくじ2024

3

「人生に偶然はなく、すべては必然」という風水の考え方があります。
決めるのに躊躇するなら"コパみくじ"の出番です。
あなたが探している答えや行動を
"コパみくじ"が示してくれます。
次ページの解説を読んで、ぜひ試してみてください!

8

コパみくじの占い方

本を3回開くだけで、今のあなたのベストな道を占うことができる「コパ風水版おみくじ」。怖いぐらいよく当たる! と評判です。ここ一番のとき、日々の指針にお役立てください。

❶ 本を持ち、占う悩みを決める

本を両手で持ち、目を閉じて心を鎮め、占おうとすることを強く念じます。そのときに、なるべく具体的に、恋愛、仕事、病気、旅行など、絞り込んでおこなってください。本の持ち方は、どのページも開きやすくなっていれば自由です。机に置いても、片手で開いても問題ありません。

❷ 気を集中させ、パッと本を3回開く

1回目

心のなかで「一、二、三」と唱えて本をパッと開きます。中央の○マークの数字をチェックします。

2回目

次にもう一度同じ動作を繰り返し、今度は上の□マークの数字をチェックします。

3回目

最後にもう一度同じようにして本を開き、下の⬡マークの数字を確認します。

8

※左右ページとも同じ数字なので、どちらを見てもよいです

❸ 3桁の数字の記された答えを探す

3つの数字が出そろったら、その数字に該当する箇所を199ページ以降のなかから探します。ここで間違えないでいただきたいのは○→□→⬡の順で数字をチェックしていただいたのですが、実際見るのは□○⬡という具合に、2回目と1回目の数字を入れ替えること。右の例では、「213」の運勢を見ます。

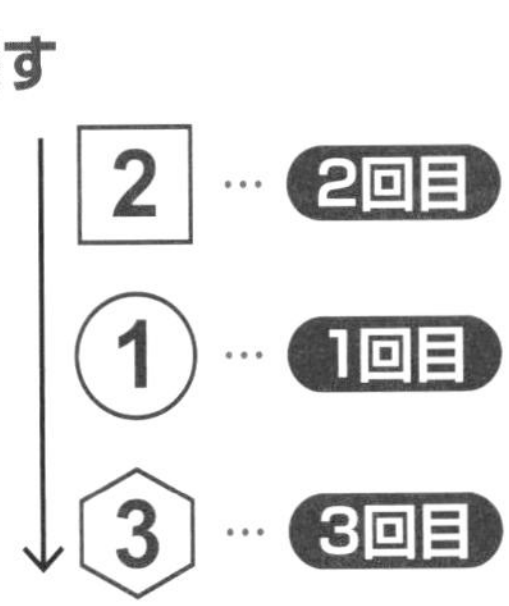

6

最強コパみくじ2024

あなたを導く!

384通りの答え

○と□は1～8まで、⬡は1～6までの数字がふられています。この3つの数字の組み合わせから、そのときに知りたい運勢をみちびきます。コパからのメッセージを参考に、その日をよりよく過ごしましょう。
⊚=大吉、◎=中吉、○小吉、△=凶

3桁の数字	仕事	恋愛	金運	健康	メッセージ
1 1 1					一歩引いてチャンスを待つ
1 1 2	○	○	○	▲	成功の運気。全力で行動せよ。健康注意
1 1 3			○		チャンスは目の前。少し待って行動を。金運はある
1 1 4	○				仕事はツキあり。注意しながら進んでよし。風邪注意
1 1 5	⊚	⊚	◎		運気盛大。仕事は仲間と協力して大成果あり。恋は攻めの一手
1 1 6					証書などの間違い要注意。下り坂。引いて吉
1 2 1					環境を変えるな。引っ越しはダメ。現状を守る
1 2 2					守りに成果あり。前面に立つな。順序を守る
1 2 3	▲	▲			時期が早い。望み事叶わず。ツキを鍛えよ
1 2 4		○			吉凶紙一重。恋はお互いを尊敬すれば吉
1 2 5	◎	○	○		昇進のチャンス。年下との相性よし
1 2 6	⊚	◎	◎		抜群の運気。願い事叶う、幸福のとき
1 3 1					力不足。読書や勉強して時を待つ。よい友人を持て
1 3 2		⊚			仕事は公明正大に。恋愛、結婚大吉
1 3 3	▲		▲		ツキはいまいち。分に過ぎた行動は控えよ
1 3 4	▲	▲			何事も成功しない。労多くして功なし
1 3 5	◎	○	◎	▲	つらいが頑張れば困難をはね除け成功。資金力あり
1 3 6	▲	▲	▲		家族友人に捨てられる。ひとりになったら引退のとき
1 4 1					運気低調。つらいとき。私心を捨てて仕える
1 4 2	▲				仕事はだまされないよう注意。金銭トラブル注意
1 4 3	▲	▲	▲		運気低調。すべてにおいて関わるな。下手に動くと損をする
1 4 4	▲		▲		運気低調。恋愛は好き嫌いははっきり。仕事は軽々しく引き受けない
1 4 5					運気今一歩。なりゆきにまかせる。問題は自然に解決する
1 4 6	▲	▲	▲	▲	運気低調。ツキなし。責任だけを取らされる、注意せよ
1 5 1	▲		▲		仕事も恋も争うな。大きな夢を見ず、のんびり地道に
1 5 2			▲	▲	交際と金銭面で不利をこうむる。笑顔で断り、関わらないことが一番
1 5 3	▲				仕事は無理してやる必要なし。願い事は叶わないほうがよい
1 5 4		▲			恋は不調。去る人を追うな。自分が納得する真心をもって行動
1 5 5					運気平穏。損得計算で動くな。面倒をみた目下に助けられる
1 5 6					運気今一歩。女性の嫉妬と嘘に注意せよ。厄落としが必要
1 6 1	▲		▲		仕事も恋もトラブルが多い。もめ事に巻き込まれないように
1 6 2	▲			▲	仕事は最初が肝心。じっくり吟味してから行動する。健康面注意
1 6 3	▲				運気低調。仕事は思いのほか運気が悪い。現状を維持せよ

8

3桁の数字	仕事	恋愛	金運	健康	メッセージ
164	▲		▲		仕事も恋も争っても損が大きくなる。バカなフリをして逃げよう
165	○	○	○		強気で勝負に勝てる。正しいと思うなら訴えて勝つ
166	▲	▲			運気低調。労多くして功少なし。争い事を起こせば損をする
171	▲	▲			運気低調。現状が最高。立場を守って動かずとどまる
172	▲				仕事面は欲をかかず、うまく身を引けば立場が守れる
173		▲		▲	表に出るな。人間関係は責任だけを取らされる。恋愛、健康面不調
174		▲			訳もなく友人や知り合いから迷惑を被る。持ち塩を
175					運気平穏。幸運に恵まれるが、犠牲も大きく損得計算が合わない
176	◎	◎	◎		何もしなくてもうまくいく。焦らず、感謝して無駄に動かず幸運を活かせ
181					運気平穏。現状を守るには、悪友と手を切る
182		◎	▲		文句は厳禁。仕事は利益を求めず親切に
183				▲	健康面を大切に。愚痴らずコツコツとやる時期
184	○	○			仕事は上司に直接話して吉。恋愛は時間をかけて成功
185	○				仕事も恋も油断禁物。運気は平穏
186		○			運気平穏。友と仲よく。交際面の努力が報われる
211					運気は平穏。知恵をつけて仕事や恋に有利に立つ
212	◎	○	○		運気良好。トラブルに動揺せず勝利を信じて進むとき
213		▲			運気低調。腹立たしいことがあっても恋人や仲間とのけんかは避ける
214	▲			▲	運気やや低調。仕事は真面目に取り組んで無難にいく。ほかは平穏
215					運気は低調。独りよがりはミスの元。運のよい友と行動を
216	▲			▲	仕事、健康面には注意。厄を落として身を守る。健康を過信しない
221		○			運気平穏。仕事は公平な態度で。恋や結婚相手は心のきれいな人を
222		▲			だまされないように真面目に働こう。恋愛は口先だけはダメ
223	▲	▲	▲	▲	運気低調。自分の利益を求めると反対にだまされる。異性トラブル注意
224		▲			注意していてもお金と異性のトラブルあり。注意
225	▲	▲	▲		運気低調。だまされないように。異性関係注意。質素倹約が一番
226	▲	▲	▲		口の災いに注意。だまされたうえに異性関係トラブル注意
231		▲			今は動かず、次のチャンスを待つ、あと一歩の時期
232	○	○	○		現状に不満はあっても最大の努力を。改革は有力な人とともに。血圧注意
233		▲			運気平穏。すべて落ち着いて周囲に説明を十分してから行動せよ
234	○	○			仕事、人間関係の改革の時期到来。もうワンランク上を目指せ
235	◎	◎	◎		運気絶好調。どんなことでも叶う、幸運期。健康面は注意
236	◎	◎	◎		運気最高潮。思いが実り、改革が成功して地位と名誉、財産を得る
241	○	○			運気好調。チャンスに恵まれる。転勤、転職吉。吉方位に移動を
242		▲	▲		運気低調。目先の利益に迷い、良縁と仕事を逃す。小利に迷うな
243	○	◎			よい友人に恵まれ仕事、交際は大吉。玉の輿にのれる
244		▲			交際が勝負。すべては交際。付き合う人を選ぶことからはじめること
245	◎	◎	○		交際運がよいので仲間と協力して仕事も恋も成功。結婚大吉
246	○	○	○		運気は良好。神仏の加護あり。幸せは健康から

3桁の数字	仕事	恋愛	金運	健康	メッセージ
2 5 1	○		○		運気良好。交際と健康に注意して取り組めば吉
2 5 2		○			交際のよさがあなたを救う。年の差婚もあり
2 5 3	▲		▲		投資が実らず出費多し。我欲を捨てて仕事を。恋は平穏
2 5 4	◎	◎	◎		健康に注意して、今を頑張る。すべてが成功に向かう
2 5 5		▲			運気は平穏だが、人脈に将来性なし。交際相手を変える時期
2 5 6	▲		▲		運気低調。仕事、資金力の不足を悟るとき。無理をしない
2 6 1	▲	▲	▲		運気低調。なにをしてもダメなとき。神仏と知恵のある人に頼る
2 6 2			▲		経済面を改革する時期。金運アップ風水から始める
2 6 3	▲	▲	▲		お金に困り、交際も仕事も先細る状態。神仏の加護と風水を
2 6 4			▲		金銭面の悩みが生じるとき。頑張っていると意外な人に助けられる
2 6 5					運気は低調だが、信用と誠意で取り組めば困難を打開
2 6 6	▲		▲		計画や言動にミスがないか確認せよ。運気低調で金運不良
2 7 1					運気平穏。最初が肝心。とくに言葉遣いに注意
2 7 2					性急に取り組むとミスをするとき。仕事の計画、交際をチェック
2 7 3	▲	○	▲		運気低調。企画、投資は不利。勝負に出るな。交際運は良好
2 7 4					運気は平穏。欲で行動するな。年下と協力して成功
2 7 5	○	○			仕事や交際は結果はよいが、あとで苦労する。金運不良
2 7 6	○	▲			仕事は誠意をもって。交際も口先だけではダメ
2 8 1					運気低調だが、右肩上がり。心を開いて良縁を探す時期
2 8 2					運気平穏。資金と人脈をつくる時期。力以上のことをして苦労
2 8 3	○		○		運気良好に向かう。仕事は忠告に従って吉。金運を活かして楽しめ
2 8 4	○	◎	○		運気好調。目上を味方に仕事、金運は良好に。結婚、交際は吉
2 8 5	○				信頼を得る行動が仕事や金運アップになる
2 8 6				▲	運気は健康面の不安から下降。健康と散財に注意
3 1 1			▲		笑顔で運気アップのとき。無駄な買い物注意
3 1 2	◎	◎	◎	▲	運気隆盛。成功して責任ある立場になる。金運良好。健康は注意
3 1 3	○	○	○		運気はまずまず。公金私用と嫉妬に注意
3 1 4	○	○	○		運気は良好。仕事、交際、資金は公私の区別を
3 1 5	◎	◎	◎	▲	仕事運抜群。嫉妬から異性と金銭のトラブルに注意。厄落とし風水を
3 1 6	◎	◎	◎		運気盛大なとき。人生のチャンスが来ている。このチャンスを逃すな
3 2 1		▲			運気平穏。恋愛、結婚は相手の素行を見よ。運気アップは交際運アップから
3 2 2	○	○	○		運気良好。親しい人と仕事、投資などを
3 2 3	▲	▲	▲		運気は下降気味。交際はけんかに注意し、トラブルには関与しないのが一番
3 2 4					運気低迷時期。自力再建は無理。他人の助けを求めよ
3 2 5					運気は良好に向かう。もめ事は和解するとき。一歩下がって周囲を味方に
3 2 6					もめ事がすべての運気ダウンに。解決の道を探せ。厄落とし風水を
3 3 1		▲	▲		運気最低。欲を抑え、相手を立て幸運を願うとき。開運風水を
3 3 2	◎	◎	◎		幸運期。謙虚に行動すれば仕事、恋、お金は思うがまま
3 3 3		▲			交際、仕事は内容をよく調べてから進め。交際不調

3桁の数字	仕事	恋愛	金運	健康	メッセージ
3 3 4	▲				仕事、投資は進めば災いあり。女性は嫉妬を慎んで
3 3 5		▲	▲	▲	運気低調。予想など見立て違いあり。肩こり、目の疲れに注意
3 3 6	◎	◎	○		仕事、交際は良好。素早く正しい決断を下せ。投資は見識ある人の意見を参考に
3 4 1	▲	▲	▲		運気低調。仕事、交際、投資判断、指針は方向違い
3 4 2	▲	▲	▲		ツキのない時期。ラクなほうに流されるとさらに結果は最悪に
3 4 3		▲		▲	運気低調。好き嫌いで判断し、好きなタイプにだまされる。食あたり注意
3 4 4	○	○	○		運気は上昇気流。希望と志を立てて成功に向かう
3 4 5	⊚	◎	⊚		運気絶好調。神仏の加護もあり人望ある人のおかげで成功。感謝を
3 4 6	▲				運気低調。悪に味方しないこと。何事も冷静に
3 5 1		○			仕事運などは平穏。交際がよい時期。恋にツキあり。もてる時期
3 5 2	○	○			運気良好。仕事、交際は幸運期
3 5 3	▲				仕事運はやや弱い。投資は注意。交際は良好。けんかはすべて失う
3 5 4	▲		▲		運気低調。あと一歩の力不足を痛感する。計画、投資は再検討を
3 5 5	◎	⊚	⊚		運気は隆盛。自信をもって行動すれば夢は叶う
3 5 6	◎	◎	⊚		幸運期。よい人脈に恵まれ、仕事は成功。出世する。投資はじっくり
3 6 1	▲	▲	▲	▲	凶運。甘く見るな。小さいミスが大失敗につながる。足元を固めて無難を願う
3 6 2	▲				運気は平穏だが、仕事や投資はミスのないように。本業を守ること
3 6 3		○			出会いのタイミングがよい。仕事、金運はやや弱い
3 6 4			○		運気はよくないが、奮闘努力、苦労の末に賞を受ける。金運は良好
3 6 5	⊚	⊚	⊚		強運。計画を立て、自然に逆らわず努力すれば大成功
3 6 6			▲	▲	運気低調。投資、健康に注意。真面目に仕事や交際をしないとすべてを失う
3 7 1			▲		運気は平穏だが、投資は不利。ささいなことから金銭トラブルに注意
3 7 2	◎	○	⊚		運気良好。とくに金運、投資はよい運気。金運アップの吉方位旅行で運気さらに上昇
3 7 3	▲	▲	▲		運気低調。見識不足で安定感、将来性がない。進むと危険
3 7 4					小休止のとき。この先の計画や過去の業績をチェック
3 7 5	⊚	⊚	⊚		運気好調。地位と名誉、富、良縁が手に入る。神仏に感謝
3 7 6				▲	運気は下降気味。けんか、裁判、発熱、火傷に要注意
3 8 1	▲				仕事、投資は利益なし。目先にとらわれず我慢のとき
3 8 2	○	○			運気良好に向かう。仕事、投資、交際によいチャンスあり
3 8 3	○	○	▲		運気は波あり。仕事、交際は信用が宝。金銭にとらわれるとチャンスを逃す
3 8 4	▲	▲			運気は下降気味。仕事や交際面は方針と行動を確認せよ
3 8 5	◎	◎	◎		運気好調。目の前の損失に気を取られずに誠意を尽くすと大きな富と名誉に変わる
3 8 6	▲	▲			運気下降気味。人脈を大切に。焦りと怒りはすべてを失う
4 1 1					すべてに運気平穏。短気を起こすとツキが逃げる
4 1 2	◎	○	◎		運気良好。仕事金運の夢は交際運アップから。落ち着いて行動を
4 1 3			▲		運気平穏。一歩遅れても、先立つ資金を確保してから行動を
4 1 4	◎	○	○		運気良好に向かう。悩みが解消するとき。まず仕事を。身の丈の幸せに感謝
4 1 5	◎	◎	◎		良運を活かすコツは柔軟な態度。恋も仕事も成功する
4 1 6	▲				運気下降気味。仕事で攻撃は不利。知恵をしぼって時間かせぎ作戦で

3桁の数字	仕事	恋愛	金運	健康	メッセージ
421		○			運気は女性に吉。男性ツキなし。何事も運のよい女性とともに
422		◎		▲	女性は交際、結婚抜群のとき。素直さがツキを呼ぶ。男性ツキなし
423	▲		▲		運気低調。仕事投資は不正をせず、堂々と。資金面にポイントあり
424				▲	運気低調。女性は健康に注意。大きな計画は一年待って
425		◎		▲	交際は運気よし。誠意と実のある交際がツキをよぶ。内面が素晴らしい人
426		▲	▲		運気下降気味。誠実に行動しないと恋とお金を失う。外見に迷うな
431	◎	◎	◎		吉運。計画と資金と協力者に恵まれれば恋も仕事も大成功のとき
432	○				運気平穏。誠実な努力が仕事の成功をもたらす
433	▲	▲			凶運。やることがすべて無駄になる。人間関係は離反の暗示
434	○				運気平穏。仕事や投資は環境を整え、資金計画を練ってスタート
435	◎	◎	◎		運気隆盛。人、知恵、資金に恵まれる。あとはやる気
436	▲	▲	▲		運気ダウン気味。このまま進むとすべてを失いそう
441			▲		運気低調で金銭面でストレスあり。仕事、交際、投資は成就せず
442					運気は平穏だが、とり越し苦労で運気を活かせず。程々ならうまくいく
443	▲	▲			運気低調。我慢のとき。仕事や交際は連絡ミスに要注意
444	▲	▲			運気低調。仕事、交際は我慢のとき
445					運気平穏。人の世話で苦労し、ツキを活かせない。交際面のチェック
446	▲	▲			神仏の加護はあるが、仕事、交際はこのまま進めば大失敗
451		▲			運気平穏だが、交際面注意。今の仲間に深く関わるな
452	○	○			仕事や交際は心変わりが失敗の元になる。信頼を大事にせよ
453		▲	▲		運気低調。恋もお金もツキなし。風水で住まいの環境を整える
454	▲		▲		運気悪し。苦労多くして実利なしのとき。方針を変えて資金に見合ったことを
455		○			女性は幸運。結婚、家庭に恵まれる。男性は運気低調。厄落としで元気を出せ
456	▲		▲		凶運。転職、転居は大凶のとき。風水で厄落としの時期
461	○	◎			交際や仕事の運気はよいが邪魔者に注意。厄除けと厄落とし風水を
462	▲			▲	運気低調。仕事面は部下の裏切り注意。呼吸器、皮膚のトラブルあり
463		▲	▲		運気低調。交際は裏切りと嫉妬に注意。厄落としを
464	▲			▲	運気はよくない。仕事や投資は悪友にだまされる。健康に注意
465		○	○		交際は内面重視で。よい相手との出会いあり。縁が円をよぶ時期
466	◎	○	○	▲	仕事や投資は成功運、出世運があるが、実利よりは名誉をとる。計画と行動が力に
471	▲	▲	▲		仕事、交際、金運にツキなし。ほらを吹くと失敗する
472	○	○			運気良好。勤勉さが成功の源。真面目なら年上女性に助けられる
473	▲	▲			運気低調。何をするにもあなたの立場がない。時を待て
474	▲		▲		仕事、金銭トラブルに注意せよ。確認を怠らないこと
475			▲		真面目に働いて立場が守れる。投資や貯蓄運なし。貯まらず
476	▲	▲	▲		だまされる。人がよく、他人の策略にのり失敗。用心のとき
481	▲			▲	運気はいまいち。健康注意。まわりを嫉妬せず、努力せよ
482					運気は平穏。自分の意見を発信し、努力して成功
483	▲	▲			運気低調。仕事、人脈は希望を達成できず。倹約が資金確保の元

3桁の数字	仕事	恋愛	金運	健康	メッセージ
4 8 4	◎	○	○		仕事はツキあり。タイミングと人脈で成功の予感
4 8 5		▲		▲	凶運。お酒と恋にふりまわされるな。暴飲暴食に注意
4 8 6		○		▲	交際運あり。暴飲暴食に注意。病は病院を替えて吉
5 1 1			▲		金運ダウンが全体運ダウンの元。小利のために大利を失うな
5 1 2	▲	▲			運気低調。恋と交際で仕事や投資のツキを逃すな
5 1 3		▲		▲	運気は平穏だが、安らぎと安定した家庭に恵まれず。妊婦は流産注意
5 1 4					運気は平穏。仕事、家庭は家族が団結、協力し、無事を得る
5 1 5	○	○	⊚		運気良好。金運抜群。円が縁を広げる。金持ちは金持ち同士でいるもの
5 1 6	▲		▲		運気下降。仕事、投資に欲を出し、お金にとらわれると人望を失う
5 2 1	▲				運気は平穏だが、仕事に集中しないとミスをして立場を失う
5 2 2	○	⊚	○		良運。恋愛、交際、結婚は誠意が通じ、成就。よい人脈ができ財産になる
5 2 3	▲	▲			運気ダウン。仕事や交際はつまらない発言で立場を失う危険あり
5 2 4	○	○			運気良好。仕事や交際は信頼と人望を大切にせよ
5 2 5	◎	⊚	◎		運気絶好調。人望を磨き、知恵を働かせ、心を合わせて大成果を得るとき
5 2 6					運気平穏。努力の結果、望みが叶って、次の悩みも増えるとき
5 3 1					運気は平穏。何事も途中でやめないこと
5 3 2					運気は良好。現状に満足しつつ努力を怠るな
5 3 3	○	▲			愛におぼれ、無駄な行動をすることあり。仕事に集中を
5 3 4	⊚	⊚	⊚		運気は強大。神仏の加護を受けすべてに大利を得るとき
5 3 5	⊚	⊚	◎		ツキは最強。仕事、人間関係で名誉を得るとき
5 3 6	⊚	⊚	⊚		運気最強。努力が実り、尊敬を受けるとき。周囲を考えた言動を
5 4 1	⊚	◎	◎		運気は最高。仕事で成功しても周囲に気配りを。天狗になるな
5 4 2	⊚	◎	◎		ツキは最高。運に任せて成功。欲におぼれなければさらに幸福をつかむ
5 4 3	▲	▲		▲	運気低調。すべてにおいて細心の注意を払うこと。血圧、やけど、火災に注意
5 4 4	◎	⊚	◎		ツキは十分にある。交際運良し。正直に、さわやかに行動すれば成功
5 4 5	⊚	⊚	⊚		運気は最高。不足を言わず上下、男女で助け合い、成功する時期
5 4 6	▲	▲	▲	▲	運気最低。すべてはあなたの行動の結果。額に汗して働くこと
5 5 1		○			運気平穏。交際次第の運気。心を変えたり、相手に疑念を持つな
5 5 2	○	▲	○		仕事運も金運もあるが、不善の人がまわりにいる。注意
5 5 3		▲			運気低調。仕事は目的を定めよ。別れた人を追うな
5 5 4	⊚	◎	⊚		運気絶好調。目上の助けとチャンスを得て大成功のとき
5 5 5	◎	○	◎		運気良好。多忙でミスしがち。準備をしっかりやり、足元を整えると成功する
5 5 6	▲	▲		▲	運気低調。真面目すぎて策略にはまりがち。投資は控える
5 6 1				▲	運気平穏。すべてに相談は早めに。健康面の不安は急いで対処
5 6 2	▲				仕事、投資のみ低調。知恵のある目上の人に急ぎ相談を。遅れるとつらい
5 6 3					運気は平穏。他人の力を借りず、独力で成功を目指す
5 6 4	○	○			仕事、交際はツキに恵まれる。知らぬ間に難を逃れるとき。神仏に感謝を
5 6 5	⊚	⊚	⊚		運気は最高。小さいことを気にせず、大きなことに全力であたり成果があるとき
5 6 6	◎	◎	⊚		成功運気。成功したら、大きな心で周囲を見て恵みを与え、さらに名誉を得る

8

3桁の数字	仕事	恋愛	金運	健康	メッセージ
571	○	○			運気良好。仕事、交際は順調。何事も弁解しないこと
572	○	○	○	▲	運気良好。健康面の不安を取り除くこと。健康で前を向いて進む状態をつくること
573	▲	▲		▲	運気下降気味。仕事、交際で進退に悩む。健康と友を大切に
574	◎	○	○		仕事、投資の運気最強。成功は素早い判断次第。知恵者の意見を聞いて決断せよ
575	◎	○	◎	▲	投資や仕事の運気最高で高収益。交際運が弱いので仲介を入れず直接話すと成功する
576	◎	◎	◎		運気絶好調。資金、行動と人脈の優先順位をしっかり
581	▲		▲		運気はダウン気味。お金と交際はきれいに。私利に走ると失敗する
582	○		○		運気良好。裏表なく真面目に働いて出世し、豊かになる
583	◎	◎	◎		運気好調。成功の環境を整える。ツキのない人との交際を絶つ
584	◎	◎	○		ツキに恵まれる。仕事や交際相手をよく見よ。チャンスは今、善は急げ
585	◎	◎	◎		運気盛大。誠意と努力で成功のとき。結婚吉
586	◎	○	◎		ツキはあるので欲を捨て、仕事に努力すれば利益あり
611	▲	▲	▲		ツキが弱い時期。交際も仕事も新規のことは避けよ
612	▲	▲			仕事、交際はツキなし、進むな。交際や近隣トラブルに注意せよ
613			▲	▲	トラブル運があり、急ぐと結果不良。体調不良、落とし物、盗難に注意
614	○			▲	弱運。仕事は努力の末に道が広がる。あきらめずに行動
615	○	○	◎		良運。努力次第で仕事も恋も成功。成功したら会食などで周囲をねぎらう
616		▲		▲	運気下降気味。神仏の加護、周囲の助けを得て難を逃れる。感謝を
621				▲	運気降下気味。交際は陰口でつぶされる。陰口は言うな聞くな。体調不良に注意
622	◎	○	○		仕事は成功運がある。私欲を出さず、夢に向かって努力を
623					運気平穏。頑張ってツキをよぶ時期だが疲れもピーク
624		○			運気平穏。交際運はよく、上の意見に従って利益を得るとき
625					運気平穏。思いのほかツキがあり、成功して喜ぶこともある
626		○			運気平穏。真面目で信頼があるなら幸せになるとき。頑固はほどほどに
631	▲				運気下降気味。仕事や投資は力量以上のことは控えよ。過去を参考に
632	○	○	○		運気良好。計画と準備と落ち着いた行動が吉。外見を飾るな
633		▲			運気低調。協力者に恵まれず思い通りの利益が出ないとき
634	▲	▲	▲		運気低調。ツキの波が大きくツキのないときは冷静に。事故にも注意
635					運気平穏。仕事や交際は目的を明確に。派手にするとあとがつらい
636		▲			運気低調。交際面は異性、特に女性は注意。水難に気をつける
641	▲		▲		運気低調。仕事は資金難。交際は特に女性は注意
642		▲			運気は平穏。仕事は金銭面に注意。交際は誠意をもって
643	▲	▲	▲		運気低調。仕事、投資や恋愛は様子見。相談相手を選ぶこと
644	▲	○			仕事は運気低調。計画に不安あり。出会いや交際面は年下と縁あり
645	▲				仕事は不振。人脈と資金面の不安は、節約して時を待つ
646	▲	▲	▲	▲	凶運で困難の極み。下手に動かないこと。厄落としして、神仏に祈るのみ
651		▲	▲		運気低調。交際や金銭トラブルで苦労する。恋人の過去を調べよ
652					運気は平穏。成功は健康と金運、人脈次第。足元を確認せよ
653	○	○	○		運気は右肩上がり。過去を清算して新しいチャンスを待とう。チャンスとみたら即行動

8

3桁の数字	仕事	恋愛	金運	健康	メッセージ
6 5 4	◎	◎	◎		運気好調。世話した人脈が仕事や利益につながる。投資、金運吉
6 5 5	⊚	⊚	⊚		大成功の運気。地位名誉財産すべて入手。他人に恵みを
6 5 6	⊚	⊚	⊚		大幸運期。今行動しなくていつ行動するのか。バラ色のとき
6 6 1	▲	▲	▲		凶運。利欲迷って心定まらず、失敗を重ねる。厄落とし風水をして基本に返れ
6 6 2			▲		運気低調。思い通りにいかずイライラする。資金計画から練り直せ
6 6 3	▲	▲		▲	運気下降。仕事、投資、交際は今のままでは行き詰まる。健康診断を
6 6 4					運気平穏。神仏に助けられ、立場や表向きは平穏を保つ
6 6 5					運気いまいち。ツキは使い果たした。物事は七分目、八分目で満足せよ
6 6 6	▲	▲	▲		ツキはない。何事もつらいがここが我慢時。責任を人のせいにしないこと
6 7 1		▲			半ツキ状態。交際は先方が来るならよいが自分からは凶。すべて半年待て
6 7 2	▲				運気回復に。仕事は計画を見直し4か月待てば道が開ける
6 7 3					運気は平穏。相手の出方を見よ。運動が運気アップの元
6 7 4	▲		▲		金運と仕事運がない。交際と健康に気を遣えば、遠からず現状、トラブルから脱出
6 7 5	◎	◎	○		運気好調。友人の助けがあり、仕事も交際もうまくいく
6 7 6	○	○			運気はまずまず。仕事や交際は目上の運のよい人に従え
6 8 1	○	○	○		運気はよい時期。誠意をもって行動すればよい結果に
6 8 2	○	◎	○	▲	交際は誠意のある人を。仕事、投資は内面の充実をポイントに。健康注意
6 8 3					運気は平穏。人間関係でミスしないこと。仲間を大事に
6 8 4	◎	○	○		良運に向かうとき。よい上司について仕事は成功。交際は親切に
6 8 5	⊚	◎	◎	▲	運気好調。人望のある人の力で仕事も交際も大成功。金運を活かせ
6 8 6	▲	▲	▲		運気最低。さぼると結果は失敗。成功は努力と人脈と計画次第。友を選べ
7 1 1	▲				運気低調。井の中の蛙になるな。仕事、投資は情報を集め吟味してから
7 1 2		▲	⊚		金運は抜群。無欲でじっとしているとお金が寄ってくる。交際トラブル、離婚に注意
7 1 3	○				仕事投資はツキあり。知識と力を蓄えよ。アイデアと夢は大きく、行動は足元を見つめる
7 1 4	◎	○			仕事運良好。気配り、目配りして仕事は大成功。出会いのチャンスあり
7 1 5	◎	○	○		仕事運良好。正しい言動をして仕事に成果あり。人脈拡大のチャンス
7 1 6	◎	○	○		運気好調。夢と仕事、交際は人望と行動力で成功する
7 2 1		○	○		運気平穏。仕事運はいまいちだが、頼まれ事は引き受けて吉
7 2 2	◎	◎	⊚		好調運気を活かすには資金力と投資感覚。運気最強に向かう
7 2 3	○	⊚			交際を大切に1つのことに集中して成功。結婚は大吉
7 2 4	○	○	○	▲	今一歩の運気。仕事や交際は周囲に助けられ成功に。名医と知り合う
7 2 5	⊚	⊚	⊚		最強運。神仏の加護に恵まれ、大成功の時期。周囲に感謝を
7 2 6	⊚	⊚	⊚		運気絶好調。人格を整えて大成功。物心両面に大きな喜び事がある。周囲と会食を
7 3 1	▲	▲			運気低調。才能を認めてもらえず無念の時期だが努力は活きる。時機を待て
7 3 2	○	○			運気良好。仕事や交際の成功は周囲と目上の信頼を得ることから
7 3 3					運気平穏。運気アップは外見に惑わされず性格のよい人との付き合いから
7 3 4		◎			仕事、投資、貯蓄は普通。人脈づくり、結婚は大吉。外見より中身重視。質素な人を
7 3 5	○	◎	○		交際や人脈の花が開くとき。結婚大吉。外見より、頭脳明晰と質素がよい
7 3 6				▲	運気降下気味。質素倹約、掃除して時を待つ。健康面に配慮を

3桁の数字	仕事	恋愛	金運	健康	メッセージ
741		▲			ツキは弱い。幸運をよぶ才能をつくる努力をせよ
742	▲	▲	▲		運気最低。まわりに理解されず、恵まれない。不満言うな。つぶされる
743	▲	▲	▲		運気最低。私欲に迷い、感謝の心が不足すると立場とお金を失う
744	○	○	◎		運気上昇。スポンサーに恵まれ仕事、商売が好転。資金計画重要
745		◎			運気の波が大きい。仕事で欲を出すと失敗する。出会いや結婚はよい時期
746	○	○	○		運気良好。人脈と知恵と少しの資金があれば成功に向かう
751	○				運気平穏。仕事面は過去に失敗したことに挑戦して成功するとき
752					何事もうまくこなす人。セカンドとして実力を発揮。運気は平穏
753	▲				運気低調。仕事や投資は進むも退くも困難な時期。助けを求めて解決を
754			▲	▲	運気ダウン。自分を律しないと仕事や交際で失敗する。火傷、発熱に注意
755	◎	○	◎	▲	運気良好。仲間と力を合わせて成功。交際、出会いと金運に恵まれる
756	○	◎	◎		幸運に向かう。裏表なく働けば年とともに大成する。人格者とよばれる
761	▲		○		運気のよくない仕事は知識をつけること。自己投資して知識を身につければ成功する
762	◎	○	○		運気良好。人望、資金力で成功する。人脈と知識を高めよ
763		▲			運気は平穏。恋愛、家庭に注意が必要。結婚は控えよ
764					運気は悪くないが、家庭や日常生活に不満と疲れが。厄落とし風水を
765	◎	◎	◎		運気好調。人脈、人間関係に恵まれ仕事や投資に成功
766	▲				運気下降気味。知識をひけらかせないこと。不満を口出ししなければ立場は守れる
771	▲	▲			ツキに見放されがち。仕事も交際も自ら進んで行うと失敗する
772	▲		▲		運気低調。計画も知恵もなく無駄な仕事で苦労し、資金も困苦に
773	▲	▲			運気低調。仕事、交際は努力が実らず、心も通じない。徒労に終わる
774	▲	▲			成功の見込みのない苦労は仕事も交際も受けてはいけない。家庭を大事に
775			○		運気平穏。自らの立場を考え、行動せよ。金銭面は恵まれる
776	○	○			仕事、交際にツキがある。人望をもって実行すれば徳がつく。見識のある人に従う
781	▲		▲		運気下降。計画性なく、甘く見てスタートした仕事や投資は失敗し損をする
782		▲	▲		運気下降。交際でミス。金銭面もだまされないよう注意。
783					運気平穏。ひとりで行動。仲間はずれがかえってツキをよぶとき
784		▲			仕事関係や交際は無理して意志を通すな。運気低調。時機を待て
785	○	○	▲		仕事と交際にツキがあり、もてるとき。色恋のトラブル、無駄遣い注意
786	▲		▲		ツキは弱い。仕事は身の丈で。無計画に大きなことに手出しすると大損害に
811	◎	○	○		仕事運良好。信頼できる友がチャンスをくれる。遠方にチャンスあり
812	◎	◎	◎		運気絶好調。仕事、恋、投資は計画性とデータ、知恵に従うこと。私情を抑えること
813	▲				運気低調。仕事、行動はダラダラせずに資金、時間のバランスをチェック
814	○	○	○		運気は平穏。ひとりのアイデアより周囲の知恵を借りて計画。頑固になるな
815	◎	◎	◎		運気好調。上下の和と笑顔で仕事も恋も投資、貯蓄も大成功のとき。金運最強
816	▲	▲	▲		凶運。ツキを使い果たした。万事うまくいかず
821	◎	○	◎		運気好調。富と名誉がやってくる。目上と組んで投資や貯蓄は大成功。交際は冷静に
822	◎	◎	◎		最強運。人生で大きな花が咲く時期。年長者、知者に従って万事大成功
823	▲	▲	▲		凶運。すべからく甘く見て失敗のとき。名前をかたる詐欺は非難される

8

3桁の数字	仕事	恋愛	金運	健康	メッセージ
8 2 4	◎	○	◎		幸運。努力以上の利益が出る。自己投資して弱い人脈を強化する
8 2 5	⊚	◎	◎		成功出世の大チャンス。目上がチャンスを与えてくれる幸運な時期
8 2 6	○	▲			運気がいまいち。頭を下げて立場を捨てても成功させよ。利益確定が最優先
8 3 1	▲	▲	▲		運気低調でなす術がない。苦労覚悟で奉仕の気分
8 3 2	▲	○			運気低調。仕事は仲間次第。相性の悪い人とは別れよ
8 3 3	⊚	○	◎		運気は良好で、運のない人と組まなければ成功する。自分の運をもっと高めること
8 3 4	▲	▲			運気低調に向かう。そのわけは周囲に運がない。悪友と別れひとりで行動
8 3 5					運気低調。ツキのない周囲に引っ張られず、バカなフリして難を逃れ、チャンスを待て
8 3 6	▲	▲	▲		凶運。過去の失敗のつけが押し寄せてくる。ツキなし、足元からやり直せ
8 4 1	◎	◎	◎		知恵のある人と行動をともにせよ。仕事、投資、交際、金運は好調
8 4 2	◎	○	◎		ツキはある。年下の運のよい人と組んで成功。交際、結婚吉
8 4 3	▲	▲	▲		凶運。仕事、交際、金運なく失敗の連続。神仏の加護を願うとき
8 4 4	▲	○			仕事、投資はツキがなくチャンスを待て。生産性のある仕事をしっかりと
8 4 5	◎	○	◎		幸運。仕事、投資は順調。真面目に働き周囲に認められてさらに幸福になる
8 4 6	▲	▲	▲		ツキなし。すべてを忘れ方向転換をはかるべきとき。吉方位へ
8 5 1	◎	◎	◎		運気好調。真面目に努力して出世、成功する運気。結婚、交際はよい時期
8 5 2	⊚	◎	◎		運気向上。ツキを味方に出世する。神仏を祀るとさらに幸運に
8 5 3	⊚	⊚	⊚		運を味方にすべてが成功。計画を立て今すぐに行動せよ
8 5 4	⊚	⊚	⊚		最強運。ツキはご先祖様がもってくる。神仏を詣でて大成功のとき
8 5 5	⊚	⊚	⊚		人生に幾度もない大吉運。投資、不動産取得、開業、結婚は大吉
8 5 6	▲		▲		運気急下降。運の上限を過ぎて下降時期。身の丈に生活を縮小
8 6 1	▲	▲			運気低調。むやみに行動するより計画と先見性を持て。けんかはダメ
8 6 2	⊚	⊚	⊚		何度も喜びがある幸運期。仲間を大切に利益を分かち合う
8 6 3	▲	▲			運気は下降気味。仕事、投資の攻撃は不利益、進むと失敗。相手をあなどるな
8 6 4	▲				運気低調。進むと被害。止まり退くのが安全で被害が少ない
8 6 5				▲	運気平穏。行動はすべてに全力で攻撃せよ。指示は部下のひとりに出す
8 6 6		▲			運気低調。交際ミスに注意。相手の立場は地位ではなく収入、年棒で評価
8 7 1	○	○			運気よし。今、焦って出世するより、力と人望を高めて将来的な成功を
8 7 2	○	○			運気好調。上司に従って人脈をつくり大きな成功に向かう時期。幸福になる
8 7 3	○	○		▲	運気好調。まず健康面の不安を除く。自分の意思を持ち仕事や投資を成功に導く
8 7 4	▲				運気弱い。力不足で地位を保てない。実力をつけて信頼を得るとき
8 7 5	◎	⊚	◎		女性は大吉運。結婚、家庭運最強。男性は計画や気持ちをハッキリ言うと吉運に
8 7 6				▲	運気下降気味。上手くいかず、心がくじけそうでも正義を貫け。将来のためになる
8 8 1	▲		▲		運気低迷。仕事、投資は利益に走るとかえって資金困難に
8 8 2	⊚	◎	⊚		運気は全開。仕事、投資の成功がすべての幸運になる。チャンスは仕事にあり
8 8 3		▲			運気低調でチャンスに恵まれていない。事を起こすな、時を待て
8 8 4	▲	▲			口を慎み、愚痴や不満を言わず黙って努力を。交際面、投資に注意
8 8 5	○	▲	○		運気の波が大きい。成功しても天狗にならず万事慎みを。嫉妬に注意
8 8 6	▲	▲			ツキが味方していない。利欲での行動は失敗を招く。時機を待つこと

2

3

コパの

今こそ学びなおしたい!

風水キーワード

運気を上げたいなら、風水術を通して幸運体質になること。そのために本書で登場するキーワードを知っておきましょう。じつは、ここでしか書いていない開運情報も!? すみずみまでご覧ください。

あ

秋財布 あきざいふ

秋のお彼岸～11月24日に購入したり、使いはじめる財布。秋の実りのパワーに満ちた、縁起のよい財布。

115記念日 いちいちごきねんび

「115」は天下をとることができる、強力な数。この数にちなんで、1月15日と11月5日は115記念日とされる。大きな夢を口にしたり、神社を参拝して夢を祈願するとよい。

一寸法師 いっすんぼうし

一寸法師のモチーフは日本神話の少《すくな》彦名命《ひこなのみこと》。健康の神様の化身。鬼門方位やトイレ、枕元などに置くと健康運が高まる。

色風水 いろふうすい

「黄色は金運」「ピンクは恋愛運」など、色の力を利用した風水術。方位のパワーと組み合わせることも。

大祓 おおはらい

6月30日の夏越《なごし》の大祓、12月31日の年越しの大祓がある。夏越の大祓で半年間の厄を、年越しの大祓で一年の厄を祓うために神社参拝を。

置き塩 おきじお

塩を地面に直接置き、その場所を清める風水術。敷地の四隅や欠けを補う位置などに塩を置く。凶方位に引っ越しをしたときや土地、建物の凶作用を補うときに行う。

お清め おきよめ

厄落とし、厄祓いなどの総称。お清めで日常厄を祓い、幸せをつくる。

お種銭 おたねせん

金運の種となるお金のこと。入れる額は、天下とりを意味する「115」や、金運、財運に恵まれる「8」を含む額がおすすめ。使わず財布に入れておく。

6

お月見風水《おつきみふうすい》

9月17日。月が見える部屋の南側に、すすきや秋の花、果物、日本酒などをしつらえてお月見をする。この日の月光に財布やジュエリーなどを当てたり、お月見の日から財布をおろして使う（お月見財布）。

おねがいさま《おねがいさま》

願かけの像。

お彼岸財布《おひがんざいふ》

春と秋のお彼岸にはお墓参りに行ったり、仏壇にお参りしてご先祖様の供養をする。お彼岸から使い始める財布をお彼岸財布という。

お盆財布《おぼんざいふ》

7月や8月のお盆から使い始める財布。ご先祖様によって、金運によいパワーが宿る。

か

8

開運玉《かいうんだま》

八角形の台座にのった丸い玉。玉の色は白やゴールド、オレンジ、赤、ラベンダー、黄色、グリーン、ピンク、ブルー、黒。置いた方位や空間のパワーを高める、コパ考案の開運アイテム。

開運料理《かいうんりょうり》

その年のラッキーフードや、伝統行事にふさわしい料理（雛祭りはちらし寿司や貝類）などさまざま。目的別の食材、料理は次の通り。金運は鶏肉やたまご、黄色い食材。仕事運は酸っぱいものや新鮮な魚。人間関係、恋愛運はパスタや麺類、魚。人気運はエビやカニなど甲殻類。

開運ワイン《かいうんわいん》

ワインは、味よりも運気で選ぶのが風水流。ぶどうの産地（方位）と造られた年で判断する。

香り風水《かおりふうすい》

よい香りは幸運をよぶ媚薬となる。とくに、人との縁を呼ぶ。気分転換したいときにもコロンなどで香りをつけるとよい。フローラル系の香りは恋愛運や人間関係を、柑橘系の香りや甘い香りは金運を呼ぶ。

片づけ風水《かたづけふうすい》

片づけの基本はまず不要なもの、悪い運気をもっているものは捨てること。そして必要なもののみ収納する。収納は濃い色のものほど左や下に、明るい色のものは右や上に。その年のラッキーカラーのものを、真ん中などの目立つところに収納する。

神棚《かみだな》

神棚は家の中心や北、西、北西方位に、南向き、東向き、東南向きにまつる。一戸建てではできるだけ大地に近い1階にまつることが望ましいが、その場合神棚の上階を人が通るスペースとなると、神様に失礼にあ

1

たる。その場合、神棚上の天井に「雲」と書いた半紙を貼る。

願掛十二支石 がんかけじゅうにしせき

銀座三宅宮《みやけのみや》の境内にある十二角形の石柱。色付けされた十二支が刻まれている。自分だけのご神塩づくりに使用する。

願ほどき がんほどき

神様は祈願した内容をずっと覚えてくださっているので、願ほどきしないと願う容量がいっぱいになる。神社で「神様に祈願したことは力及ばず、成就するにいたりませんでした。お世話かけました……」などと報告して願ほどきをするとよい。

祈願祭 きがんさい

コパが宮司をつとめる銀座三宅宮では毎月1、11、15、18日に斎行する。また、1月3日、2月11日、8月18日、10月20日に、特別祈願祭を斎行する。近くの神社でかまわないので、この日に参拝して祈願するとよい。

祈願財布 きがんざいふ

購入後、使用する前に祈願祭に持参して、神様からパワーを入れていただいた財布。

祈願書 きがんしょ

毎年10月に書く、来年の目標や夢を記した神様との契約書。同じものを2通手書きし、それぞれ封筒に入れて10月20日に神社に持参し、祈願する。神社に提出せず、祈願後は1通は神棚や大切な収納スペースに、もう1通は手帳にはさむ。

菊酒 きくざけ

9月9日の重陽の節句に飲む、菊の花びらを浮かべた日本酒。

吉日 きちじつ

8

自分の生まれ年の十二支によって判断する。4章「風水歳時記（183ページ）」や、一般のカレンダーや手帳にその日の十二支が表示されているものがある。それらを見て吉日を探し、活用するとよい。

子《ね》年、辰《たつ》年、申《さる》年生まれは子、辰、申の日が吉日。

丑《うし》年、巳《み》年、酉《とり》年生まれは丑、巳、酉の日が吉日。

寅《とら》年、午《うま》年、戌《いぬ》年生まれは寅、午、戌の日が吉日。

卯《う》年、未《ひつじ》年、亥《い》年生まれは卯、未、亥の日が吉日。

吉方位月 きっぽういづき

吉方位のパワーが通常より強く働く月。2024年は4月が吉方位月。「大開運吉方位月」。吉方位の詳細は161ページ～参照。

吉方位旅行 きっぽういりょこう

自宅から見て、吉方位に当たる地へ

の旅行。

吉方湯《きっぽうゆ》

吉方位の温泉。

鬼門・鬼門ライン《きもん・きもんらいん》

鬼門は東北、裏鬼門は南西をさす。60度の幅をもつ。鬼門ラインは、鬼門の中心を通る東北〜中心〜南西を結ぶライン。鬼門のなかでも最も気が強力。便器やシンク、レンジ、洗面台などがある場合は、掃除を徹底し、盛り塩が必須。

鬼門札《きもんふだ》

鬼門におまつりする御札。家全体の運気を上げてくれる。

凶方位《きょうほうい》

引っ越しや旅行におすすめできない方位。年（立春から節分が一区切り）ごとに凶方位が異なる。2024年2月3日までの凶方位は東南、北西、西。2月4日から25年2月3日までは東、西、北西。

金庫財布《きんこざいふ》

持ち歩かず、家に置いて金庫の役割を果たす財布。お金の厄を落とす作用があるものを選ぶ。

銀座三宅宮《ぎんざみやけのみや》

コパが神職をつとめるコパ家の邸内社。年に数度、祈願祭を斎行する。

決心の梅干し《けっしんのうめぼし》

毎月15日は、決心をする日。この行為を後押しするのが、決断、決心をうながすとされる梅干し。一度に3粒食べるとよい。15日に食べる梅干しを「決心の梅干し」という。

健康風水《けんこうふうすい》

少彦名命や一寸法師の置物を置いたり、トイレや鬼門方位をきれいにして盛り塩をするなど。

恋縁芸守《こいえんげいまもり》

銀座三宅宮で毎月18日月例祭の参列者に無料配布する恋や良縁、芸能、芸術、才能、美貌によいといわれる紙守り。ゴールドやシルバーがある。

小麻《こぬさ》

厄を祓う道具。左肩→右肩→左肩とふって、厄を祓う。コパショップにはコパ監修の小麻がある。

さ

財布風水《さいふふうすい》

金運はすべての運気に影響する。その金運を左右するのは財布である。財布には運の寿命がある。1000日なので、3年ごとに買い替えたい。ひとつの財布を使うだけでなく、目的に合わせていくつか使い分けたり、金庫財布を用意して家にねかせておく財布を使うとよい。

桜風水 さくらふうすい

桜のお花見は、三度すること。まず咲き始めの桜に願いをかけ、満開の桜を見ながら感謝をし、散り際の桜吹雪を浴びて厄落としをする。

佐瑠女命・佐瑠女様 さるめのみこと・さるめさま

伊勢の猿田彦神社の境内にある佐瑠女神社の御祭神。銀座三宅宮にもお祀りされている。縁結びや芸能、美の神様。

三柑 さんかん

ざくろ、桃、橘《たちばな》の3つの果実の総称。ざくろは財運と子宝運、桃は交際運と恋愛運、橘は金運というように女性にあらゆる幸せをもたらす実とされる。

ジュエリー風水 じゅえりーふうすい

貴金属には気を鎮める作用があるので、気持ちを落ち着けたいときこそ身に着けたい。八角形や馬蹄《ばてい》型など、開運モチーフや色風水が取り入れられたものがよい。コパがデザインした縁起のよいジュエリーが並ぶ「Ｃｏｐａ Ｃｌｕｂジュエリーカタログ」は、ＱＲコードでアクセスしてご覧ください。

正月飾り しょうがつかざり

正月飾りを取りつけることで、家が新しい年の訪れを感じ、幸運が入りやすい家となる。12月29日、31日を外して飾りつけをしたい。

勝負財布 しょうぶざいふ

勝負するときにおすすめの財布。赤が少しだけ入っていると、気持ちよく勝負できる。

勝負下着 しょうぶしたぎ

肌に直接触れる下着は、運気を大きく左右する。２０２４年は赤、ゴールドの下着が一番。欲しい運気を引き寄せる色のものでもいい。寝ている間に厄が出ているので朝もはき替えること。

新月 しんげつ

新しいことをスタートさせるパワーがある。新月の夜に月に願う。

数字風水 すうじふうすい

数字には風水的な意味がある。その年のラッキー数字や自分や家族の誕生日、名前の画数、番地や通帳ナンバーなどは、縁のある数字。金運に縁のある2桁数字は、01、03、05、

た

07、08、11、15、16、18、21、31、33、39、44、53、55、58、65、68、71、77、81、82、85、88、99。

少彦名命《すくなひこなのみこと》
一寸法師のルーツとも言われる小さな神様。医薬の神様。少彦名命の置物をキッチンなどに置くと健康をもたらしてくれる。

銭洗(い)《ぜにあらい》
お金を洗い、厄を落として清め、福銭にすること。銀座三宅宮や弁財天をお祀りする神社等で行われる。

禅風水《ぜんふうすい》
Dr.コパの風水の神髄となる考え方。海外では「コパの禅風水」が有名。

大開運吉方位日《だいかいうんきっぽういび》
吉方位月のなかでも、さらに吉方位パワーが強い日。２０２４年は４月11、20、29日の３日間。

大寒《だいかん》
1月20日。大寒の日に鶏が産んだたまごや汲んだ水は金運、健康運のパワーが強い。

宝くじ風水《たからくじふうすい》
宝くじは偶然当てず、当たるべくして当てること。金運アップの黄色、勝負運アップの赤、そしてその年や来年のラッキーカラーを身に着けたり、持っていき、宝くじを購入する。売り場はにぎやかな場所にあり、東や南、西向きにある、笑顔のきれいなふくよかな販売員から買いたい。買ってきた宝くじは黄色やラベンダー色の袋や箱に入れ、家の中心付近や北、西に保管しておく。

辰兵衛《たつべえ》
辰のかぶりものをしたかわいい神様の置物。トイレや枕元、デスクに飾ることで、辰年を幸運に導く。

①

巽《たつみ》
辰（たつ）と巳（み）の方位で、巽の方位。東南方位を指す。

七夕財布《たなばたさいふ》
七夕に購入したり、使い始める財布のこと。恋や結婚、人間関係によい作用がある。玉の輿財布とも言う。

七夕風水《たなばたふうすい》
6月30日の夏越の大祓を終えたら、七夕の短冊を書き、笹竹に吊るし、家の南や東南方位に置いておく。短冊の色はラッキーカラーや色風水に合わせて選びたい。

玉の輿財布《たまのこしさいふ》
七夕に購入したり、使い始める財布のこと。七夕財布ともいう。

中心札《ちゅうしんふだ》
家の中心は要となる場所。一般に家

を建てるときには上棟式を行い、幣《へい》串《ごし》を家の中心に取り付けることで神様を招き、家を守っていただく。幣串をモチーフにしたお札が、中心守り札。

貯金風水 ちょきんふうすい

貯金をすることで運を貯めることもできる。貯金箱を置く位置が大切。不動産の頭金やリフォーム資金なら東北、学費なら南、結婚資金なら東南や南西、独立資金なら北西、旅行資金なら東南。

鎮魂祭・鎮魂祈願祭 ちんこんさい・ちんこんきがんさい

11月24日に島根県の物部神社でおこなわれるお祭り。この日までに来年の祈願書を持参して来年のことを祈願する。鎮魂とは魂を鎮めること。

包み塩 つつみじお

入浴するときに塩を使う厄落とし法。頭や両肩に塩をひとつまみ置いて、頭からシャワーを浴びる方法。体についた厄を祓うことができる。

出目金の置物 でめきんのおきもの

黒い金魚の置物。環境に漂う不運を吸い取る。コパショップで取り扱いのある商品。

冬至 とうじ

12月21日。一年のうちで、日照時間が最も短い日。陰のパワーが強力となるので、静かに過ごすとよい。ゆず湯に入り、かぼちゃを食べる。

土用 どよう

年に4回ある。立春、立夏、立秋、立冬前の18日間を指す。ふだんはおだやかな土の気が盛んになり、それによって気が乱れる時期。そのため、土を動かしたり、穴を掘ったりすることが戒められている。庭に花や植物や木を植えること、引っ越しや地鎮祭、基礎工事などは避けたい。

①

な

流し塩 ながしじお

入浴するときに塩を使った厄落とし法。バスタブに塩を少量入れ、よく混ぜ、そのお湯を体にかける方法。体についた厄を祓うことができる。

七草 ななくさ

1月7日。七草粥《がゆ》を食べて、その年の健康運を高めておく日。

は

初午 はつうま

2月12日。お稲荷さんのお祭りの日。稲荷寿司など、油揚げを使った料理を食べると、金運がアップする。

八角鏡 はっかくかがみ

おすすめの形の鏡。吉寸法は、ワンランク上の生活を手に入れる３７５ミリや、天下をとる５８５ミリ。

八角形　はっかくけい

東・西・南・北・東北・東南・南西・北西のすべての方位から幸運を引き寄せるパワーのある形。

馬蹄　ばてい

南が開け、東、西、北を山や小高い丘に囲まれた土地が吉相とされる。一度やってきた幸運を外に逃がさない吉相の土地である。その地形を示したものが馬の蹄《ひづめ》の形である馬蹄型。最近はアクセサリーに馬蹄型をモチーフにしたものも増えている。

花風水　はなふうすい

「花は難を隠す」という。その年のラッキーカラーの花や、方位と相性のよい色の花を飾る。

春財布　はるざいふ

大寒から春のお彼岸頃までに購入したり、使い始める財布。お金が入って張ることが春に通じ、縁起のよい財布である。

日の丸風水　ひのまるふうすい

「赤い丸い玉に向かって、龍が幸運を運んでくる」と考える。祝日には玄関先に、日の丸の旗を出しておくと幸運が入りやすい。オリンピックは日の丸を身近にしたい。

防御財布　ぼうぎょざいふ

財布は人生の相棒であり、あなたを守ってくれるものでもある。トラブルから守ってくれる財布を防御財布という。使い始める日にち（縁起のよい日にちが望ましい）と自分の名前を内側に書いておく。

ホルダー　ほるだー

祈願書ホルダー。伊勢の神宮にかかる宇治橋の擬《ぎ》宝《ぼ》珠《し》をモチーフにした、夢を叶えるアイテム。なかに祈願書を入れるスペースがあり、神社参拝に携帯すると効果的。

ま

桝　ます

桝は、財運をもたらすパワーがある。節分の豆まきに豆を入れて使い、その日の夜に桝のなかに貴金属を入れて枕元に置くと、財産をもたらす。

マネークリップ　まねーくりっぷ

お札をはさむアイテム。馬蹄型、ゴールド、黄色、ラベンダー色のものがよりよい。

満月　まんげつ

達成させるパワーがある。月を仰ぎ、願いとともに感謝する。

実り財布　みのりざいふ

秋のお彼岸から11月24日までに購入したり、使いはじめる財布。金運やすべての運が実る、縁起のよい財布。

持ち塩《もちじお》

粗塩を10～20gほどビニール袋や半紙に入れ、外出先に持ち歩く風水術。不運を寄せつけず、よいものを呼び、厄落とし、お清め効果がある。

盛り塩《もりじお》

家を清める方法。塩の持つ厄落とし、開運効果を取り入れた風水術。小皿に10gの粗塩を盛って、玄関や水場などに置くと効果が得られる。週に一度交換。

や

厄落とし《やくおとし》

玄関の土間を毎日水拭きしたり、入浴後のお湯はためずに抜くなどのアクションを。神社仏閣参拝や持ち塩も効果が高い。

夢財布《ゆめざいふ》

1月15日など、縁起のよい日から使い始める財布のこと。

ら

ラッキーゾーン《らっきーぞーん》

家のなかの幸運の通り道。玄関、家の中心、玄関と対角側を結び、そのフロアーの3分の1の広さをもつ。ラッキーゾーン上のトイレ、キッチン、浴室、洗面所はきれいにし、盛り塩をする。

立春《りっしゅん》

2月4日。一年の始まりを示す日。新しい一品を使うこと。

龍・龍神様《りゅう・りゅうじんさま》

龍・龍神様は神さまのお使い役で、天に駆け上って私たちの夢や願いを神様にお伝えし、神様の意を私たちに伝える役目があると言われている。幸運を引き寄せ、邪悪を跳ね除ける力がある。

龍穴《りゅうけつ》

家の中心。幸運が吹き出す、家のなかでもっとも大事な場所。開運スポット。パワーがあると感じる場所。

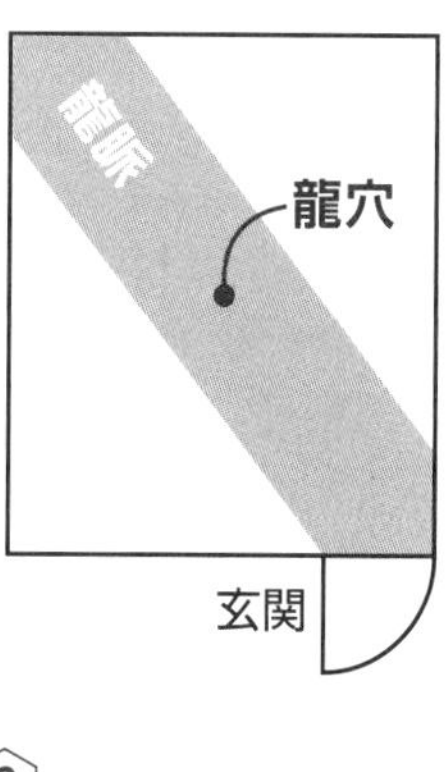

龍神水《りゅうじんすい》

銀座三宅宮にある、3つの龍神石をつたって流れる清めの水。お金の銭洗いや人間関係の縁切りに効果がある。

龍脈《りゅうみゃく》

幸運の気が流れる場所。人が大勢集まるところや高級住宅地などは龍脈が通る可能性が高い。住まいにもある。玄関～中心～玄関と反対側。

Dr.コパからのお知らせ

銀座「三宅宮」のご案内

2023年令和5年卯年の3月21日に、世田谷に鎮座していた「三宅宮（みやけのみや）」を銀座に遷宮遷座しました。それに伴い、昭和10年8月からお祀りしている「三宅大神（三宅龍神）」と、新たに神様をお迎えし、5柱の神様をお祀りしています。

また神事もだれもが参列できるようにいたしました。ご縁があれば、ぜひご参列ください。

御祭神

- ◆ 風水、家相、金運、勝負の「三宅大神（三宅龍神）」
- ◆ 心や魂を厄やストレスから守ってくださる、コパ親子が奉職している「物部大神」
- ◆ 人生を開き、方位を守る、みちひらきの神様・伊勢の「猿田彦大神」
- ◆ 芸能、美貌、才能、人気、恋愛の神様・伊勢の「佐瑠女命」
- ◆ 健康を守る「少彦名命」

神事

- ◆ 新年祈願祭1月3日／建国祈願祭2月11日／三宅大神例大祭・佐瑠女命例大祭8月18日／巳年祈願祭10月15日　など
  - ●毎月1日、11日、15日、18日　月例祈願祭
  - ●寅の日、辰の日、巳の日　銭洗祈願祭

銀座「三宅宮」の特徴

- ◆ **銭洗い**…龍神水による銭洗いでお金の厄落とし
- ◆ **ご神塩づくり**…願掛十二支石で願い合わせたご神塩をつくる
- ◆ **縁切厄落とし**…龍神水により厄落とし、お清めなど

銀座三宅宮 公式サイト「龍穴 Ryuuketsu」zeni-arai.com

開運アイテム満載!

銀座の開運スポット Copa Shop 銀座本店にどうぞ!

銀座Copaビルにある Copa Shop 銀座本店では、風水スタイルを提案する商品を揃えて、皆様をお待ちしております。Dr.コパ設計の銀座コパビルは、いらっしゃるだけで何かしらの「よいこと」をあなたに運んでくれるでしょう。

〒104-0061
東京都中央区銀座8丁目7−17　銀座コパビル
☎03-3571-1115
JR新橋駅銀座口下車、東京メトロ銀座線新橋駅3番出口
●営業時間　11：30〜18：30
●ホームページ　http://shop.copaclub.jp/

③

Copa Shopスタッフブログ

https://ameblo.jp/copaclub/

Dr.コパのもとで働くスタッフの旬でリアルな風水情報が満載!
ショップのイベントや新商品の情報など、どこよりも早くお届けします。

Copa Shopメールマガジン

商品情報、イベント情報をお届けするメールマガジンの配信が始まりました。毎週金曜日に（号外は随時）お届けいたします。メールマガジン配信をご希望の方は…

①お名前（ふりがな）　②ご住所　③電話番号　④生年月日　を明記のうえ、**merumaga@copaclub.jp**にメールを送信してください。

登録完了メールを2日以内に送らせていただきます。メールが届かない方は、メール設定をご確認の上、Copa Club ☎03-3571-1115 にお問い合わせください。

Dr.コパの風水が直接学べるファンクラブは――
CopaClub Dr.コパ友の会です！

Dr.コパの風水をもっと楽しく実行したいというお客様の声から誕生した、Dr.コパのファンクラブ。風水行事にあわせたイベントが盛りだくさん！　毎月お届けする会報には、会員様限定の特典やイベント風水情報が満載です。CopaShop銀座本店、通信販売でのお買い物も割引になり、たいへんお得です。
一緒に楽しく風水生活しましょう！

5

ご入会方法

お電話、ファックス、ハガキのいずれかの方法でお申し込みください。
入会のご案内を無料でお送りします。
年会費　5,400円（税込）

●お電話でのお申し込み

フリーダイヤル　0120-027-758
受付時間　11：30～18：00　年中無休（年末年始を除く）

●ファックス・ハガキでのお申し込み

氏名・郵便番号・住所・電話番号、「入会案内希望」と
明記の上、郵便またはファックスにてお送りください。

ファックス　03-3571-1130
ハガキ　〒104-0061　東京都中央区銀座8丁目7-17
Dr.コパ友の会　入会案内希望係

Dr.コパのオフィシャルサイトは コパ情報が満載です

http://copa.jp/

風水グッズのネット通販や最新情報など、Dr.コパとコパ風水のすべてをお届けします。

毎日の開運アクションはSNSで!

「日本一陽気な幸運オヤジ 歩く縁起者Dr.コパ」

アメブロ http://ameblo.jp/drcopa58

⑤ **フェイスブック** https://www.facebook.com/Drcopa

(Dr.コパのオフィシャルサイトのバナーからも入れます)

「その日の開運はその日のうちに」をモットーに、毎日更新しています。参考にしていただき、開運生活まっしぐら。

必見! Dr.コパがYouTubeで発信「Copaチャンネル」

Dr.コパのオフィシャルサイトhttp://copa.jp/からアクセスできます。

毎日午前0時　更新

Dr.コパが番組ナビゲーターとして、商品紹介や皆様からのご質問、ご相談、身近な話題まで、情報満載で生の声をお届けしております。
過去の番組も含め、お好きな時間にご覧いただけます。視聴料は無料です。

あとがき

年齢に関係なく、第二の人生を考え、スタートさせる、これが2024年令和6年辰年のテーマになります。心の若さを取り戻して、第2の人生をスタートさせることです。世界はコロナで仕掛けられた「健康戦争」から「経済戦争」に移行し始めています。だから新しい幸福のカタチが必要で、そのため第2の人生、そして若さを活かすことを大きなテーマと考えます。

「健康戦争」が起こることが分かっていながら、コロナによる停滞をとめられなかったコパ自身の反省として「経済戦争」がひどくなる前に声を大にして「風水的なその対策法や防御法をお伝えしなければ」と思っています。

経済を救うのは清まった財産をつくること。そのためには厄のないお金を貯めることで、その方法のひとつが銭洗いであると断言します。

この原稿を書いている日は銭洗いのパワーのある日。11時からは銀座三宅宮の銭洗龍神様の祝詞を奏上しました。参列の皆様には「銭洗いはお金を清めるだけでなく、あなたの心と身体を清めてくれます」「銭洗いした福銭があなたの財布を清め、その福銭が様々な人の財布や店、銀行口座、ひいては日銀の金庫を清めます」「財布の中から支払われた福銭は、日本経済を清め、世界経済を清めます」「そして世界経済を支える福銭になります」とお伝えしました。コパの信じている銭洗い理論です。

2023年の開運テーマは自由にチャンスをつかみ、そしてのびのびとそのチャンスを生かすことでした。卯年と辰年で「うだつ」をあげる2年ですから、辰年も卯年のテーマを引き継ぎます。倫理、道徳、常識の罠にはまると自由にのびのびチャンスを生かすことができません。他人に迷惑をかけなければ、なにをやっても大丈夫なんです。そしてこの考えのもとで行動して出た結果を、出た答えが一番よい、ととらえます。これを軸にすれば迷って無駄なことをせずにすみます。出た答えが一番、というのは人生に正解はないから。どんな結果でもそれが今の自分にとって一番よく、正しい行動であり、正しい結果が出る、何を選んでもそれが一番よい結果となる、と考えて過ごしてください。

さて、最後になりましたが、マガジンハウスの代表取締役社長、そして瀬谷由美子編集長、編集部の武江浩企さん、カメラマンの中島慶子さん、毎年よりよく改善してくださり、そしてコパやコパ風水のよさを読者の方々に広めていただき、ありがとうございます。みなさんのおかげで２０２４年辰年にふさわしい、大変よいものが出来上がりました。感謝しております。

本書をお手にとった皆様が若さを取り戻し、理想の自分を見つけて生き生きと今以上に幸せな日々を過ごすことができるようお祈り申し上げます。

Dr.コパ・小林祥晃

2024年
新 Dr.コパの風水のバイオリズム

二〇二三年九月十五日　第一刷発行

著者――小林祥晃
発行者――鉄尾周一
発行所――株式会社マガジンハウス
東京都中央区銀座3-13-10　〒一〇四-八〇〇三
電話番号　書籍編集部　〇三(三五四五)七〇三〇
受注センター　〇四九(二七五)一八一一

印刷・製本――大日本印刷株式会社

デザイン――吉村朋子
写真――中島慶子
イラスト――金丸彩乃

ISBN978-4-8387-3250-0　C0039